국내 의학도서관 사례집

노영희 | 신영지

도서출판 청람

머리말

정보기술의 발달과 세계화, 개방화 등으로 우리 사회는 변화와 개혁을 요구하고 있다. 변화의 물결은 금융, 보험, 호텔, 정보, 통신 등의 영리 조직체뿐만 아니라 교육, 종교단체, 자선단체, 도서관 등과 같은 비영리 조직체에 있어서도 새로운 패러다임으로의 변화를 요구하고 있다.

의학은 특성상 학문의 변화속도가 매우 빠르고 신지식의 유입이 계속적으로 이루어짐에 따라 의학분야의 연구자들은 연구와 환자치료에 필요한 적절한 정보 습득이 무엇보다 필요한 상황에 직면하게 되었다. 이에 의료분야 도서관은 이러한 변화를 수용하는 제일선에 있다고 할 수 있으며, 특히 의학분야의 세분화, 유전공학 및 분자생물학의 진보 등으로 인하여 의학정보분야는 그 어느 때보다 전문적이고 심층적인 정보가 요구되고 있다.

의료분야 도서관(의학도서관, 병원도서관 등)은 보건, 의료분야에 종사하는 이용자를 대상으로 관련 연구, 교육 및 환자치료에 관계된 의학자료들을 수집, 정리, 축적하여 제공하는 기관이다. 의학분야 연구자들은 연구와 환자치료에 필요한 적절한 정보의 신속한 습득이 무엇보다 필요하며, 의료분야 도서관은 정보전달기관으로서 이러한 필요를 충족시키는 기능을 수행해야 한다.

그 중 의학도서관은 의과대학, 병원, 의료분야 연구소 등을 모기관으로 두며, 의학, 치과학, 간호학 및 약학과 같은 보건과학분야의 의사, 교수, 의과대학생, 간호사, 의료기사, 연구자 등에게 서비스를 제공하는 기관을 뜻한다. 의학도서관의 유형은 연구자에 따라 다양하게 구분되고 있으나, 국내에서는 한국의학도서관협회의 회원기관 분류를 따르는 것이 통상적이다. 구체적으로 한국의학도서관협회의 분류에 의하면, 소속기관이나 이용자의 성격 및 재정지원을 기준으로 의학도서관을 ① 의과대학, 의학전문대학원 및 보건의료분야의 교수와 학생을 위한 의과대학 및 보건대학도서관, ② 의료기관에 소속되어 모기관의 의료진을 위한 병원도서관, ③ 정부산하연구소를 지원하는 연구소도서관, ④

제약회사처럼 의학과 관련된 산업체에 소속된 제약회사도서관 네 가지로 구분하고 있다.

이에 본서에서는 의료분야 관련 도서관들의 중요성과 역할 확대가 그 어느 때보다 중요한 시점에서 의료분야 도서관 중 가장 활발하게 운영되고 있는 의학도서관에 대해 알아보고자 한다.

본서는 의료분야 도서관을 위한 첫 사례집이라고 할 수 있다. 이 책을 통해 우리나라의 많은 도서관 연구자들이 의료분야 도서관을 조금 더 이해하는 계기가 되었으면 하는 바람이며, 향후 더 다양한 의료분야 도서관을 소개할 수 있기를 소망한다.

2019년 12월

노영희, 신영지

차 례

국내 의학도서관 사례집

CHAPTER 01 의료분야 관련 도서관 개요

CHAPTER 02 대학 내 의학도서관과 도서실

03
CHAPTER

병원 내 의학도서관과 도서실

05 CHAPTER

제약회사 내 의학도서관

Chapter 01

의료분야 관련 도서관 개요

1. 의료분야 관련 도서관 관련 개념 및 유형
2. 의료분야 관련 도서관 법적 기준
3. 의료분야 관련 도서관 현황

1 의료분야 관련 도서관 개념 및 유형

의료분야와 관련한 도서관의 개념을 소개하기에 앞서 먼저 의료기관의 개념을 살펴보고자 한다. 「의료법」 제3조(의료기관)에서 "의료기관은 의료인이 공중 또는 특정 다수인을 위하여 의료 · 조산의 업(이하 '의료업'이라 한다)을 하는 곳"으로 규정하고 있다.

의료기관은 크게 의원급 의료기관, 조산원, 병원급 의료기관으로 나누어 볼 수 있다. 의원급 의료기관은 의사, 치과의사 또는 한의사가 주로 외래환자를 대상으로 각각 그 의료행위를 하는 의료기관으로서 의원, 치과의원, 한의원이 이에 포함된다. 조산원은 조산사가 조산과 임부 · 해산부 · 산욕부 및 신생아를 대상으로 보건활동과 교육 · 상담을 하는 의료기관을 말한다. 병원급 의료기관은 의사, 치과의사 또는 한의사가 주로 입원환자를 대상으로 의료행위를 하는 의료기관으로서 병원, 치과병원, 한방병원, 요양병원, 종합병원이 이에 속한다.

〈의료법〉(시행 2018.9.28, 법률 제15540호) 제3조(의료기관)

제3조(의료기관) ① 이 법에서 "의료기관"이란 의료인이 공중(公衆) 또는 특정 다수인을 위하여 의료 · 조산의 업(이하 "의료업"이라 한다)을 하는 곳을 말한다.

② 의료기관은 다음 각 호와 같이 구분한다. 〈개정 2009. 1. 30., 2011. 6. 7., 2016. 5. 29.〉

1. 의원급 의료기관: 의사, 치과의사 또는 한의사가 주로 외래환자를 대상으로 각각 그 의료행위를 하는 의료기관으로서 그 종류는 다음 각 목과 같다.
   가. 의원
   나. 치과의원
   다. 한의원
2. 조산원: 조산사가 조산과 임부 · 해산부 · 산욕부 및 신생아를 대상으로 보건활동과 교육 · 상담을 하는 의료기관을 말한다.
3. 병원급 의료기관: 의사, 치과의사 또는 한의사가 주로 입원환자를 대상으로 의료행위를 하는 의료기관으로서 그 종류는 다음 각 목과 같다.
   가. 병원
   나. 치과병원
   다. 한방병원
   라. 요양병원(「정신건강증진 및 정신질환자 복지서비스 지원에 관한 법률」 제3조제5호

에 따른 정신의료기관 중 정신병원, 「장애인복지법」 제58조제1항제2호에 따른 의료재활시설로서 제3조의2의 요건을 갖춘 의료기관을 포함한다. 이하 같다)

마. 종합병원

선행연구 및 현황조사를 기반으로 의료분야 관련 도서관 유형에는 병원도서관, 환자도서관, 의과대학 및 보건과학대학도서관, 병원 내 의학도서관, 관련 분야 연구소도서관, 제약회사도서관, 학회도서관 등이 있음을 알 수 있다.

이에 본서에서는 의료분야 관련 도서관을 병원도서관, 의학도서관으로 구분하여 개념을 정리하였다. 의과대학 및 보건과학대학도서관, 관련 분야 연구소도서관, 제약회사도서관 등은 의학도서관의 유형으로 구분되고 있어서 이에 대한 개념은 의학도서관에 포함시켰다.

1.1 병원도서관

「도서관법」(시행 2018.3.13, 법률 제15167호) 제2조(정의) 4항 공공도서관에 대한 규정에서 "병원도서관은 의료기관에 입원 중인 사람이나 보호자 등에게 도서관서비스를 제공하는 것을 주된 목적으로 하는 도서관"으로 규정하고 있다.

〈도서관법〉(시행 2018.3.13, 법률 제15167호) 제2조(정의) 4항

4. "공공도서관"이라 함은 공중의 정보이용・독서활동・문화활동 및 평생교육을 위하여 국가 또는 지방자치단체 및 「지방교육자치에 관한 법률」 제32조에 따라 교육감이 설립・운영하는 도서관(이하 "공립 공공도서관"이라 한다) 또는 법인(「민법」이나 그 밖의 법률에 따라 설립된 법인을 말한다. 이하 같다), 단체 및 개인이 설립・운영하는 도서관(이하 "사립 공공도서관"이라 한다)을 말한다. 다음 각 목의 시설은 공공도서관의 범주 안에 포함된다.

가. 공중의 생활권역에서 지식정보 및 독서문화서비스의 제공을 주된 목적으로 하는 도서관으로서 제5조에 따른 공립 공공도서관의 시설 및 도서관자료기준에 미달하는 작은도서관

나. 장애인에게 도서관서비스를 제공하는 것을 주된 목적으로 하는 장애인도서관

다. 의료기관에 입원 중인 사람이나 보호자 등에게 도서관서비스를 제공하는 것을 주된

목적으로 하는 병원도서관
라. 육군, 해군, 공군 등 각급 부대의 병영 내 장병들에게 도서관서비스를 제공하는 것을 주된 목적으로 하는 병영도서관
마. 교도소에 수용 중인 사람에게 도서관서비스를 제공하는 것을 주된 목적으로 하는 교도소도서관
바. 어린이에게 도서관서비스를 제공하는 것을 주된 목적으로 하는 어린이도서관

이와 같은 맥락으로 곽동철 등(2007)은 병원도서관의 기준을 IFLA(International Federation of Library Associations and Institutions, 국제도서관협회연맹)에서 정의한 바대로 보건정보자료와 더불어 여가용 독서컬렉션을 일상적으로 제공하는 '환자를 위한 도서관(a library for patients)'으로 한정함으로써 의사 및 의료분야 종사자를 주요한 이용자로 하는 의학도서관(medical library)과 구별하도록 하였으며, 미국도서관협회(American Library Association, ALA) 산하 병원 및 공공도서관협회(Association of Hospital & Institution Libraries, AHIL)에서는 환자에 대한 도서관 봉사를 병원도서관의 의무로 규정하였다.

한국도서관협회(2013)에서 제시한 한국도서관기준에서는 병원(환자)도서관을 입원 중인 환자와 보호자 등에게 건강 및 질환에 관한 정보 · 의료, 여가 · 오락자료 등의 서비스를 제공하는 도서관으로 정의하고 있다. 해당 기준에서는 명칭을 병원(환자)도서관으로 표기하고 있는데, 이는 서비스대상자가 환자나 보호자인 점을 감안하면 병원도서관이란 명칭보다 환자도서관이 더 적절함에도 불구하고 법적 용어가 병원도서관이기 때문에 이 기준에서는 병원 뒤에 환자를 병기한 병원(환자)도서관으로 표기하였다.

미국도서관협회에서 발간한 문헌정보학 용어집에서는 병원도서관을 "의료진, 준의료인, 간호사, 연구원, 행정가, 교육담당직원 또는 환자들의 정보요구를 제공해 주기 위해 병원에서 설립 · 유지하는 도서관"이라고 정의하고 의료진과 환자를 위한 도서관으로 규정하였다(ALA 1983). 반면, 미국 의학도서관협회(Medical Library Association, MLA)에서는 병원도서관을 병원 의료진의 정보요구를 충족시키기 위한 장서 및 서비스를 제공하는 도서관이라고 의사용 도서관으로 규정하였다.

해외에서는 병원도서관의 명칭과 역할 중 '환자'에 주안점을 두고 '환자도서관'으로 명명하는 경우가 있는 것으로 나타났다. 미국 등 선진국의 경우 병원에서는 의학도서관

과 간호도서관 외에 환자도서관을 두어 일반인이 쉽게 이해할 수 있는 보건정보자료를 수집하고 개발하여 환자나 그 가족에게 보건정보를 제공하고 있다. 미국에서는 1959년에 전국간호연맹(National League for Nursing)에 환자 권리선언(Patient's Bill of Rights)이 제정 · 발표되었고, 그 후 1975년에 미국병원협회(American Hospital Association)에서 환자 권리선언이 재공식화되면서 환자들은 그들이 이해할 수 있는 용어로 진단과 치료와 예후에 대한 정보를 제공받을 권리가 있다는 데 주안점을 두어 병원에 환자도서관을 설치하고 환자의 알권리에 대응하여 보건교육을 실시하게 되었다. 환자도서관은 환자교육자료센터, 보건교육도서관 또는 환자도서관(Patient Education Resources Center, Health Education Library, Patient Library) 등이라 칭한다.

일본에서는 1964년에 나고야시립도서관이 최초로 입원 환자에게 독서물을 제공하는 도서관서비스를 시작하였다. 1984년에 일본 환자도서관연구회를 조직하고 지치의과대학(自治医科大学)병원에서 환자에 대한 도서관서비스를 시작하였다. 서비스 도입 초기에는 공공도서관의 역할로 시작하면서 서서히 이용자들에게 의학도서관에서 제공하는 서비스를 제공해 나갈 방침으로 시작되었다. 즉 처음에는 환자를 위한 독서물 제공 정도로 시작하나 최후의 목적은 환자에게 의료정보를 제공하는 것이었다(홍기선 2004).

이와 같이 국내외 다양한 병원도서관 개념을 분석한 결과, 연구자 및 기관에 따라 병원도서관은 크게 환자 및 보호자를 대상으로 하는 공공도서관 유형의 병원도서관, 병원 내 전문가(의사, 간호사, 의료기술직 등)를 위한 전문도서관 유형의 병원도서관, 의료진과 환자 모두를 서비스대상으로 포함하는 병원도서관 등 세 가지로 구분되는 것을 볼 수 있다. 또한 병원도서관의 개념이 해외에서 사용되고 있는 환자도서관(patient library)의 개념과 유사한 것을 확인할 수 있었다.

1.2 의학도서관

의학도서관은 현재 의료분야 관련 도서관 중 가장 많이 사용되고 있는 개념이다. 그럼에도 의학도서관에 대한 개념은 명확하게 정의된 바가 없다. 의학도서관에 대한 개념 정의는 많은 연구자들을 통해 시도되었고, 여러 연구자들이 공통적으로 의학도서관을 모기관의 연구자와 직원을 위한 의학과 관련된 자료를 수집, 정리, 분석, 축적, 보존 및 정보를 제공하는 전문도서관으로서 보건과학도서관(health sciences library)이라고도 칭하며 병의원, 의학교, 의학연구소 등에 봉사하는 기관으로 정의하고 있음을 알 수 있다(Lindberg 2005; 조찬식, 한혜영 2005; 이연주 2009; 남태우, 김은주 2010). 비슷한 의미로 윤봉자(1996)는 의학도서관을 주제 전문도서관의 대표적인 사례로서 의학도서관, 보건과학도서관, 생의학도서관, 생명과학도서관 등 여러 명칭으로 부르고 있으며, 의학, 치과학, 간호학 및 약학과 같은 보건과학분야에서의 학생, 교수, 의사 및 연구자들에게 봉사하는 기관으로 정의하였다. 노동조와 김정아(2010)는 의학도서관을 의대교수, 임상의사, 수련의, 의과대학생, 간호사, 의료기사 등을 주 이용자층으로 하여 의학분야의 연구, 교육 및 임상업무, 학업을 지원하는 교육시설로 정의하여, 의과대학 및 보건과학대학의 의학도서관에 중점을 두어 정의하였다.

의학도서관의 개념을 종합해 보면 의과대학, 병원, 의료분야 연구소 등을 모기관으로 두며, 의학, 치과학, 간호학 및 약학과 같은 보건과학분야의 의사, 교수, 의과대학생, 간호사, 의료기사, 연구자 등에게 서비스를 제공하는 기관이다. 이러한 의학도서관은 모기관을 두고 있다는 점, 보건과학이라는 특정주제분야에 관해 전문적인 서비스를 제공한다는 점 등에서 전문도서관의 개념으로 해석할 수 있다.

1.3 의료분야 관련 도서관 유형

의학도서관의 유형은 연구자 및 기관에 따라 여러 유형으로 구분되고 있다. 먼저 Langner(1974)는 의학도서관의 유형을 크게 ① 정부 산하의 의학도서관 및 의학관계연구소의 도서관인 정부도서관, ② 각종 의학협회와 연관된 도서관으로 소속회원들에게 전문적으로 봉사하기 위해 설치된 학회도서관, ③ 의학, 치과학, 간호학, 약학의 개개 학교도서관으로 각 학교의 교수와 학생들의 요구에 봉사하는 전문직학교도서관과 연구소도서관, ④ 병원도서관, ⑤ 의학과 관련된 산업체의 도서관인 제약회사도서관 등으로 구분하였다.

한국의학도서관협회는 의학도서관을 소속기관이나 이용자의 성격 또는 재정지원처에 따라 크게 ① 의과대학, 의과전문대학원 및 보건의료분야의 교수와 학생을 위한 의과대학 및 보건과학대학도서관, ② 의료기관에 소속되어 모기관의 의료진을 위한 병원도서관, ③ 정부 산하 연구소를 지원하는 연구소도서관, ④ 제약회사처럼 의학과 관련된 산업체에 소속된 제약회사도서관으로 구분하고 있다.

윤봉자(1996)는 의학도서관을 의과대학, 병의원, 각종 관련 연구소, 협회, 정부기관, 제약회사들에 의해서 관리 · 지원된다고 정의하였으며, 조화순(2011)과 임성관(2015)은 의학도서관을 크게 대학도서관, 병원도서실, 연구소도서실, 기타의 도서관 등 네 개로 구분하였다.

키야마 야스히코(城山泰彦, 일본의 준텐도대학도서관(順天堂大学図書館), 일본의학도서관협회의 멤버)는 의학도서관의 유형을 교육 · 진료 · 연수의 장인 의학부, 치학부, 약학부, 의료간호학부, 의료기술학부 등의 대학도서관, 간호 · 의료기술계 등의 단기대학도서관, 전문학교도서관, 진료와 연수의 장인 병원도서관, 연구소의 도서관, 또한 병원 내의 환자도서서비스와 환자도서관을 포함하여 '의학도서관'으로 다루었다(안찬수 2012).

표 1-1 연구자별 의학도서관 유형 구분

유형 구분	윤봉자 (1996)	Langner (1974)	城山泰彦 (2008)	조화순(2011); 임성관(2015)	한국의학 도서관협회	계
정부도서관	○	○				2
학회도서관		○				1
의과대학 및 보건과학대학도서관	○		○	○	○	4
전문직학교도서관		○	○			2
단기대학도서관			○			1
연구소도서관	○	○	○	○	○	5
병원도서관(전문)	○	○	○	○	○	5
환자도서관			○			1
제약회사도서관	○	○			○	3
협회	○					1
기타 도서관				○		1

2 의료분야 관련 도서관 법적 기준

2.1 국내 병원도서관의 기준

병원도서관은 「도서관법」에서 공공도서관의 범주에 포함되고 있지만, 도서관 시설, 장서, 직원 배치기준 적용을 위해 규정된 「도서관법 시행령」에는 병원도서관에 대한 기준은 별도로 규정되어 있지 않다. 다만, 2007년에 문화관광부에서 발간한 『도서관 시설, 자료 및 사서직원 배치기준에 관한 연구』에서 제시한 병원도서관기준과 2013년에 발간한 『한국도서관기준』에 병원도서관기준이 마련되어 있다. 이러한 기준들은 강제된 구속력은 없지만 도서관 운영에 기본 틀을 제시하는 지침서가 될 수 있다.

1) 문화관광부에서 제시한 병원도서관기준

문화관광부의 『도서관 시설, 자료 및 사서직원 배치기준에 관한 연구』에서 제시한 병원도서관기준은 'IFLA 병원 환자 및 장기치료시설의 노인과 장애인을 위한 도서관지침'에 준하여 제안되었다(곽동철 외 2007). 기존 병원도서관의 관련 기준에서는 봉사대상인구를 입원 중인 환자로 구분한 반면, 해당 연구에서는 입원 환자 수의 가변성을 고려하여 그 수는 가변적이므로 병상 수를 기준으로 구분하여 제시하였다.

① 총면적 계산은 열람 및 학습구역 각 좌석당 최소면적은 3.3㎡, 직원 사무공간의 최소면적은 12.0㎡, 서가 사이 통로는 휠체어가 다닐 수 있도록 460㎝ 이상 확보한다.

② 장서의 경우, 책은 인쇄형만이 아니라 비인쇄형 포맷에도 해당하는 것으로, 일정비율은 비인쇄형을 포함해야 한다. 또한 어린이 환자를 위한 장서는 전체장서에서 최소 20% 이상을 포함해야 한다. 정기간행물은 신문을 포함하고, 현재 구독 중인 간행물의 종수로 규정하며, 자료의 이관 및 폐기는 공공도서관의 기준에 준한다.

③ 직원의 경우, 최소 1명 이상의 사서직원을 배치하여야 하며 장서 및 봉사대상자 수에 따라 증원해야 한다. 또한 병원도서관의 사서직원은 (사)한국의학도서관협회의 의학전문사서 자격을 가진 자를 우선 배치한다.

| 표 1-2 | 문화관광부의 '도서관 시설, 자료 및 사서직원 배치기준에 관한 연구'에서 제시한 병원도서관기준

구분	병상 수	300개 미만	300~500개 미만	500~1,000개 미만	1,000~1,500개 미만	1,500개 이상
시설	자료이용면적(m²)	66 이상	99 이상	132 이상	165 이상	198 이상
	좌석 수(병상 수)	5%	5%	5%	5%	5%
	총면적(m²)	158 이상	235 이상	420 이상	500 이상	580 이상
장서	최소 장서(병상당)	8책	7책	6책	5책	5책
	연간 최소증가(병상당)	0.5책	0.5책	0.5책	0.5책	0.5책
	정기간행물(기본)	30종	30종	30종	35종	65종
직원	사서직원	1명	1명	1명	1명	1명
	보조직원	–	1명	1명	2명	2명

2) 한국도서관기준의 병원(환자)도서관기준

병원(환자)도서관기준은 「도서관법」에서 규정한 환자와 보호자에게 서비스를 제공하는 병원도서관 개념에 준하여 사명과 목적, 조직 및 인적자원, 자료, 시설, 예산, 이용자 서비스 등으로 구분하여 제시하고 있다.

| 표 1-3 | 한국도서관기준 중 병원(환자)도서관기준

<table>
<tr><th>구분</th><th colspan="7">내용</th></tr>
<tr><td rowspan="4">조직 및 인력</td><td colspan="2">구분</td><td colspan="2">기본인력</td><td colspan="3">비고</td></tr>
<tr><td colspan="2">관장</td><td colspan="2">1명</td><td colspan="3">병상 1,000개 미만일 경우 사서업무 겸직</td></tr>
<tr><td colspan="2">사서</td><td colspan="2">1명</td><td colspan="3">–</td></tr>
<tr><td colspan="2">사서보조</td><td colspan="2">1명</td><td colspan="3">–</td></tr>
<tr><td rowspan="4">자료</td><td colspan="2">병상 수(서비스대상)</td><td>100~300개 미만</td><td>300~500개 미만</td><td>500~1,000개 미만</td><td>1,000~1,500개 미만</td><td>1,500개 이상</td></tr>
<tr><td rowspan="2">도서</td><td>기본장서(권)</td><td>8책</td><td>7책</td><td>6책</td><td>5책</td><td>5책</td></tr>
<tr><td>연간 증자책수(권)</td><td>0.5책</td><td>0.5책</td><td>0.5책</td><td>0.5책</td><td>0.5책</td></tr>
<tr><td>연속간행물</td><td>기본장서(종)</td><td>30종</td><td>30종</td><td>30종</td><td>35종</td><td>65종</td></tr>
<tr><td rowspan="3">시설</td><td colspan="7">[병원(환자)도서관의 최소면적기준]</td></tr>
<tr><td colspan="2">100~300개 미만</td><td>300~500개 미만</td><td>500~1,000개 미만</td><td>1,000~1,500개 미만</td><td colspan="2">1,500개 이상</td></tr>
<tr><td colspan="2">66m²</td><td>99m²</td><td>132m²</td><td>165m²</td><td colspan="2">198m²</td></tr>
</table>

병원(환자)도서관은 입원 중인 환자와 보호자 등에게 건강 및 질환에 관한 정보 · 의료, 여가 · 오락자료 등의 서비스를 최대한 제공해야 한다.

① 조직 및 인력은 이용자 요구 및 사회환경 변화를 적극적으로 수용, 대처하는 방향으로 조직을 갖추어야 하며, 이용자 정보요구에 부응하는 각종 서비스를 제공할 인력을 병원 규모를 감안하여 충분히 확보하여야 한다.

② 자료는 각종 질병의 예방과 치료 등을 기술한 의학 및 건강자료를 최대한 수집하여야 하며, 이용자의 요구정보와 관심사를 충족시키고 정서적 함양과 지식함양에 필요한 다양한 형태의 자료를 광범위하게 확보하여야 한다.

③ 시설의 경우 위치는 모든 이용자의 접근성을 고려하여 병원의 중앙에 위치하는 것이 바람직하며, 모든 종류의 이용자서비스를 제공하는 데 필요한 공간을 확보하여야 한다.

④ 각종 독서 보조기기뿐만 아니라 컴퓨터를 비롯한 정보기술을 충분히 확보 · 제공하여야 한다.

⑤ 이용자서비스는 다양한 정보서비스를 제공하여 이용자의 삶의 질을 향상시키는 동시에 정보격차를 해소하는 데 기여하여야 하며, 대출 · 열람서비스, 참고 · 정보서비스, 교육 · 문화 · 복지 프로그램서비스 등을 제공해야 한다.

2.2 국외 병원도서관의 기준

1) 미국의학도서관협회 병원도서관기준

미국의학도서관협회(Medical Library Association, MLA)는 2002년 '병원도서관기준(Standards for Hospital Libraries)'(이하 MLA기준이라고 함)을 발표하였다. 이 기준은 '병원행정가, 사서 및 인증기관들을 위해 병원이 지식기반정보(Knowledge-Based Information, KBI)에 대한 요구를 효과적으로 충족시키기 위하여 자원과 서비스를 갖고 있음을 보장하기 위한 지침'으로서 작성되었고, 도서관은 자체의 예산을 갖고 있는 독립 부서일 것을 규정하고 있다. 'MLA기준'은 지식기반정보(KBI)를 '기관 외부에서 생산된, 최신의 전문정보'라고 정의하고 있다. KBI는 의료전문가들이 소양을 유지하고 개선시키는 데 필요한 지식과 기술을 획득하도록 돕고, 임상, 경영, 및 비즈니스 의사결정을 지원하고, 환자에 대한 위험(risk)을 줄이기 위한 성능 개선과 활동을 지원함과 더불어 환자와 가족에게 필요한 정보와 교육을 제공하며, 연구 관련 요구를 충족시키도록 돕는 시스템, 자원과 서비스를 말한다. MLA기준은 크게 대상, 시설, 장서, 직원기준으로 구분되며, 각 기준은 다음과 같다.

표 1-4 MLA 병원도서관기준

구분	내용
대상	• 임상직원(clinical staff) • 그 외 의학 및 기타 프로그램의 레지던트와 인턴, 간호직원, 행정 및 관리직원, 연구직원, 유관 보건직원, 외부 소재 직원, 연관된 프로그램의 학생, 환자와 그 가족, 해당되는 기타 그룹
시설 기준	• 도서관 직원, 소장 컬렉션, PC 또는 기타 정보기술 하드웨어, 적절한 수의 이용자 좌석을 수용할 만큼 충분한 크기를 가져야 한다고 규정 • 또한 적어도 전문 도서관직원을 위해서 별도의 사무실을 제공하여 도서관직원들 간 혹은 정보를 요구하는 사람들과의 커뮤니케이션에서 프라이버시를 가능하게 하도록 함
장서 기준	• 인쇄 혹은 전자형태로 된 저널, 텍스트, 문헌 및 데이터베이스 • 벤치마크, 우수실무사례, 지침, 의견발전보고서 • 연구보고서, 품질 평가된 인터넷 자원
직원 기준	• KBI시스템과 서비스는 '자격이 있는 사서(qualified librarian)'가 관장 • AHIP(Academy of Health Information Professionals) 회원이 선호된다고 명시 [직원 배치 공식] **전체기관 전임직원 수/700=최소 도서관 전임직원 수** • **전체기관 전임직원**: 도서관이 봉사하는 기관의 직원과 더불어 모든 현직 의료직원, 그리고 이들이 기술적으로 기관의 직원으로 간주되는가에 무관하게 서비스 계약하에 있는 직원들까지도 포함 • **최소 도서관 전임직원**: 기본적 도서관서비스를 수행하는 데 필요한 직원을 반영

2) IFLA 병원도서관지침

국제도서관협회연맹(IFLA)이 2000년에 'IFLA 병원 환자 및 장기치료시설의 노인과 장애인을 위한 도서관지침(IFLA Guidelines for Libraries Serving Hospital Patients and the Elderly and Disabled in Long-Term Care Facilities)'(이하 IFLA지침이라 함)을 선포하였다. IFLA지침에서 병원도서관은 환자를 위한 도서관(a library for patients)을 의미하며, 보건정보자료와 더불어, 여가용 독서컬렉션을 일상적으로 제공하는 도서관을 의미하도록 하였다.

본 지침은 도입, 근거, 역사, 위원회, 권고사항, 가이드라인 규정요인, 자원봉사자, 홍보 등을 포함하고 있다. 서문 및 도입을 통해 병원도서관의 당위성을 제시한 후 환자를 위한 도서관에 필요한 요소들을 자세히 제시하고 있다.

IFLA지침은 크게 시설, 장서, 직원으로 구분하여 기준을 제시하고 있다. 시설의 경우, 세부적으로 위치와 공간의 활용, 수용능력, 공간의 배치, 배가, 장비 등에 대해 자세히 제시하고 있다. 장서의 경우, 여느 도서관과 마찬가지로 대상 이용자의 요구와 선호도를 기반으로 계획되어야 하며, 장서 규모는 병원과 장기치료시설로 구분하며, 병원의 경우 병상 수를 기준으로 제시하였다. 직원의 경우, 하나 이상의 전문사서와 준전문직 사서를 배치해야 한다고 제시하였다. 자세한 내용은 다음 표와 같다.

표 1-5 IFLA 병원도서관지침

<table>
<tr><th>구분</th><th colspan="3">내용</th></tr>
<tr><td>시설</td><td colspan="3">• 병원의 중심부, 즉 환자병동에서 오고가기에, 또한 외래환자, 직원, 방문객의 흐름에서 쉽게 접근될 수 있는 구역에 위치
[수용능력]
• 도서관은 개인과 집단을 다 수용할 수 있어야 한다.
• 단기 입원병원: 입원환자 인구의 5~10%(10%를 선호)에 대한 좌석을 제공해야 한다.
• 장기 치료시설: 입원환자 인구의 15~20%(20%를 선호)에 대해 제공되어야 한다.</td></tr>
<tr><td rowspan="5">장서</td><td colspan="3">• 장서 규모는 지역 상황에 따라 상이하지만, 일반적으로 병상 수를 기준으로 고려</td></tr>
<tr><td rowspan="3">병원</td><td>300병상 이하</td><td>병상당 8책</td></tr>
<tr><td>300~500병상</td><td>병상당 7책</td></tr>
<tr><td>500병상 이상</td><td>병상당 6책</td></tr>
<tr><td colspan="2">장기 치료시설</td><td>병상당 8책</td></tr>
<tr><td>직원</td><td colspan="3">• 한 명 이상의 전문사서, 한 명 이상의 준전문직(paraprofessionals: library associates) 사서
• 기술보조원(technical assistants: 시청각자료, 보조장치 및 컴퓨터의 이용에 능력이 있는 사람)
• 사무직원</td></tr>
</table>

2.3 의료분야 관련 도서관 관련 도서관 정책

의료분야 관련 도서관과 관련한 정책과 그 외 전반적인 도서관 정책을 살펴보았다. 이를 위해 도서관발전종합계획, 문화비전 2030, SOC 등 관련 정책자료를 조사 · 분석한 결과는 다음과 같다.

첫째, 제2차 도서관발전종합계획에서 병원도서관과 관련한 정책을 볼 수 있다. 제2차 도서관발전종합계획은 도서관이 지향하는 정책적 방향성을 제시함으로써, 도서관활동의 일관성을 확보하고 사회환경의 변화에 대한 능동적 대응체계를 구축하고자 '행복한 삶과 미래를 창조하는 도서관'이라는 비전하에 7개의 추진전략과 20개의 정책과제를 제시하였다. 그중 의료분야 도서관 관련 정책으로 '환자 및 보호자를 위한 병원도서관서비스 강화'에서는 ① 병원도서관 관련 제도의 개선 및 지원협력 체계 구축과 ② 보건·의료정보서비스 및 독서지원서비스 강화라는 추진과제를 제시하였다. 먼저, 병원도서관 관련 제도의 개선 및 지원협력체계 구축으로는 시설 및 자료기준과 서비스 운영 현황 기초 통계자료조사, 병원도서관 시설 및 자료 등의 기준에 대한 가이드라인 제시, 병원도서관 의무 설치를 위한 의료법 개정 추진(보건복지부 협의) 등을 제시하였다.

다음으로 보건·의료정보서비스 및 독서지원서비스 강화로는 공공도서관과의 협약을 통한 자료 및 독서지원서비스 개선, 병원도서관에 대한 인식개선을 위한 홍보 강화, 병

표 1-6 도서관발전종합계획 내 병원도서관 관련 정책

구분	병원도서관 관련 정책과제
1차	(추진과제) 지역대표도서관 설치 및 운영체계 수립 • **현황 및 진단**: 지역 내 공공도서관 협력망 구축 미흡: 기타 공공도서관(문고, 장애인 도서관, **병원도서관**, 교도소도서관, 병영도서관)과의 연계 미비
2차	(추진과제) 환자 및 보호자를 위한 병원도서관서비스 강화 • 병원도서관 관련 제도의 개선 및 지원협력체계 구축 – 시설 및 자료기준과 서비스 운영 현황 기초 통계자료조사 – 병원도서관 시설 및 자료 등의 기준에 대한 가이드라인 제시 – 병원도서관 의무 설치를 위한 의료법 개정 추진(보건복지부 협의) • 보건·의료정보서비스 및 독서지원서비스 강화 – 공공도서관과의 협약을 통한 자료 및 독서지원서비스 개선 – 병원도서관에 대한 인식개선을 위한 홍보 강화 – 병원 특성별 역할 분담을 위한 협의체 구성 및 운영 – 보건의료정보서비스 및 독서프로그램 운영 전문인력 배치

▼

3차 도서관발전종합계획 내 병원도서관 관련 정책	
병원도서관 관련 정책과제	(추진과제) 특수환경 도서관 이용자를 위한 정보서비스 확대 • (세부 추진과제) 특수환경 이용자 맞춤형 서비스 개발 – (병원도서관) 환자 및 보호자를 위한 도서관서비스 및 프로그램 개발·보급

원 특성별 역할 분담을 위한 협의체 구성 및 운영, 보건의료정보서비스 및 독서프로그램 운영 전문인력 배치 등을 제시하였다. 그러나 도서관발전종합계획 추진실적 보고서를 확인한 결과, 병원도서관 관련 과제의 추진실적은 없었으며(도서관정보정책위원회 2018), 병원도서관 외에 교도소도서관과 병영도서관에 대한 서비스 강화에 관한 추진 실적이 나타나고 있었다. 이는 병원도서관의 경우 모기관인 병원이 공공영역보다는 사적 영역이라는 점에서 추진에 어려움이 있는 것으로 보이며, 환자와 보호자를 대상으로 하는 병원도서관이 거의 운영되지 않고 있는 점에서 실질적 추진결과가 없는 것으로 보인다.

둘째, 의료분야 관련 도서관과 관련한 직접적인 정책은 아니지만, 문재인 정부의 출범과 함께 문화체육관광부에서는 '문화비전 2030'이라는 정책을 발표한 바 있다. 이는 '사람이 있는 문화'를 만들기 위해 문화가 문화를 넘어 사회 의제를 해결하는 데 적극적으로 대응할 수 있도록 문화 개념을 확장하고, 대한민국 사회가 물질적 성장, 경제적 복지단계를 지나 내적 성장과 문화 복지를 추구하는 사회로 전환할 수 있는 가치체계를 제시하였다(문화체육관광부 보도자료 2018). 문화비전 2030은 3대 가치와 9대 의제를 가지고 있으며, 의제를 실현하기 위한 37개 주요 과제가 구성되어 있다. 이 중 도서관과 관련해서는 '문화권 실현을 위한 여가친화적 사회환경 조성'과제에서 지역별 특성을 반영하고 주민의 요구에 맞는 서비스를 제공하는 주민주도형 '우리 동네 특화도서관' 도입에 대한 과제가 있으며, 지자체가 설립 · 운영하는 공공 · 작은도서관을 중심으로 추진한 것을 제시하였다.

셋째, 정부는 생활형 SOC 정책의 하나로 2019년 공공 · 작은도서관 조성예산 1,000억원을 투자하겠다고 밝혔으며, 이를 통해 공공도서관은 리모델링을, 작은도서관은 시 · 군 · 구마다 1개관씩 건립하겠다는 계획을 발표하였다. 세부적으로 노후화된 공공도서관 107개소를 리모델링하고 지역 특화형 작은도서관을 243개로 대폭 늘리며, 이를 통해 폐쇄적이고 노후화된 도서관이 북카페 같은 개방형 휴식공간으로 변모하고 지역수요에 맞는 특성 있는 작은도서관을 조성하여 주민들이 책과 문화를 쉽게 즐길 수 있는 여건을 마련하고자 노력하고 있다.

도서관 관련 정책과 의료분야 도서관 관련 정책을 전반적으로 분석한 결과, 문화비전 2030 발표 및 생활 SOC가 강조되면서 지역별 특성을 반영한 특화도서관의 도입과 노후화된 공공도서관 리모델링 등이 추진될 것으로 보인다.

반면, 의료분야 관련 도서관에 대한 정책은 거의 없는 것으로 나타났으며, 그나마 2차 도서관발전종합계획에서 병원도서관과 관련한 제도 개선 및 지원협력체계 구축, 보건·의료정보서비스 및 독서지원서비스 강화 등의 정책과제가 제시되었지만, 실제로 추진된 실적이 나타나지 않은 것으로 분석된다.

3 의료분야 관련 도서관 현황

3.1 전반적 설치 현황

의료분야 관련 도서관에 대한 종합적 현황을 살펴볼 수 있는 자료는 '한국의학도서관협회 회원도서관'만이 있는 것으로 조사되었다. 한국의학도서관협회 회원기준으로 의학도서관은 총 155개이며, 의학도서관 유형별로 구분하여 살펴보면 의과대학도서관 52개, 병원 내 도서관 84개, 연구소도서관 13개, 제약회사도서관 6개로 나타났다.

표 1-7 의학도서관 설치 현황

구분	의과대학	병원	연구소	제약회사	계
2018년 기준	52개	84개	13개	6개	155개

* 한국의학도서관협회에 연락하여 확인(2018.10.4.)

병원도서관은 「도서관법」에 의해 공공도서관으로 규정되어 있음에도 불구하고 일반적인 공공도서관의 현황을 확인할 수 있는 한국도서관연감, 도서관통계시스템 등에서 확인할 수 없었다. 즉 병원도서관과 같이 공공도서관으로 분류되어 있는 작은도서관, 장애인도서관, 병영도서관, 교도소도서관은 한국도서관연감, 도서관통계시스템 등에서 현황을 확인할 수 있는 반면, 병원도서관의 전반적인 현황은 파악할 수 없는 것으로 조사되었다.

단, '병원도서관'이라는 의미로서 환자와 보호자 등을 대상으로 설치 및 운영되고 있는 유사 병원도서관은 사례조사를 통해 조사되었다. 예를 들어 책읽는사회문화재단, 현대해상, 생명보험사회공헌위원회, 교보생명, (사)문화예술사회공헌네트워크 등의 시민단체 및 기업, 재단들이 사업의 일환으로 병원 내 도서관을 설립 및 운영하고 있는 것을 볼 수 있다. 해당 도서관들은 병원 내 도서관 조성 프로젝트를 통해 환자 및 보호자, 지역주민들이 독서를 통한 휴식 및 정서적 안정을 취할 수 있는 공간을 마련하고, 문학, 인문, 사회, 과학 서적 등 장서를 기증하여 제공하고 있다.

표 1-8 환자 및 보호자를 위한 유사 병원도서관 사례

구분	지원기관	기간	내용
책읽는 병원	책읽는사회문화재단	2010~ 2011년	• 강남세브란스병원 별관 로비, 서울대병원 본원 및 암병원에 개관하였으며, 다종다량의 장서 구비
도서관이 있는 병원	신문 '청년의사', 동국제약	2010~ 2012년	• 헌책 기증 캠페인으로, 다양한 분야의 책들을 기증하여 환자와 보호자들을 위한 작은 공간 마련
징검다리 도서관	문화예술사회공헌네트워크, 생명보험사회공헌위원회, 교보생명	2012~ 2013년	• 전국 중소병원의 환자 및 보호자, 지역주민을 대상으로 병원 내 도서관 20개 설립
마음心터	현대해상, 문화예술사회공헌네트워크	2015년 ~	• 환자와 보호자, 지역주민에게 양질의 도서와 문화공간 제공
아름人 도서관	신한카드	2015년 ~	• 2015년부터는 아동, 청소년뿐만 아니라 지역주민 등 다양한 세대를 위한 독서문화환경 조성을 목적으로 사업 진행 • 지역아동센터를 비롯해 지역사회복지관, 어린이병원 등에 맞춤형 아름인 도서관지원
꿈자람 책방	중앙의료재단 중앙병원, 제주국제자유도시개발센터	2018년 5월	• 병원을 방문하는 환자와 보호자의 정서안정과 함께 치료에 지친 이들에게 휴식의 시간을 제공하기 위해 독서를 위한 전용공간과 함께 테이블 의자, 책장 등이 마련

의료분야 관련 도서관의 설치 현황을 종합하면, 병원도서관은 통계상으로 설치 현황을 파악할 수 없으며, 의학도서관도 한국의학도서관협회 회원기준으로 파악된 현황이기 때문에 정확한 현황은 알 수 없다. 병원도서관 현황이 통계상으로 부재한 이유를 생각해 보면 병원은 공적 영역이기보다는 사적 영역의 성격이 높은 점, 병원도서관이 「도서관법」에 공공도서관으로 규정되어 있지만 이에 부합하는 법적 기준이 부재한 점, 환자

와 보호자를 대상으로 하는 병원도서관이 거의 운영되지 않거나, 운영되더라도 시민단체 및 재단, 기업의 사업으로 운영된다는 점, 그리고 병원도서관에 대한 관심 및 인식 부족 등으로 볼 수 있다.

3.2 병원 내 의학도서관 현황

병원 내 의학도서관의 운영 현황으로 행정조직상 소속부서, 서비스대상 및 서비스 인구 수, 장서 현황, 시설 및 환경 현황, 직원 현황, 서비스 현황, 도서관경영 현황 등에 대해 조사하였다(노영희, 신영지 2019).

1) 서비스대상 및 인구 수

■ 서비스대상

서비스대상에 대해 조사한 결과, 1개의 도서관을 제외한 44개의 도서관이 병원 임직원(의사, 간호직원, 레지던트, 인턴, 행정직원, 의료기사 등)을 대상으로 서비스를 진행하고 있는 것으로 나타났다. 병원 임직원을 대상으로 서비스를 제공하지 않은 1개의 도

표 1-9 서비스대상 (복수 응답)

구분	빈도	비율(%)
병원 임직원	44	97.78
환자	2	4.44
보호자	3	6.67
지역주민	2	4.44
한국의학도서관협회 회원	24	53.33
유관기관 임직원	7	15.56
관련 의과대학 교직원	11	24.44
관련 의과대학 학생	15	33.33
병원 동문	11	24.44
지역사회 의료인	7	15.56
타관종 도서관	4	8.89

서관은 요양병원으로 보호자를 대상으로 운영하고 있는 것으로 나타났다. 그 다음으로 한국의학도서관협회 회원을 대상으로 과반수 이상의 도서관이 서비스를 제공하고 있었으며, 그 외에도 관련 의과대학 학생(33.33%), 의과대학 교직원과 병원 동문(24.44%) 등을 대상으로 서비스를 제공하고 있었다.

■ 서비스대상 인구 수

서비스대상 인구 수에 대해 조사한 결과, 1,000명 이상의 이용자를 대상으로 서비스를 제공하고 있는 도서관이 28.89%, 600명 이상~1,000명 미만이 24.44% 등의 순으로 나타났다.

표 1-10 서비스대상 인구 수

구분	빈도	비율(%)
100명 미만	6	13.33
100명 이상~300명 미만	8	17.78
300명 이상~600명 미만	7	15.56
600명 이상~1,000명 미만	11	24.44
1,000명 이상	13	28.89
계	45	100.00

2) 장서 현황

■ 단행본 수

병원 내 의학도서관이 보유하고 있는 단행본 수를 조사한 결과, 3,000권 미만이 51.11%, 3,000권 이상 6,000권 미만 28.89% 등의 순으로 나타나, 병원도서관은 대체적으로 단행본 수가 많지 않은 것으로 나타났다. 의학도서관에 대한 법적 장서기준은 없지만, 「도서관법 시행령」에 규정된 전문도서관 장서기준에 따르면, '전문분야 자료가 3,000권 이상'이어야 한다는 기준에도 못 미치는 상황이다.

표 1-11 병원 내 의학도서관 단행본 수

구분	빈도	비율(%)
3,000권 미만	23	51.11
3,000권 이상~6,000권 미만	13	28.89
6,000권 이상~15,000권 미만	4	8.89
15,000권 이상~30,000권 미만	3	6.67
30,000권 이상~90,000권 미만	2	4.44
90,000권 이상~150,000권 미만	0	0.00
150,000권 이상	0	0.00
계	45	100.00

■ 연속간행물 수

병원 내 의학도서관이 보유하고 있는 연속간행물 수를 조사한 결과, 400종 이상 보유한 도서관이 37.78%로 나타났으며, 그 외에는 없음부터 200종 미만의 범위 내에 대부분 분포되어 있었다.

표 1-12 병원 내 의학도서관 연속간행물 수

구분	빈도	비율(%)
없음	5	11.11
10종 미만	5	11.11
10종 이상~20종 미만	3	6.67
20종 이상~50종 미만	4	8.89
50종 이상~100종 미만	5	11.11
100종 이상~200종 미만	5	11.11
200종 이상~400종 미만	1	2.22
400종 이상	17	37.78
계	45	100.00

■ 제공하는 정보자원의 다양성과 특화성

도서관의 정보서비스 제공을 목적으로 외부에서 수집한 유료 및 무료 정보자원의 다양성과 소속기관 고유의 특화된 자료에 대해 조사한 결과, e-Book이나 e-Journal 제공이 84.44%로 가장 높게 나타났다. 그 다음으로 의학분야 관련 상용 서지DB 구입이 64.44%로 나타났으며, 그 외에도 기관 기록물관리, 내부 성과물, 자체적으로 구축한 DB 등을 제공하고 있었다.

표 1-13 제공하는 정보자원의 다양성과 특화성 (복수 응답)

구분	빈도	비율(%)
e-Book이나 e-Journal	38	84.44
상용 서지DB 구입	29	64.44
자체 구축DB 운영	5	11.11
기관 기록물관리	11	24.44
연구보고서관리	6	13.33
내부 성과물관리	5	11.11
기관 리포지토리(IR) 운영	3	6.67
기타	1	2.22

■ 성문화된 장서개발 정책의 유무

성문화된 장서개발 정책 유무에 대해 조사한 결과, 과반수 이상의 도서관에서 장서 선정 및 폐기규정을 보유하고 있는 것으로 나타났다. 또한 연간 장서개발 계획서를 보유하고 있는 도서관도 17.78%로 나타나, 체계적으로 장서를 개발하고 관리하는 도서관도 있음을 알 수 있다. 반면, 장서와 관련하여 성문화된 정책이 없는 도서관이 24.44%로 나타났다.

표 1-14 성문화된 장서개발 정책의 유무 (복수 응답)

구분	빈도	비율(%)
없음	11	24.44
중장기 장서개발 계획서	2	4.44
연간 장서개발 계획서	8	17.78
장서 평가 보고서	1	2.22
장서 선정규정 보유	28	62.22
장서 폐기규정 보유	29	64.44
기타	1	2.22

■ 장서 선정 결정권자

병원 내 도서관의 장서 선정 시 결정권자에 대해 조사한 결과, 사서와 의료진이 협의하에 결정하는 도서관이 51.11%로 높게 나타났다. 그 외에도 장서선정위원회에서 결정하는 도서관도 26.67%로 나타났으며, 기타 의견으로 도서관관리위원회에서 협의하여 결정하거나, 도서실 운영위원회에서 결정한다는 도서관도 있었다.

표 1-15 장서 선정 결정권자

구분	빈도	비율(%)
의료진 결정	3	6.67
사서가 결정	4	8.89
사서와 의료진이 협의하에 결정	23	51.11
장서선정위원회에서 결정	12	26.67
기타	3	6.67
계	45	100.00

3) 시설 및 환경 현황

■ 도서관 면적 규모

도서관의 면적 규모를 조사한 결과, 과반수 이상(약 70%)이 200㎡ 미만의 규모를 가지고 있는 것으로 나타났으며, 그중 100㎡ 미만의 규모가 48.89%로 가장 높게 나타났으며, 100㎡에서 200㎡ 미만의 도서관이 24.44%로 나타났다.

표 1-16 도서관 면적 규모

구분	빈도	비율(%)
100㎡ 미만(약 30평 미만)	22	48.89
100㎡ 이상~200㎡ 미만(약 30~60평)	11	24.44
200㎡ 이상~300㎡ 미만(약 60~90평)	6	13.33
300㎡ 이상~400㎡ 미만(약 90~120평)	4	8.89
400㎡ 이상~500㎡ 미만(약 120~150평)	1	2.22
500㎡ 이상(약 150평 이상)	1	2.22
계	45	100.00

■ 도서관 열람석 수

도서관 내 열람석 수 조사 결과, 10석 미만 51.11%, 10석 이상~20석 미만이 26.67%로 나타나, 과반수 이상 도서관이 열람석을 20석 이내로 제공하고 있는 것으로 나타났다.

표 1-17 도서관 열람석 수

구분	빈도	비율(%)
없음	1	2.22
10석 미만	23	51.11
10석 이상~20석 미만	12	26.67
20석 이상~30석 미만	3	6.67
30석 이상~40석 미만	3	6.67
40석 이상	3	6.67
계	45	100.00

■ 제공하고 있는 이용자 편의시설 및 전산환경

도서관 내에서 제공하고 있는 이용자 편의시설은 복사기 및 스캐너(84.44%)와 열람테이블이나 소파(80.00%) 등으로 나타났다. 그 외 회의실이나 세미나실을 제공하는 도서관이 28.89%, 자동 대출·반납 장비 15.56%, 북카페 운영 및 휴게시설 13.33% 등의 순으로 나타났다. 또한 제공하고 있는 전산환경은 정보검색용 이용자 PC가 84.44%,

표 1-18 제공하고 있는 이용자 편의시설 및 전산환경

제공하고 있는 이용자 편의시설		
구분	빈도	비율(%)
없음	2	4.44
열람 테이블이나 소파	36	80.00
자동 대출·반납 장비	7	15.56
복사기나 스캐너	38	84.44
회의실이나 세미나실	13	28.89
북카페 운영 및 휴게시설	6	13.33
기타	1	2.22

제공하고 있는 전산환경		
구분	빈도	비율(%)
없음	6	13.33
도서관 홈페이지서비스 제공	33	73.33
도서관 전용시스템 운영	20	44.44
도서관 이용통계시스템 운영	15	33.33
내부 성과물시스템 운영	5	11.11
정보검색용 이용자 PC	38	84.44
무선 인터넷시설	25	55.56
노트북이나 e-Book 리더기 대여	1	2.22
도서관 모바일서비스 제공	14	31.11
기타	2	4.44

도서관 홈페이지서비스 제공 73.33%, 무선 인터넷시설 55.56, 도서관 전용시스템 운영 44.44% 등의 순으로 나타났다.

4) 직원 현황

■ 총직원 수

근무하는 직원 수를 조사한 결과, 1명이 근무하는 도서관이 66.67%로 과반수 이상의 병원도서관이 1인 체제로 운영되고 있음을 알 수 있다. 그 외에 2명 17.78%, 3명 13.33% 등의 순으로 나타났다.

표 1-19 총직원 수

구분	빈도	비율(%)
1명	30	66.67
2명	8	17.78
3명	6	13.33
4명	0	0.00
5명 이상	1	2.22
계	45	100.00

■ 사서 수

근무하는 사서 수를 조사한 결과, 사서가 1명인 도서관이 71.11%로 나타났으며, 2명인 도서관이 15.56%, 사서가 없는 도서관이 8.89% 등의 순으로 나타났다.

표 1-20 사서 수

구분	N	%
없음	4	8.89
1명	32	71.11
2명	7	15.56
3명	1	2.22
4명	0	0.00
5명 이상	1	2.22
계	45	100.00

5) 서비스 현황

■ 제공하고 있는 이용자교육 및 서비스

도서관에서 제공하고 있는 이용자교육 및 서비스를 조사한 결과, 도서관 이용교육이 73.33%로 가장 높게 나타났으며, 정보활용 안내서 제공 66.67%, 정보활용교육 실시 62.22% 등으로 나타났다.

표 1-21 제공하고 있는 이용자교육 및 서비스 (복수 응답)

구분	빈도	비율(%)
없음	6	13.33
도서관 이용교육 실시	33	73.33
정보활용교육 실시	28	62.22
신입직원교육 실시	16	35.56
정보활용 안내서 제공	30	66.67
저자·명사 특강과 독서교육	4	8.89
자관 이용행태조사	9	20.00
기타	0	0.00

■ 제공하고 있는 참고봉사(주제전문)서비스

도서관에서 제공하고 있는 참고봉사(주제전문)서비스를 조사한 결과, 전자게시판 Q&A와 전화·이메일을 통한 참고정보서비스가 가장 높게 나타났으며, 정보자원의 월 1회 이상 정기적 안내, 복사서비스, 논문작성지원서비스 등을 제공하고 있는 것으로 나타났다.

표 1-22 제공하고 있는 참고봉사(주제전문)서비스 (복수 응답)

구분	빈도	비율(%)
없음	41	91.11
전화·이메일을 통한 참고정보서비스	33	73.33
전자게시판·Q&A	36	80.00
정기적 자료제공이나 멘토링 실적	15	33.33
연구과제 수행지원서비스	13	28.89
SDI 또는 최신주지서비스	18	40.00

정기적 신간·추천·신착자료 안내	21	46.67
정보자원의 월 1회 이상 정기적 안내	28	62.22
외부 링크를 통한 안내	8	17.78
소급문헌 탐색	12	26.67
학술잡지 목차서비스	11	24.44
번역서비스	72	4.44
복사서비스	28	62.22
서지의 작성 및 준비	11	24.44
색인의 작성 및 준비	5	11.11
출판(뉴스지, 장서목록 등)	6	13.33
특수파일의 준비(팸플릿 등)	2	4.44
논문작성지원	26	57.78
기타	1	2.22

▪ 제공하고 있는 대외협력서비스

도서관에서 제공하고 있는 대외협력서비스로 국내 협의회(체)에 회원가입이 80%로 나타났으며, 그 외에도 소수지만 다른 관종과의 대외협력, 국제 협의회(체) 회원가입 등이 있었다. 반면 대외협력서비스를 제공하고 있지 않은 도서관도 13.33%나 있었다.

▌표 1-23 ▌제공하고 있는 대외협력서비스 (복수 응답)

구분	빈도	비율(%)
없음	6	13.33
국내 협의회(체) 회원가입	36	80.00
국제 협의회(체) 회원가입	4	8.89
다른 관종과의 대외협력 실적	7	15.56
국제행사의 강연·발표·전시부스 참여	1	2.22
외부인에게 소장자료 관외이용 허용	2	4.44
외부인에게 기타 정보서비스 제공	3	6.67
기타	1	2.22

■ 연간 대출 건수

도서관의 연간 대출 건수를 조사한 결과, 500권 미만이 51.11%, 500권 이상 3,000권 미만이 15.56%, 없음이 11.11% 등의 순으로 나타났다.

표 1-24 연간 대출 건수

구분	빈도	비율(%)
없음	5	11.11
500권 미만	23	51.11
500권 이상~1,000권 미만	7	15.56
1,000권 이상~3,000권 미만	7	15.56
3,000권 이상~6,000권 미만	2	4.44
6,000권 이상~10,000권 미만	0	0.00
10,000권 이상	0	0.00
기타	1	2.22
계	45	100.00

■ 상호대차서비스 유형 및 제공 건수

도서관에서 제공하고 있는 상호대차 유형에 대해 조사한 결과, 동일관종-타지역과 실시가 66.67%로 가장 높게 나타났으며, 타관종-타지역과 실시하는 도서관 48.89%, 동일관종-동일지역과 실시 35.56% 등의 순으로 나타났다. 특히 병원도서관은 한국의학도서관협회 회원들 간의 상호대차서비스가 운영되고 있어 동일관종과 타지역/동일지

표 1-25 상호대차서비스 유형 및 상호대차서비스 제공 건수

상호대차서비스 유형(복수 응답)		
구분	빈도	비율(%)
타관종-타지역과 실시	22	48.89
타관종-동일지역과 실시	6	13.33
동일관종-타지역과 실시	30	66.67
동일관종-동일지역과 실시	16	35.56
실시하지 않음	5	11.11
기타	1	2.22

상호대차서비스 제공 건수		
구분	빈도	비율(%)
없음	5	11.11
월 10건 미만	20	44.44
월 10건 이상~50건 미만	11	24.44
월 50권 이상~100건 미만	5	11.11
월 100권 이상~150건 미만	1	2.22
월 150건 이상	3	6.67
계	45	100.00

역 간의 상호대차서비스가 많이 제공되고 있는 것으로 보인다. 또한 병원도서관에서 제공하고 있는 상호대차서비스 제공 건수에 대해 조사한 결과, 월 10건 미만이 44.44%, 월 10건 이상~50건 미만 24.44, 없음과 월 50권 이상~100건 미만이 각각 11.11% 등의 순으로 나타났다.

3.3 의과대학도서관 현황

의과대학도서관의 운영 현황으로 홈페이지 구축, 서비스대상, 장서 현황, 분류체계, 인력, 시설, 기자재, 서비스 등에 대해 조사하였다(신영지, 노영희 2019).

1) 홈페이지 구축 여부

홈페이지 구축 여부를 살펴본 결과, 별도로 의학도서관만을 위한 독립 홈페이지를 운영하고 있는 곳이 35개(77.78%)로 나타났으며, 중앙도서관(또는 소속된 캠퍼스도서관)과 홈페이지를 공유하고 있는 곳이 10개(22.22%)로 나타났다. 또한 독립 홈페이지는 없지만 별도의 주제별 가이드 홈페이지를 개발하여 운영하는 도서관도 나타났다.

2) 서비스대상

서비스대상을 조사한 결과, 교내 구성원(100%), 한국의학도서관협회 회원(93.33%), 의료원·병원 산하 교직원 및 전공의(60%), 의학도서관 및 도서관장이 승인한 자(53.33%), 일반인 및 지역주민(26.67%) 등의 순으로 나타났다. 의과대학도서관은 대학도서관의 분관으로 모든 도서관이 교내 구성원인 전임교원, 학부생 및 대학원생, 교직원, 시간강사 등을 대상으로 서비스를 제공하고 있으며, 한국의학도서관협회 회원인 42개의 도서관은 회원증 소지 시 도서관 이용이 가능한 것으로 나타났다. 또한 해당 대학이 대학병원 및 의료원을 운영하고 있는 경우, 의료원·병원 산하 교직원 및 전공의에게도 함께 서비스를 제공하고 있었으며, 그 외에 일반인 및 지역주민의 경우 회원등록 또는 신분증 제시 등을 통해 열람만 가능하게 운영하고 있었다. 기타 서비스대상으로는 타대학 열람증 소지자, 퇴직교직원, 부속학교 교원, 위탁교육생, 방학에 관장이 허가한 교직원 자녀 등으로 나타났다.

3) 장서 현황

■ 단행본 수

의과대학도서관의 단행본 보유 현황을 조사한 결과, 20,000권 이상~40,000권 미만이 38.10%로 가장 높게 나타났으며, 20,000권 미만 21.43%, 60,000권 이상~80,000권 미만과 80,000권 이상~100,000권 미만이 각각 11.90% 등의 순으로 나타났다.

표 1-26 의과대학도서관의 단행본 보유 현황 (단위: 권)

구분	빈도	비율(%)
20,000권 미만	9	21.43
20,000권 이상~40,000권 미만	16	38.10
40,000권 이상~60,000권 미만	4	9.52
60,000권 이상~80,000권 미만	5	11.90
80,000권 이상~100,000권 미만	5	11.90
100,000권 이상	3	7.14
계	42	100.00

* 결측값: 3

■ 연속간행물 수

연속간행물의 경우 5,000종 미만이 45.95%로 나타났으며, 5,000종 이상~10,000종 미만 18.92%, 10,000종 이상~15,000종 미만과 25,000종 이상이 각각 10.81%로 나타났다.

표 1-27 의과대학도서관의 연속간행물 보유 현황 (단위: 종)

구분	빈도	비율(%)
5,000종 미만	17	45.95
5,000종 이상~10,000종 미만	7	18.92
10,000종 이상~15,000종 미만	4	10.81
15,000종 이상~20,000종 미만	2	5.41
20,000종 이상~25,000종 미만	3	8.11
25,000종 이상	4	10.81
계	37	100.00

* 결측값: 8

4) 분류체계

의과대학도서관의 분류체계에 대해 조사한 결과, 32개의 도서관에서 해당 내용을 확인할 수 있었으며 주로 KDC(31.25%)와 DDC(37.50%)를 통해 분류하고 있었다. 또한 도서관 중에서 일반도서 및 교양도서관은 중앙도서관에서 사용하는 분류체계인 KDC, DDC 분류체계를 사용하고, 의학도서의 경우 NLMC 분류체계를 사용하는 경우도 나타났다.

표 1-28 의과대학도서관의 분류체계 현황

구분	빈도	비율(%)
KDC	10	31.25
DDC	12	37.50
NLMC	4	12.50
KDC+NLMC	2	6.25
DDC+NLMC	4	12.50
계	32	100.00

* 결측값: 13

5) 인력

의학대학도서관에서 근무하는 직원 수를 조사한 결과, 3명인 도서관이 26.67%로 가장 높게 나타났으며, 2명 20.00%, 4명과 5명, 7명 이상이 각각 13.33% 등의 순으로

표 1-29 의과대학도서관의 인력 현황

구분	직원 수	
	빈도	비율(%)
1명	2	4.44
2명	9	20.00
3명	12	26.67
4명	6	13.33
5명	6	13.33
6명	4	8.89
7명 이상	6	13.33
계	45	100.00

구분	사서 수		
	직원	빈도	비율(%)
계명대학교 의학도서관	6	4	66.67
고려대학교 의학도서관	9	7	77.78
대구가톨릭대학교 루가도서관	3	2	66.67
동국대학교 의학도서관	2	1	50.00
서울대학교 의학도서관	10	5	50.00
성균관대학교 의과대학 의학도서관	3	2	66.67
영남대학교 의과대학 의학도서관	4	2	50.00
인제대학교 의학도서관	4	3	75.00

나타났다. 또한 사서 수를 조사한 결과, 홈페이지상에서 사서 수를 확인할 수 있는 도서관은 8개로 나타났으며, 그 결과 8개 도서관 모두 직원 수의 과반수 이상이 사서인 것으로 나타났다.

6) 시설

▪ 도서관 면적

의학대학도서관의 면적을 조사한 결과, 먼저 1,000㎡ 단위별로 보았을 때, 1,000㎡ 미만의 도서관이 35.56%, 1,000~2,000㎡ 미만 26.67%, 2,000~3,000㎡ 15.56% 등의 순으로 나타나, 의학대학도서관의 면적은 대체적으로 2,000㎡ 미만, 즉 600평 미만인 것을 알 수 있었다. 세부적으로 1,000~1,500㎡ 미만이 24.44%로 가장 높게 나타났으며, 500㎡ 미만 20.00%, 500~1,000㎡ 미만 15.56% 등으로 나타났다.

표 1-30 의과대학도서관의 면적

구분	세부 구분	빈도	비율(%)
1,000㎡(약 300평) 미만	500㎡ 미만	9	20.00
	500㎡~1,000㎡ 미만	7	15.56
	계	16	35.56
1,000㎡~2,000㎡ 미만	1,000㎡~1,500㎡ 미만	11	24.44
	1,500㎡~2,000㎡ 미만	1	2.22
	계	12	26.67
2,000㎡~3,000㎡ 미만	2,000㎡~2,500㎡ 미만	4	8.89
	2,500㎡~3,000㎡ 미만	3	6.67
	계	7	15.56
3,000㎡~4,000㎡ 미만	3,000㎡~3,500㎡	2	4.44
	3,500㎡~4,000㎡	1	2.22
	계	3	6.67
4,000㎡~5,000㎡ 미만	4,000㎡~4,500㎡	4	8.89
	4,500㎡~5,000㎡	2	4.44
	계	6	13.33
5,000㎡ 이상		1	2.22

■ 열람석

의과대학도서관의 열람석을 조사한 결과, 200석 미만이 50.00%, 200~400석 미만 21.88%, 400~600석 미만 15.63%, 600석 이상 12.50% 순으로 나타났다.

표 1-31 의과대학도서관의 열람석 현황

구분	빈도	비율(%)
200석 미만	16	50.00
200~400석 미만	7	21.88
400~600석 미만	5	15.63
600석 이상	4	12.50
계	32	100.00

* 결측값: 13

7) 기자재

의과대학도서관의 기자재에 대해 조사한 결과, 기자재는 크게 PC, 복사기, 프린터, 스캐너, 팩스 등으로 나타났다. 이 중 도서관별 보유 현황을 확인할 수 있는 PC 현황을 조사한 결과, 과반수가 10개 이하의 PC를 소유하고 있었으며(52.27%), 그 외에 11~20개 이하 18.18%, 21~30개 이하와 51개 이상이 각각 9.09% 등의 순으로 나타났다. 51개 이상 PC를 보유한 도서관은 가톨릭대학교 성의교정도서관, 대구한의대학교 학술정보원, 부산대학교 의생명과학도서관, 서울대학교 의학도서관으로 나타났다. 그 외의 기

표 1-32 의과대학도서관의 PC 수

구분	빈도	비율(%)
10개 이하	23	52.27
11~20개 이하	8	18.18
21~30개 이하	4	9.09
31~40개 이하	2	4.55
41~50개 이하	3	6.82
51개 이상	4	9.09
계	44	100.00

* 결측값: 1

자재인 복사기, 프린터, 스캐너, 팩스 등의 경우 보유 여부만 알 수 있는 경우가 대다수였으며, 보유하고 있는 현황으로는 복사기(66.67%), 프린터(37.78%), 스캐너(26.67%) 순으로 나타났다.

8) 서비스

의과대학도서관에서 제공하고 있는 서비스에 대해 조사한 결과, 서비스는 크게 ① 도서관 기본서비스, ② 논문작성 관련 지원서비스, ③ 저널 관련 정보제공서비스, ④ 연구지원서비스, ⑤ 서지관리프로그램, ⑥ 학과 및 주제별 서비스, ⑦ 정보제공서비스, ⑧ 이용자교육, ⑨ 개인 맞춤서비스, ⑩ 도서 및 자료 배달서비스, ⑪ 그 외 서비스로 구분되었다.

각 영역별로 살펴보면, 첫째 도서관의 기본서비스의 경우, 정보검색, 대출예약·연기, 희망도서 신청, 상호대차원문복사서비스, 타도서관 이용, 교외접속 등 총 10개의 항목이 수집되었다. 특히 상호대차·원문복사서비스가 조사한 모두 도서관에서 제공되고 있었다. 상호대차서비스의 경우 타관종 도서관보다 의학도서관에서 잘 이루어지고 있는 협력서비스이다(조찬식, 한혜영 2005). 고가의 의학학술지를 기관에서 모두 빠짐없이 수집하는 것이 현실상 불가능하므로 자관의 부족한 자료를 상호대차서비스를 통해 제공함으로써 이용자에게는 필요한 정보를 적절히 제공할 수 있다.

둘째, 의과대학도서관에서 가장 많은 비율을 자치하고 있는 서비스는 연구 및 논문작성지원을 위한 서비스이다. 이는 의과대학도서관이 의학이라는 전문주제를 다루는 전문도서관이자, 대학도서관의 일환이라는 점에서 교육 및 연구를 지원하는 서비스가 많은 것으로 보인다. 조사한 현황에 따르면 논문작성 관련 지원서비스, 저널 관련 정보제공서비스, 서지관리프로그램(참고문헌관리), 연구지원서비스 등이 제공되고 있다. 세부 항목별로 살펴보면, 논문작성 관련 지원서비스로는 주로 논문작성가이드와 표절관리서비스(iThenticate, Turnitin), 논문작성지원서비스가 제공되고 있다. 논문작성가이드는 논문작성에 필요한 각종 자료검색부터 참고문헌관리 등의 논문작성 툴(Tool)과 논문제출 안내 등의 정보를 제공하는 서비스이며, 논문작성지원서비스는 저자들이 학회나 출판사에 제출하기 전에 학술지별 투고규정에 맞게 인용표기 및 참고문헌 형식, 표 및 그림 양식 등을 수정해 주는 서비스이다. 그 외에도 논문번역서비스, 게재료 할인 및 무료지원서비스 등을 지원하고 있다. 저널 관련한 정보서비스도 도서관별로 다양하게 제공하고 있는데, 주로 Impact Factor(JCR) 검색, SCI/SCIE 등재저널 검색, 저널평가정보(S2Journal)[1] 등의 서비스를 제공하고 있다. 또한 서지관리프로그램으로 ENDNOTE, RefWorks를 제공하고 있으며, 그 외에도 연구논문분석서비스,[2] 연구업적분석서비스,[3] 연구컨설팅 등의 서비스를 제공하고 있다.

셋째, 학과 및 주제별 서비스로 학과주제별 가이드, 학과전담서비스 등을 제공하고 있다. 학과주제별 가이드는 학과별로 전공과 관련한 다양한 최신 학술정보를 수록한 학과별 학술정보가이드이며 별도로 홈페이지를 구축하여 제공하고 있다. 또한 독립 홈페이지가 없는 도서관 중에서 학과주제별 가이드 홈페이지를 통해서 의학도서관에 대한 내용을 제공하는 곳도 나타났다. 학과전담서비스는 도서관에서는 교수님을 대상으로 학과별 전담직원을 1대1로 지정하여 도서관의 문의창구를 일원화하고 이용자중심의 서비스이다.

넷째, 정보제공서비스에서는 자관 Pubmed, 관련 사이트에 대한 서비스가 주를 이루었는데, 자관 Pubmed는 Pubmed의 서지기반에 Linking Solution을 도입함으로써, 논문검색에서 원문취득까지 원스톱으로 가능하게 하는 서비스를 말하며(노동조, 김정아 2010), 과반수 이상이 자관 Pubmed서비스를 제공하고 있는 것으로 나타났다. 또한 관련사이트의 경우 대부분 여러 유용한 전문의학사이트, 의학도서관 홈페이지 링크, 학회사이트 등을 제공하고 있었다. 이는 의학분야는 주제상 전문적인 정보를 다루고 있으므로 이용자가 보다 쉽게 관련 정보들을 찾을 수 있도록 관련 정보원을 제공할 필요가 있다. 이에 향후 의학도서관은 각 도서관에서 제공하는 서비스 외에도 인터넷에 흩어져 있는 의학정보를 취합하여 제공함으로써 게이트웨이 역할을 할 필요가 있다.

다섯째, 이용자교육의 경우 도서관서비스 안내, 각종 소프트웨어 이용법, DB 이용법,

---

1) JCR(SCIE)/SJR/CiteScore(SCOPUS)/KCI 등 저널지표 통합제공서비스
2) 개별 연구자 및 교실, 대학의 연구 현황을 파악하고 연구 경쟁력 강화를 위한 서비스로, 연세통합연구업적시스템)에 등록한 논문을 대상으로 분석한 정보 및 미국 Clarivate Analytics에서 만든 SCI/SCIE 등재 학술지의 논문을 검색할 수 있는 Web of Science와 Elsevier출판사에서 만든 세계 최대 규모의 학술지를 수록한 SCOPUS의 피인용 수를 대상으로 수집 · 가공한 정보를 보고서 형식으로 제공
3) 공적으로 필요한 개인 · 부서 · 기관별 인용 현황조사(본원 및 타기관 포함) 또는 신청자 본인의 연구업적에 대하여 특정 연구논문 피인용 현황조사, 특정 학술지의 SCI 등재 여부, Impact Factor 정보 등 인용관련 정보를 제공하는 서비스

의학주제 관련 사이트의 이용 안내 등을 다양하게 제공하고 있었다.

마지막으로 그 외 서비스 중에 의학도서관으로서의 특징적인 서비스를 볼 수 있었는데, 학술대회 포스터 및 의료원 홍보를 위한 포스터 제작서비스와 복잡한 생물학정보와 의학지식을 명확하고 쉽게 전달할 수 있도록 인체 관련 이미지 등을 다양한 형태로 시각화하여 표현하는 메디컬 일러스트서비스이다. 또한 서울대학교 의학도서관의 경우 2014년부터 의학정보 및 도서관서비스분야의 WHO 협력센터(WHO Collaborating Center for Health Information and Library Services)로 지정되어 건강과 의학, 보건분야의 학술성과를 WHO 웹사이트에 업데이트하고 있다.

참고문헌

곽동철 외. 2007. 『도서관 시설, 자료 및 사서직원 배치기준에 관한 연구』. 서울: 문화관광부.

남태우, 김은주. 2010. 의학도서관 장서관리정책 사례 연구. 『정보관리학회지』, 27(1): 79-102.

노동조, 김정아. 2010. 의학도서관 웹사이트의 콘텐츠 분석에 관한 연구. 『한국비블리아학회지』, 21(3): 45-56.

노영희, 신영지. 2019. 병원 내 의학도서관 운영현황 분석을 통한 활성화 방안에 관한 연구. 『한국도서관 · 정보학회지』, 50(2): 61-96.

도서관정보정책위원회. 2018. 도서관발전종합계획: 2017년도 시행계획 추진실적. 서울: 도서관정보정책위원회.

문화체육관광부 보도자료. 2018. '사람이 있는 문화' 문화비전2030 발표. [online]. [cited 2018.10.19.]. 〈http://www.mcst.go.kr/web/s_notice/press/pressView.jsp?pSeq=16696〉.

신영지, 노영희. 2019. 의과대학도서관 현황 분석을 통한 활성화 방안. 『한국도서관 · 정보학회지』, 50(3): 191-216.

윤봉자. 1996. 한국 의학도서관 네트워크 구축에 관한 연구. 박사학위논문. 상명대학교 대학원, 문헌정보학과.

이선주. 2009. 의학도서관 이용자교육 모형 개발에 관한 연구. 석사학위논문. 이화여자대학교 대학원, 문헌정보학과.

조찬식, 한혜영. 2005. 웹페이지를 통한 의학도서관의 정보서비스 실태조사. 『정보관리학회지』, 22(2): 87-101.

조화순. 2011. 의학도서관 이용자의 전자저널 이용행태와 서비스품질 지각 분석 : K대학교 의과대학 교수 및 대학원생을 중심으로. 석사학위논문. 계명대학교 대학원 문헌정보학과.

한국도서관협회 한국도서관기준특별위원회. 2013. 『한국도서관기준』. 서울: 한국도서관협회.

홍기선. 소비자 보건정보서비스의 활성화 방안 연구. 박사학위논문. 상명대학교 대학원, 문헌정보학과.

ALA. 1983. *The ALA Glossary of Library and Information Science*. Chicago.

Lindberg D.A., Humphries B.L. 2005. "2015—the future of medical libraries." *New England Journal of Medicine*. 352(11): 1067-1070.

Chapter

02

대학 내 의학도서관과 도서실

가천대학교 메디컬캠퍼스 중앙도서관

<table>
<tr><td>분류</td><td colspan="2">대학도서관</td><td>개관년도</td><td colspan="2">1982(중앙도서관 기준)</td></tr>
<tr><td>주소</td><td colspan="5">(21936) 인천광역시 연수구 함박뫼로 191 간호대학 B1</td></tr>
<tr><td>홈페이지</td><td colspan="5">https://medilib.gachon.ac.kr</td></tr>
<tr><td>전화번호</td><td colspan="5">032-820-4081~4085</td></tr>
<tr><td>팩스</td><td colspan="5">032-820-4089</td></tr>
<tr><td rowspan="10">운영시간</td><td colspan="2">실명</td><td>이용기간</td><td>이용시간</td><td>비고</td></tr>
<tr><td colspan="2" rowspan="3">자료열람실</td><td>(학기 중) 월~금</td><td>09:00~19:00</td><td rowspan="4">토요일, 법정공휴일, 개교기념일 휴관</td></tr>
<tr><td>시험기간 1주 전</td><td>08:30~19:00</td></tr>
<tr><td>(방학 중) 월~금</td><td>09:00~18:00</td></tr>
<tr><td colspan="2">그룹 스터디룸</td><td>월~금</td><td>09:00~17:00</td></tr>
<tr><td colspan="2" rowspan="3">자유열람실</td><td>월~일</td><td>07:00~24:00</td><td rowspan="4">연중무휴</td></tr>
<tr><td>시험기간 2주 전</td><td>07:00~02:00</td></tr>
<tr><td>시험기간 1주 전</td><td>24시간</td></tr>
<tr><td colspan="2">제2열람실</td><td>월~일</td><td>24시간</td></tr>
<tr><td colspan="5"></td></tr>
<tr><td>이용대상</td><td colspan="5">가천대학교 학생, 교직원</td></tr>
<tr><td rowspan="7">장서</td><td colspan="3">구분</td><td>장서 수</td><td>계</td></tr>
<tr><td rowspan="2">단행본</td><td colspan="2">국내</td><td>77,209권</td><td rowspan="3">89,991권</td></tr>
<tr><td colspan="2">국외</td><td>11,183권</td></tr>
<tr><td colspan="3">제본잡지</td><td>1,599권</td></tr>
<tr><td rowspan="2">WebDB</td><td colspan="2">국내</td><td>12종</td><td rowspan="2">58종</td></tr>
<tr><td colspan="2">국외</td><td>46종</td></tr>
<tr><td colspan="5"></td></tr>
<tr><td>분류체계</td><td colspan="5">DDC 23판</td></tr>
<tr><td>인적자원</td><td colspan="5">인력 현황 : 5명</td></tr>
<tr><td>시설</td><td colspan="5">면적 : 4,495㎡</td></tr>
<tr><td>설비</td><td colspan="3">• 업무용 PC : 8대</td><td colspan="2">• 검색용 PC : 46대</td></tr>
</table>

도서관 소개

가천대학교 메디컬캠퍼스 중앙도서관은 대학의 교육목적을 달성하기 위하여 지식정보의 공유 및 활용을 지원하는 기관이다. 메디컬캠퍼스 중앙도서관은 교수의 학문연구와 강의, 학생의 학습을 위한 정보와 자료를 제공하는 역할을 하며, 필요한 자료의 수집 · 정리 · 보존 · 서비스를 제공한다.

시설

가천대학교 메디컬캠퍼스 중앙도서관은 자유열람실, 자료열람실, Research Room, Cinema Cafe, 그룹 스터디룸 등으로 구성되어 있다. 각 시설의 기능은 다음과 같다.

자료열람실	Research Room

Cinema Cafe	그룹 스터디룸

구분	내용
자유열람실	개인자료 및 도서관 대출자료 열람
자료열람실	도서관 소장자료검색 및 열람
Research Room	전자자료검색 및 자료 작성·출력
Cinema Cafe	영화 DVD 시청
그룹 스터디룸	발표·토론·조별 과제 등을 위한 팀 프로젝트용 공간

제공서비스

■ 연구지원서비스

가천대학교 메디컬캠퍼스 중앙도서관은 연구지원서비스로 EndNote, SCIE, JCR, RISS, MEDLINE, Scopus, 상호대차·원문복사서비스, 학위논문 제출 등의 서비스를 제공하고 있다.

■ 분관 및 협력기관 이용

가천대학교 도서관은 분관으로 강화교육원 도서실과 협력기관으로 길병원 학습정보센터가 있다. 강화교육원 도서실은 강화교육원 학생회관 2층에 자료열람실과 3층에 47석의 자유열람실이 있으며, 길병원 학습정보센터는 길병원 응급의료센터 11층에 위치하고 있다. 가천대학교 구성원(학생 및 교직원)의 경우, 분관과 협력기관을 이용할 때 학생증 혹은 교직원증을 소지하여 방문하면 이용할 수 있다.

교육

가천대학교 메디컬캠퍼스 중앙도서관에서는 신입생·재학생을 대상으로 도서관자료와 각종 전자자료의 활용도를 높이고자 이용자교육을 실시하고 있다. 교육대상자의 신분이나 도서관 이해도에 따라 수준별 맞춤교육으로 진행되고 있으며, 학과, 전공 또는 스터디그룹별로도 신청이 가능하다. 교육은 기본교육, 맞춤(수시)교육으로 개설하여 운영하고 있다.

■ 국외 학술DB교육

도서관에서 구독 중인 Web of Science(과학 인용정보), JCR(논문 참조정보), EndNote(서지관리프로그램), Scopus(인용정보), Springer(의학, 전주제분야) 등 총 17개의 국외 학술DB에 대한 교육을 실시하고 있다.

출처

가천대학교 메디컬캠퍼스 중앙도서관
https://medilib.gachon.ac.kr
국가도서관 통계시스템
https://www.libsta.go.kr

가톨릭관동대학교 의학도서관

<table>
<tr><td>분류</td><td colspan="3">대학도서관</td><td>개관년도</td><td>1997</td></tr>
<tr><td>주소</td><td colspan="5">(85601) 강원도 강릉시 범일로 579번길 24 가톨릭관동대학교 중앙도서관 4층</td></tr>
<tr><td>홈페이지</td><td colspan="5">http://library.cku.ac.kr/med</td></tr>
<tr><td>전화번호</td><td colspan="5">033-649-7630</td></tr>
<tr><td>팩스</td><td colspan="5">033-647-8373</td></tr>
<tr><td>운영시간</td><td colspan="5">• 평일 09:00~20:00, 토요일, 공휴일, 일요일 휴무(학기 중)
• 평일 09:00~17:00, 토요일, 공휴일, 일요일 휴무(방학 중)</td></tr>
<tr><td>이용대상</td><td colspan="5">가톨릭관동대학교 구성원(전임교원, 직원/조교, 대학원생/연구원, 학부생)</td></tr>
<tr><td rowspan="8">장서</td><td colspan="2">구분</td><td>장서 수</td><td colspan="2">계</td></tr>
<tr><td rowspan="2">단행본</td><td>국내</td><td>10,863권</td><td colspan="2" rowspan="3">27,628권</td></tr>
<tr><td>국외</td><td>12,438권</td></tr>
<tr><td colspan="2">제본잡지</td><td>4,327권</td></tr>
<tr><td rowspan="2">연속간행물</td><td>책자</td><td>116종</td><td colspan="2" rowspan="2">6,546종</td></tr>
<tr><td>전자</td><td>6,430종</td></tr>
<tr><td rowspan="2">학술DB</td><td>국내</td><td>7종</td><td colspan="2" rowspan="2">18종</td></tr>
<tr><td>국외</td><td>11종</td></tr>
<tr><td>분류체계</td><td colspan="5">의학도서 : NLMC</td></tr>
<tr><td>인적자원</td><td colspan="5">인력 현황 : 3명(관장 1명, 파트장 1명, 직원 1명)</td></tr>
<tr><td>시설</td><td colspan="5">전체면적 : 285㎡</td></tr>
<tr><td>설비</td><td colspan="5">• 업무용 PC : 2대
• 검색용 PC : 2대</td></tr>
</table>

도서관 소개

가톨릭관동대학교 의학도서관은 1997년 라파엘관 2층에 개관하였으며, 현재는 중앙도서관 4층에 위치하고 있다. 교수 및 학생들의 학문연구와 학습활동에 필요한 WebDB, 전자저널 등의 학술DB를 다수 보유하여 전문적인 의학정보를 제공하고 있다.

2014년 9월에는 국제성모병원 도서실을 분관 개관하여 의학정보센터로서의 기능을 수행하고 있다.

시설

가톨릭관동대학교 의학도서관은 자료 유형에 따라서 공간이 구분되어 있어 있으며, 크게 단행본, 참고도서, 정기간행물, 논문으로 나누어 볼 수 있다.

구분	내용
자료실	단행본자료를 자유롭게 열람 및 대출받을 수 있으며 단말기 및 PC 등을 이용하여 자료를 검색할 수 있고, 또한 무인복사기를 이용하여 복사할 수 있음
참고도서	참고도서는 어느 특정한 분야의 정보를 얻기 위하여 부분적으로 참고하는 백과

	사전, 사전, 연감, 통계자료, 도감, 편람 등의 참고도서와 Textbook 이용빈도가 많고, 특수도서 등 대출이 곤란한 도서를 이곳에 비치하여 이용자의 지적욕구를 충족시키고 있음
정기간행물, 논문	• 정기간행물, 논문, 참고자료의 열람이 가능하며 대출은 불가능함 • 또한 타대학도서관에 소장된 국내 및 국외의 자료를 필요로 할 경우 상호대차서비스를 제공하고 있으며 이용료는 지불해야 함

제공서비스

■ 연구지원서비스(학술지원서비스)

연구지원서비스로 'Incites JCR'과 'RefWorks'를 제공하고 있다.

구분	내용
Incites JCR	• 제공건수: Science Edition(저널 약 8,281종) • 인용 데이터를 기반으로 저널의 통계정보를 제공하는 저널 평가 데이터베이스 • 서사들에 의해 제공되는 인용문헌정보를 수집함으로써 연구성과 및 영향력을 측정할 수 있으며, 저널 간의 인용과 피인용관계를 보여줌
RefWorks	• 웹기반 출처 및 연구정보 관리도구 • 국내외 학술DB에서 검색한 결과를 레퍼런스 문헌으로 저장하여 개인만의 연구정보 데이터베이스로 관리하여 연구의 편의성을 높임

■ 관련 사이트 링크서비스

가톨릭관동대학교 의학도서관 홈페이지에서는 의학 관련 국내외 주요 사이트 링크서비스를 제공한다. 검색엔진, 건강정보/사이버클리닉, 의약학정보, 의학 관련 단체/의학도서관, 국내병원/국외병원, 기타/외부 사이트로 크게 6가지로 범주를 나누어, 각각의 범주에 해당되는 국내외 기관 홈페이지 링크서비스를 제공하고 있다.

구분	내용
검색엔진	Healthlinks, Healthatoz, Med411, Medweb, Medexplorer 등
건강정보/사이버클리닉	• 굿 헬스(건강관리, 방법소개) • 로이터 건강의학뉴스 • 웹넵스 웹(건강, 복지정보) 등
의약학정보	• 국민건강보험 건강in • 닥터포유네트워크 • Gene: 유전학 관련 정보 등
그 외	• 의학 관련 협회, 국내외 연구기관, 의학도서관 리스트 • 국내외 병원 • 기타/외부 사이트

■ 원문복사서비스

본 도서관에서 소장하고 있지 않은 자료는 상호대차협력기관인 한국교육학술정보원(RISS), 의학전자도서관(Medlis), 국가과학기술정보센터(NDSL)를 통해 원문복사서비스를 제공한다.

출처

가톨릭관동대학교 중앙도서관
http://library.cku.ac.kr
가톨릭관동대학교 의학도서관
http://library.cku.ac.kr/med
국가도서관 통계시스템
https://www.libsta.go.kr

가톨릭대학교 성의교정도서관

<table>
<tr><td>분류</td><td colspan="2">대학도서관</td><td colspan="2">개관년도</td><td>1957</td></tr>
<tr><td>주소</td><td colspan="5">(06591) 서울특별시 서초구 반포대로 222</td></tr>
<tr><td>홈페이지</td><td colspan="5">https://lib.cuk.ac.kr</td></tr>
<tr><td>전화번호</td><td colspan="5">02-2258-7168</td></tr>
<tr><td>팩스</td><td colspan="5">02-532-3112</td></tr>
<tr><td rowspan="3">운영시간</td><td>구분</td><td>월~목요일</td><td>금요일</td><td>토요일</td><td>일요일</td></tr>
<tr><td>학기 중</td><td>07:30~20:00</td><td>07:00~21:00</td><td rowspan="2">09:00~13:00</td><td rowspan="2">휴관</td></tr>
<tr><td>방학 중</td><td colspan="2">07:30~20:00</td></tr>
<tr><td rowspan="3">이용대상</td><td>구분</td><td colspan="4">내용</td></tr>
<tr><td>본관</td><td colspan="4">의료원 산하 교원 및 전공의, 직할병원의 직원, 성의교정 학생 및 대학원생, 주임교수가 보증한 외래교수, 도서관장이 인정하는 외부인사</td></tr>
<tr><td>분관</td><td colspan="4">본관 이용대상, 분관 해당 병원에 근무하는 교직원 및 전공의, 의학과 3, 4학년 및 간호학과 3, 4학년 학생</td></tr>
<tr><td rowspan="4">장서</td><td colspan="2">구분</td><td colspan="3">장서 수</td></tr>
<tr><td colspan="2">도서(제본잡지 포함)</td><td colspan="3">120,000여 권</td></tr>
<tr><td colspan="2">국내외 학술잡지</td><td colspan="3">1,400여 종</td></tr>
<tr><td colspan="2">온라인 제공 전자저널</td><td colspan="3">9,000여 종 이상</td></tr>
<tr><td>분류체계</td><td colspan="5">• 일반도서 : DDC
• 의학 및 간호학도서 : NLMC</td></tr>
<tr><td>인적자원</td><td colspan="5">인력 현황 : 16명
• 가톨릭대학교 성의교정도서관 사서팀 : 13명(관장 1명, 부관장 1명, 팀장 1명, JM 1명, 차장 1명, 과장 2명, 대리 1명, 사원 5명)
• 여의도 성모병원 분관 : 2명(과장 2명)
• 의정부 성모병원 분관 : 1명(대리 1명)</td></tr>
<tr><td>설비</td><td colspan="2">• 검색용 PC : 102대</td><td colspan="3">• 복사기, 프린트, 스캐너</td></tr>
</table>

도서관 소개

가톨릭대학교 성의교정도서관은 1957년 성신대학 의학부도서관으로 개관하여 1968년 경운동 교사로의 이전과 함께 도서관으로서의 면모를 갖추게 되었다. 가톨릭대학교 성의교정도서관은 국내외 유수의 의학도서관과 교류를 통해 다양하고 심층적인 정보자료 확보에 최선을 다하고 있다.

[가톨릭대학교 성의교정도서관 내부]

2008년 3월 새로운 도서관이 성의회관 내에 개관하여 학생들의 학습공간 확대 및 이용 편의를 더욱 증대시키고, 편안하고 쾌적한 면학분위기를 조성하고 있다.

시설

가톨릭대학교 성의교정도서관은 총 3개의 층으로 구성되어 있다. 9층은 학습을 위한 열람실 위주로 구성되어 있으며, 10층과 11층은 자료 이용을 위한 열람실 및 사무실로 구성되어 있다.

[가톨릭대학교 성의교정도서관 층별 시설]

구분	내용
9층	휴게실, 1~4 열람실, 1~2 스터디룸, 교수 열람실

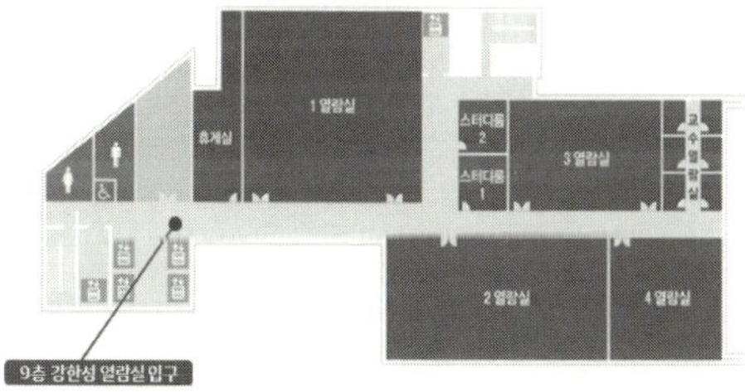

구분	내용
10층	참고도서, 교양도서, 의학/간호학도서, 교양잡지 열람실, 개인복사실, 대출/참고봉사대, 멀티미디어자료실, 열람전산사무실, 영상자료실, 전자정보실, 단행본정리/정보교육실, 3~4 스터디룸, 1~2 LAB

● 10F 효원도서관

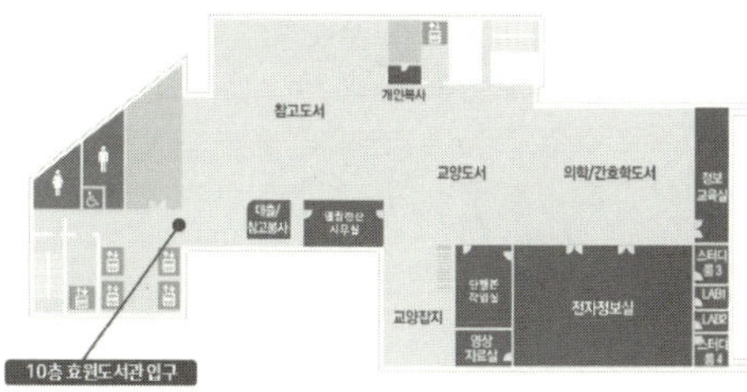

구분	내용
11층	국내외 연속간행물, 신착잡지 열람실, 사서팀 사무실, 제본실, 복사실, 도서관 관장실, 5~6 스터디룸

● 11F 효원도서관(10층을 통해 출입 가능)

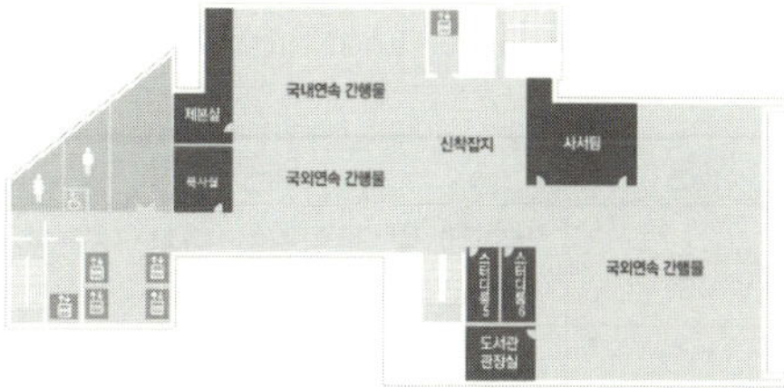

제공서비스

▪ 논문작성지원

가톨릭대학교 성의교정도서관에서 제공하는 논문작성지원서비스는 국내외 논문작성 시 학회, 출판사로 논문을 제출하기 전 해당 학술지 투고규정에 따른 논문 형식과 인용표기, 키워드(MeSH), 출처 작성 및 오류에 대한 검토를 진행하는 서비스이다. 서비스대상은 가톨릭대학교 성의교정 소속 학생 및 중앙의료원 소속 교직원(제1저자 또는 교신저자 기준)이 작성한 국내외 학술지 투고 논문과 가톨릭대학교 성의교정 소속 대학원 석·박사 학위논문이다.

▪ 정보검색 신청

이용자가 관심 주제에 관한 자료를 필요로 하는 경우, 검색과 문헌조사를 통하여 관련 답변을 제공하는 서비스이다. 일반적으로 질의에 대한 회신은 2~3일 이내 제공을 원칙으로 하나, 전문조사분석을 요구하는 질의의 경우에는 1~2주 이상이 소요되기도 한다.

교육

가톨릭대학교 성의교정도서관은 학습, 연구, 진료에 필요한 정보활용능력 강화를 위해 다양한 유형별, 과목별 교육을 실시하고 있다. 유형별 교육에는 정기교육, 맞춤교육, 수업지원교육, 신입생 오리엔테이션 등이 있다. 교육과목으로는 도서관 이용 안내, PubMed교육, EndNote교육 등이 있다.

구분	내용
정기교육	재학생 및 교직원을 대상으로 정기적으로 실시
맞춤교육	같은 전공 또는 과정에 있는 구성원 5명 이상의 소모임을 대상으로 신청을 받아 실시
수업지원교육	담당 교수의 신청으로 학부 또는 대학원 수업에 필요한 학술DB 이용교육을 실시
신입생 오리엔테이션	신입생들을 대상으로 도서관 이용 및 학술DB 이용에 관한 오리엔테이션을 실시

출처

가톨릭대학교 성의교정도서관

https://lib.cuk.ac.kr

국가도서관 통계시스템

https://www.libsta.go.kr

강원대학교 의학도서관

<table>
<tr><td>분류</td><td colspan="3">대학도서관</td><td>개관년도</td><td>1999</td></tr>
<tr><td>주소</td><td colspan="5">(24342) 강원도 춘천시 강원대학길 1 강원대학교 의학대학 1층 의학도서관</td></tr>
<tr><td>홈페이지</td><td colspan="5">https://library.kangwon.ac.kr/medical</td></tr>
<tr><td>전화번호</td><td colspan="5">033-250-8020</td></tr>
<tr><td>팩스</td><td colspan="5">033-259-5688</td></tr>
<tr><td rowspan="2">운영시간</td><td colspan="3">평일</td><td colspan="2">토요일, 공휴일</td></tr>
<tr><td colspan="3">09:00~18:00(12:00~13:00 휴실)</td><td colspan="2">휴관</td></tr>
<tr><td>이용대상</td><td colspan="5">교직원, 재학생, 그 밖에 관장의 승인을 얻은 자</td></tr>
<tr><td rowspan="6">장서</td><td colspan="2">구분</td><td colspan="2">장서 수</td><td>계</td></tr>
<tr><td rowspan="2">단행본</td><td>국내</td><td colspan="2">19,873권</td><td rowspan="4">31,070권</td></tr>
<tr><td>국외</td><td colspan="2">6,984권</td></tr>
<tr><td colspan="2">e-Book</td><td colspan="2">1,485권</td></tr>
<tr><td colspan="2">제본잡지</td><td colspan="2">2,728권</td></tr>
<tr><td colspan="2">전자자료</td><td colspan="2">8종</td><td>8종</td></tr>
<tr><td>분류체계</td><td colspan="5">• KDC 6판
• 의학도서관 내 별치기호별 자료 별도관리</td></tr>
<tr><td>인적자원</td><td colspan="5">인력 현황 : 2명(도서관장 1명, 주무관 1명)</td></tr>
<tr><td>시설</td><td colspan="5">• 면적 : 462.80㎡(자료실, 의학보존서고)
• 좌석 : 96석</td></tr>
<tr><td>설비</td><td colspan="3">• 업무용 PC : 3대</td><td colspan="2">• 검색용 PC : 3대</td></tr>
</table>

도서관 소개

강원대학교는 의학 및 간호학분야의 전문인교육 지원과 의학정보센터로서의 기능 및 역할을 적극적으로 수행하기 위하여 의과대학 내에 의학도서관을 설치하여 운영하고 있다.

제공서비스

▪ 상호대차서비스

본교 도서관에 소장되어 있지 않은 자료를 다른 도서관이나 협력기관에 의뢰하여 요청자료를 제공받을 수 있는 서비스로서, 의과대학 교직원 및 학생, 동물자원과학대학 수의학과 교직원 및 학생, 부속병원 소속원에게 해당 서비스를 제공한다.

▪ 관련 사이트 링크 제공

국내외 의과대학, 국내외 의학도서관, 국내외 병원도서관, 국내 의학 검색엔진/용어사전 등의 관련 사이트 링크를 제공한다.

■ **강원지역 대학도서관 협의회 학술지 공동구매**

교내에 소장되어 있지 않은 의학 전문학술지는 외국학술지 공동구매 회원교인 한림대학교 도서관을 방문하거나 상호대차시스템을 활용하여 이용할 수 있다.

출처

강원대학교 의학도서관

https://library.kangwon.ac.kr/medical

국가도서관 통계시스템

https://www.libsta.go.kr

건양대학교 명곡도서관(대전)

<table>
<tr><td>분류</td><td colspan="3">대학도서관</td><td>개관년도</td><td>1996</td></tr>
<tr><td>주소</td><td colspan="5">(41944) 대전광역시 서구 관저동로 158</td></tr>
<tr><td>홈페이지</td><td colspan="5">https://lib.konyang.ac.kr</td></tr>
<tr><td>전화번호</td><td colspan="5">042-600-1670</td></tr>
<tr><td>운영시간</td><td colspan="5">08:30~20:00(학기 중), 09:00~17:00(방학 중)</td></tr>
<tr><td>이용대상</td><td colspan="5">• 건양대학교 구성원(재학생, 교직원 및 법인 임직원, 외래강사)
• 기관 간 상호대차 협정 체결 기관의 소속원
• 기타 관장이 허가한 자
• 도서관 회원(건양대학교병원 전공의, 직원, 졸업생)</td></tr>
<tr><td rowspan="3">장서</td><td colspan="2">구분</td><td colspan="3">장서 수</td></tr>
<tr><td colspan="2">의학도서</td><td colspan="3">20,593권</td></tr>
<tr><td colspan="2">교양도서</td><td colspan="3">9,789권</td></tr>
<tr><td>인적자원</td><td colspan="5">인력 현황 : 5명(도서관장 1명, 계장 1명, 팀원 3명)</td></tr>
<tr><td rowspan="6">시설 및 설비</td><td colspan="2">구분</td><td colspan="2">시설 현황</td><td>건물면적</td></tr>
<tr><td colspan="2">멀티라운지(1층)</td><td>• DVD Zone 16석
• PC Zone 12석</td><td>• 창가 좌석 10석
• PBL 4실</td><td>414.5㎡</td></tr>
<tr><td colspan="2">자료실(2층)</td><td colspan="2">의학 및 교양도서</td><td>414.5㎡</td></tr>
<tr><td rowspan="2">학습실
(3층)</td><td>제1학습실</td><td>• 개방형 좌석 06석
• 칸막이 좌석 96석</td><td>• 창가 좌석 16석
• PBL 8실</td><td rowspan="2">227㎡</td></tr>
<tr><td>제2학습실</td><td>• 개방형 좌석 60석
• 칸막이 좌석 48석</td><td>• 창가 좌석 12석
• PBL 7실</td></tr>
</table>

도서관 소개

건양대학교 대전 메디컬캠퍼스는 의과대학, 의과학대학, 간호대학, 의료공과대학의 4개 단과대학으로 구성되어 있다. 명곡도서관(대전)은 교육과 연구를 지원하는 학술정보센터로서의 기능뿐만 아니라 이용자들의 독서 증진, 정보 제공, 문화프로그램 운영 및 이용자들의 평생학습 기회를 꾸준히 제공하는 등 양질의 도서관서비스를 제공하고자 한다.

시설 및 소장자료

구분	내용
자료실	• 의학도서, 일반도서 • 건양인의 필독서 등
멀티라운지	• 영화/다큐/교육용 DVD 다수 • 취업상담 및 관련 자료지원

출처

건양대학교 명곡도서관

https://lib.konyang.ac.kr

건양대학교 의과대학

http://med.konyang.ac.kr

국가도서관 통계시스템

https://www.libsta.go.kr

경북대학교 도서관 의학분관

분류	대학도서관	개관년도	1952	
주소	(41944) 대구광역시 중구 국채보상로 680 경북대학교 의학전문대학원 1층 의학분관			
홈페이지	http://kudos.knu.ac.kr/kor/main/Medical.htm			
전화번호	053-950-6530, 053-200-4916			
팩스	053-950-6533			
운영시간	• 월~금 : 09:00~18:00, 토요일 : 09:00~13:00 • 휴관일 : 일요일, 국정공휴일			
이용대상	• 경북대학교 구성원(교원, 강의교수, 직원, 조교, 연구원, 학부생 및 대학원생) • 경북대학교병원 직원			
장서	구분	국내	국외	계
	단행본	11,285	9,501	20,786
	참고자료	1,286	431	1,717
	연속간행물	5,223	36,877	42,100
	학위논문	12,856	1,554	14,410
	보존서고	882	1,645	2,527
	기타(CD, 지정자료)	190	362	552
	계	31,722	50,370	82,092
분류체계	• DDC 23판 경북대 수정본 • 교실별 별치기호 사용			
인적자원	인력 현황 : 2명(관장 1명, 사서주사 1명)			
시설	전체면적 : 1,105㎡			
설비	• 업무용 PC : 3대 • 검색용 PC : 12대			

도서관 소개

경북대학교 도서관 의학분관은 1952년 의대도서관 발족을 시작으로 1966년 9월에 의학분관으로 개칭되면서 본격적인 학술지원업무를 시작하였다. 의학 및 관련 분야의 단행본, 참고자료, 연속간행물, 학위논문, WebDB 등 전문자료를 소장하고 있으며, 경북대학교 의학전문대학원과 간호대학의 교수 및 학생, 경북대학교병원 직원들의 연구 및 학습에 필요한 자료를 제공하고 있다.

제공서비스

■ **학과전담서비스**

경북대학교 중앙도서관 및 각 분관에서는 학과전담서비스를 운영해 교수들을 대상으로 학과별 전담직원을 1대1로 지정하여 도서관의 문의창구를 일원화하고 이용자중심의 서비스를 제공한다.

학과전담서비스는 도서관 이용 관련 문의창구 역할뿐만 아니라 정기적인 학과 연결망을 구축하고 수업교재의 구입 및 이용 안내도 돕는다.

경북대학교 도서관 의학분관사서는 의학과, 의예과, 의학전문대학원의 학과전담사서 역할을 수행한다.

■ **학과별 주제가이드**

경북대학교 도서관 의학분관에서는 의과대학 및 의학전문대학원 구성원의 연구 및 학습을 돕기 위해 학과별 주제가이드를 제공한다.

학과별 주제가이드는 별도의 사이트에서 운영되며, 단행본, 데이터베이스, 저널, 인용색인DB, 공개강의 OCW 등을 통해 의학 관련 최신정보와 양질의 정보를 제공한다.

출처

경북대학교 중앙도서관
 http://kudos.knu.ac.kr

경북대학교 도서관 의학분관
 http://kudos.knu.ac.kr/kor/main/Medical.htm

국가도서관 통계시스템
 https://www.libsta.go.kr

경북대학교 도서관 치의학분관

분류	대학도서관	개관년도	2006
주소	(41940) 대구광역시 중구 달구벌대로 2177 경북대학교 치의학전문대학원 치의학분관		
홈페이지	https://kudos.knu.ac.kr/pages/sub.htm?nav_code=kud1517899275		
전화번호	053-660-6914		
운영시간	• 평 일 : (학기 중) 09:00~22:00, (방학 중) 09:00~18:00 • 토~일 : (학기 중) 10:00~16:00, (방학 중) 휴관 • 휴관일 : 법정공휴일 및 국경일, 개교기념일		
이용대상	• 전임강사 이상의 교원 • 강의교수 • 직원, 조교, 연구원, 병원직원(수련의, 전문의, 간호사) • 학부생 및 대학원생		

장서 구분	국내	국외	계
단행본	2,773	1,847	4,620
참고자료	117	43	160
연속간행물	1,108	4,206	5,314
학위논문	1,734	440	2,174
비도서자료	30	4	34
계	5,762	6,540	12,302

인적자원	인력 현황 : 1명
시설	• 전체면적 : 1,104㎡ • 좌석 : 33석
설비	검색용 PC : 12대

도서관 소개

경북대학교 도서관 치의학분관은 2005년 4월 기존의 의학분관으로부터 분리되어 설치가 결정되어, 2006년 9월 대구시 중구 삼덕동 새로운 치의학전문대학원 건물 4층에 개관하였다. 치의학분야의 전공 단행본 및 연속간행물, 참고자료, 학위논문 등 특성화된 장서를 소장하고 있다.

제공서비스

■ 학과전담서비스

경북대학교 중앙도서관 및 각 분관에서는 학과전담서비스를 운영해 교수님을 대상으로 학과별 전담직원을 1대1로 지정하여 도서관의 문의창구를 일원화하고 이용자중심의 서비스를 제공한다.

학과전담서비스는 도서관 이용 관련 문의창구 역할뿐만 아니라 정기적인 학과 연결망을 구축하고 수업교재의 구입 및 이용 안내도 돕는다. 경북대학교 도서관 치의학분관 사서는 치의학과, 치의예과, 치의학전문대학원의 학과전담사서 역할을 수행한다.

▪ 학과별 주제가이드

경북대학교 도서관 치의학분관에서는 치의학과, 치의예과, 치의학전문대학원 구성원의 연구 및 학습을 돕기 위해 학과별 주제가이드를 제공한다. 학과별 주제가이드는 별도의 사이트에서 운영되며, 단행본, 데이터베이스, 저널, 인용색인DB, 공개강의 OCW 등을 통해 의학 관련 최신정보와 양질의 정보를 제공한다.

출처

경북대학교 중앙도서관
http://kudos.knu.ac.kr

경북대학교 도서관 치의학분관
http://libguides.knu.ac.kr/dentistry

국가도서관 통계시스템
https://www.libsta.go.kr

경상대학교 의학도서관

<table>
<tr><td>분류</td><td colspan="3">대학도서관</td><td colspan="2">개관년도</td><td colspan="2">1985</td></tr>
<tr><td>주소</td><td colspan="7">(52727) 경상남도 진주시 진주대로 816번길 15(경상대학교 의과대학 내)</td></tr>
<tr><td>홈페이지</td><td colspan="7">https://lib.gnu.ac.kr/medical</td></tr>
<tr><td>전화번호</td><td colspan="7">055-772-8151</td></tr>
<tr><td>팩스</td><td colspan="7">055-772-8153</td></tr>
<tr><td>운영시간</td><td colspan="7">09:00~20:00(학기 중), 09:00~18:00(방학 중), 토/일 및 공휴일 휴관</td></tr>
<tr><td>이용대상</td><td colspan="7">• 교직원(부설학교 교직원 포함)
• 재학생
• 명예교수
• 초빙교원, 겸임교원, 시간강사, 연구원
• 도서관 특별이용증을 발급받은 사람 및 기관
• 그 밖에 직번이 부여된 사람</td></tr>
<tr><td rowspan="6">장서
(2019년
2월 1일
기준)</td><td rowspan="2">구분</td><td colspan="6">등록 장서</td><td rowspan="2">계</td></tr>
<tr><td>국내서</td><td>국외서</td><td>참고도서</td><td>학위논문</td><td>간행물</td><td>비도서</td></tr>
<tr><td>장서</td><td>17,087</td><td>10,227</td><td>586</td><td>9,776</td><td>18,141</td><td>35</td><td>55,852</td></tr>
<tr><td rowspan="3">연속
간행물</td><td colspan="2">구독 학술지</td><td colspan="2" rowspan="2">교양잡지</td><td colspan="2" rowspan="2">신문(인쇄)</td><td rowspan="2">합계</td></tr>
<tr><td>인쇄</td><td>전자(패키지/종)</td></tr>
<tr><td>132(국외 6)</td><td>7/242</td><td colspan="2">5</td><td colspan="2">2</td><td>365</td></tr>
<tr><td>인적자원</td><td colspan="7">인력 현황 : 5명(관장 1명, 팀장 1명, 주무관 1명, 직원 2명)</td></tr>
<tr><td rowspan="3">시설</td><td colspan="7">• 면적 : 의학도서관 693㎡, 복사실 25.45㎡
• 안내데스크, 자료실, 정보검색실, 단체학습실(3개), 복사실
• 열람좌석 현황</td></tr>
<tr><td colspan="2">구분</td><td>자료실</td><td colspan="2">단체학습실</td><td>정보검색실</td><td>계</td></tr>
<tr><td colspan="2">좌석 수</td><td>32</td><td colspan="2">20</td><td>12</td><td>64</td></tr>
<tr><td>설비</td><td colspan="7">• 업무용 PC : 5대   • 검색용 PC : 13대</td></tr>
</table>

도서관 소개

경상대학교 의학도서관은 1985년 중앙도서관 신축 및 이전에 따라 분리 개관하였다. 1990년 8월에 의학도서관협회에 가입하였고 2006년 리모델링 후 의학도서관으로 개관하였으며 2007년에는 의학분관에서 의학도서관으로 명칭을 확정하였다. 경상대학교 의학도서관은 교육목적 달성과 교수의 연구·교육 및 학생의 학습활동을 지원하기 위하여 국내외 각종 자료를 수집·정리·축적·보존하여 제공한다.

제공서비스

경상대학교 의학도서관의 서비스는 크게 자료이용, 연구학습지원, 의학정보모음으로 나누어 볼 수 있다.

구분	내용
자료 이용	희망도서구입 신청, 우선정리대출 신청, 대출/반납, 상호대차/원문복사 신청, 캠퍼스간 자료대출, 부경지역 국립대학도서관 자료이용, 타도서관 열람신청 등

연구 학습 지원	학술정보이용교육/투어, 찾아가는 학과별 맞춤이용교육, 학과별 자료이용 안내, 논문 작성가이드, 사서에게 물어보기, 교수도서 배달서비스, 장애인지원서비스
의학 정보 모음	국내의학정보, 해외의학정보, 의학도서관, 학회/협회, 정부기관, 배너서비스, 관련 서비스정보

각 서비스영역별 특징적인 서비스를 살펴보면 다음과 같다.

1) 자료이용

▪ 부경지역 국립대학도서관 자료 이용

경상대학교 소속 구성원은 부산, 경남 대학도서관을 방문하여 자료열람, 대출이 가능하다. 협의된 도서관은 경남과학기술대학교, 창원대학교, 부산대학교, 부경대학교, 부산교육대학교, 한국해양대학교이다.

2) 연구학습지원

▪ 학과별 자료이용 안내

도서관 이용자들이 원하는 정보자료를 쉽고 빠르게 접근할 수 있도록 다양한 학술정보를 소개하고 자료 활용을 지원하는 내용을 제공한다.

의과대학의 의학과, 간호대학의 간호학과를 대상으로 자료이용 안내 팸플릿을 제공하고 있다.

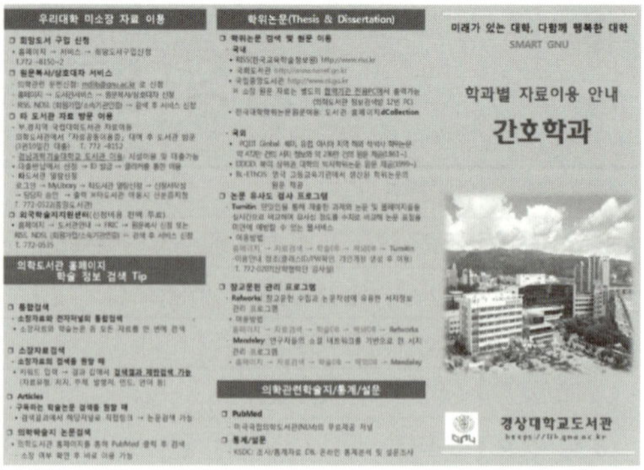

▪ 논문작성가이드

논문작성가이드는 논문작성에 필요한 각종 자료검색부터 출처관리 등의 논문작성 툴과 논문제출 안내 등의 정보를 제공하는 서비스이다. 세부서비스로 논문작성 관련 단행본, 정보검색가이드, 출처작성법, 인용색인, 연구윤리, 특허 · 표준 · 통계, 학위논문 제출 등이 있다.

▪ 교수 도서배달서비스

경상대학교 소속 조교수 이상을 대상으로 하는 '교수 도서배달서비스'는 자료 수집에 투입되는 시간 및 노력을 분담하여 교육, 연구 경쟁력을 강화하는 것을 목적으로 한다. 1회 5권 이내로 신청 가능하며, 홈페이지에서 신청하면 교수연구실 혹은 학과사무실로 필요한 도서를 받아 볼 수 있다.

교육

경상대학교 의학도서관은 '학술정보이용교육'과 '찾아가는 학과별 맞춤 이용교육'을 제공하고 있다.

▪ 학술정보이용교육

'학술정보이용교육'은 도서관 활용의 기본적인 교육을 비롯하여 이용자의 교육, 연구활동을 지원하며, 교육대상, 교육 내용에 따라 정기교육과 맞춤교육으로 나누어진다.

■ **찾아가는 학과별 맞춤 이용교육**

'찾아가는 학과별 맞춤 이용교육'은 학과(전공)와 연계한 교육으로, 학생들의 자기주도적 학습능력을 향상시켜 창의적 인재양성을 지원하는 것을 목적으로 한다.

출처

경상대학교 의학도서관

https://lib.gnu.ac.kr/medical

국가도서관 통계시스템

https://www.libsta.go.kr

경희대학교 의학계열도서관

분류	대학도서관	개관년도	2005
주소	(02447) 서울특별시 동대문구 경희대로 26 의과대학 4층		
홈페이지	단독 홈페이지 없으며, 중앙도서관 내에 소개 및 주제가이드 홈페이지 별도로 있음		
전화번호	02-961-9419		
팩스	02-961-9555		
운영시간	08:30~20:00(학기 중), 토/일 및 공휴일 휴관		
이용대상	• 경희대학교 및 학교법인 산하 기관의 교직원 • 대학원 및 대학의 재학생 • 평생교육기관 학생	• 경희사이버대학교 학생 • 경희대학교를 졸업한 동문 • 기타 관장의 허가를 받은 자	
장서	9만여 권		
인적자원	인력 현황 : 2명(팀장 1명, 과장 1명)		
시설	• 면적 : 4,500㎡ • 좌석 : 106석(자료열람실), 798석(일반열람실) • 의학 보존서고, 노트북 전용좌석, 일반열람실		

도서관 소개

경희대학교 서울캠퍼스 중앙도서관의 분관 중 하나인 경희대학교 의학계열도서관은 2005년에 개관하였다. 약 9만여 권의 장서와 의학 보존서고, 자료열람실, 일반열람실 등의 시설을 갖추고 있으며, 간호학, 약학, 치의학을 서비스 주제로 삼고 있다.

제공서비스

▪ 주제가이드

경희대학교 의학계열도서관에서는 간호학, 약학, 치의학 관련 주제가이드를 제공한다. 각각의 주제가이드는 별도의 홈페이지에서 제공되며, 해당 주제를 연구하는 학생 및 연구자에게 주제와 관련된 다양한 정보를 제공하여 주제와 관련한 자료를 보다 쉽게 탐색하고 활용하는 데 도움을 주는 것을 목적으로 한다. 주제가이드에서는 단행본, 데이터베이스, 전자저널, 참고정보원, 학회정보, 논문작성법 등을 제공하며 관련 분야 전문가와의 협업을 통해 전문성과 다양성을 보완할 예정이다.

구분	내용
간호학 주제가이드	간호학을 연구하는 학생 및 연구자에게 기초간호, 노인간호, 성인간호, 정신간호, 가정전문간호, 임상간호, 지역사회간호 등의 주제와 관련한 자료를 보다 쉽게 탐색하고 활용하는 데 도움이 되고자 다양한 형태의 정보를 제공
약학 주제가이드	약학을 연구하는 학생 및 연구자에게 주제와 관련한 다양한 정보를 제공
치의학 주제가이드	치의학을 연구하는 학생 및 연구자에게 주제와 관련한 다양한 정보를 제공

출처

경희대학교 의학계열도서관
https://library.khu.ac.kr/seoul/medicine

경희대학교 중앙도서관
https://library.khu.ac.kr/seoul/librarybuilding

계명대학교 의학도서관

분류	대학도서관	개관년도	1905
주소	(42601) 대구광역시 달서구 달구벌대로 1095		
홈페이지	http://medlib.dsmc.or.kr		
전화번호	053-580-3722		
팩스	053-250-7470		
운영시간	08:30~20:00(학기 중), 08:30~17:30(방학 중), 토/일 및 공휴일 휴관		
이용대상	• 동산의료원 교직원, 전공의 및 재학생 • 한국의학도서관협회 회원(회원증 소지자에 한함) • 계명대학교 교직원 및 재학생 • 기타 도서관장의 승인을 얻은 자		

장서 (2019년 2월 기준)

소장도서								
의학도서		제본잡지		교양, 참고도서		계		
국외	국내	국외	국내	국외	국내	국외	국내	합계
17,452	11,546	47,583	5,957	132	9,056	5,167	25,559	**91,726**

구독 전자정보원		
e-Journal	Database	e-Book
10,760	40	1,771

분류체계	• 의학도서(기초의학, 임상의학, 간호학) : NLMC • 교양도서 : DDC
인적자원	인력 현황 : 6명(관장 1명, 팀장 1명, 사서 4명)
시설	• 전체면적 : 2,621㎡ • 이용자서비스센터, 북카페, 자료실, 전자정보실, 개인스터디룸, 멀티미디어실 및 복사 스캔실, 시청각교육실, 교수휴게실, 썬큰가든, 학술잡지서고
설비	• 업무용 PC : 14대 • 검색용 PC : 49대

도서관 소개

계명대학교 의학도서관은 1905년 제중원(병원) 내 도서실로 개실되었으며, 1958년 정식 기구로 발족하였다. 1980년에 이르러 계명대학교 의과대학 의학도서관으로 명칭을 변경하였으며, 1994년에는 독립 부서로 승격하였다.

계명대학교 의학도서관은 학술연구와 교육 및 진료에 필요한 국내외 각종 문헌을 수집·정리·보존하여, 의료원 교직원 및 전공의와 의과대학, 간호대학 및 대학원 재학생에게 연구 및 학습자료를 제공하고자 한다. 또한 교내 소속원뿐만 아니라 지역사회 생의학 관련 종사자 및 연구자들을 위한 최상의 서비스를 실시하기 위하여 자료 및 장비 보완과 직원교육에도 힘쓰고 있으며, 의학교육의 중심센터로서 그 기능과 역할을 다하고자 한다.

제공서비스

■ **연구논문지원**

국내외 논문을 학회나 출판사에 제출하기 전 학술지별 투고규정에 맞게 인용표기 및 출처 형식,

Figure, Table 양식을 수정해 주는 서비스이다. 제1저자를 기준으로 계명대학교 동산의료원 교직원이 작성한 국내외 학술지 투고 논문을 신청대상으로 하며 인용표기 및 출처 형식, MeSH 주제어 선정 지원, 이미지파일 변환뿐만 아니라 SCI 등재 여부, IF 등 관련 정보도 함께 제공한다.

▪ 포스터 제작

의학도서관에서 구비하고 있는 신형 플로터를 활용하여 포스터를 출력해 주는 서비스이다. 의료원 홍보, 안내, 행사용 포스터 등의 공용포스터는 무료로 제작되며, 개인적으로 제작하는 포스터의 경우 포스터의 크기, 인화지의 종류에 따라 제작요금을 받는다.

장서

구분	내용
의학 도서	의학도서는 의학 전문분류인 NLMC에 따라 분류, 배열하여 체계적인 탐색가능 
교양 도서	일반교양도서와 사전, 연감 등의 참고도서는 별도의 장소에 소장하고 있으며, DDC 통해 분류 및 배열 
최신 의학 저널	현재 구독 중인 학술잡지의 최신본들은 알파벳이나 한글 자모순으로 배열 

교육

계명대학교 의학도서관에서는 학습, 연구, 진료에 필요한 정보활용능력 강화를 위해 도서관 이용 안내 및 정보활용교육을 실시한다.
교육은 크게 도서관 이용 안내, PubMed 및 의학DB 정보검색, EndNote를 활용한 서지관리와 논문작성, 논문작성가이드 등을 다룬다.

구분	내용
도서관 이용 안내	도서관소개, 도서검색, 대출반납, 데이터베이스, 전자자료
PubMed 및 의학DB 정보검색	• 초·중급으로 분리하여 교육 • 교육 내용 : PubMed 기본검색, MeSH를 이용한 주제어검색, Clinical Queries(EBM 문헌검색), My NCBI 활용법교육
EndNote를 활용한 서지관리와 논문작성	• 초·중급으로 분리하여 교육 • 교육 내용 : 출처 수집 및 관리, 소프트웨어 사용법, MS Word를 이용한 논문작성법
논문작성 가이드	논문작성에 필요한 논문기초, 투고대상 학술지 선정을 위한 정보, 투고규정, 논문작성 시 필요한 정보 및 윤리

시설

자료실	시청각교육실

전자정보실	학술잡지서고

북카페	썬큰가든

출처

계명대학교 의학도서관

https://lib.gnu.ac.kr/medical

국가도서관 통계시스템

https://www.libsta.go.kr

고려대학교 의학도서관

분류	대학도서관	개관년도	1938
주소	(02841) 서울특별시 성북구 인촌로73 고려대학교 의학도서관		
홈페이지	https://medlib.korea.ac.kr		
전화번호	02-2286-1262		
팩스	02-927-5594, 02-2286-1239		
운영시간	08:30~19:30(학기 중), 08:30~17:30(방학 중), 토/일 및 공휴일 휴관		
이용대상	• 고려대학교 교직원 및 대학원, 대학, 부속기관의 재학생과 졸업생 • 한국의학도서관협회 회원(회원증 소지자에 한함) • 기타 각 교육기관 및 연구소 도서관의 열람의뢰서 소지자 • 학술목적인 경우 일반인(신분증 제시 필요)		

장서

단행본

의학도서		교양도서		참고도서		계		
국외	국내	국외	국내	국외	국내	국외	국외	합계
23,805	11,807	4,591	24,854	510	486	37,147	29,266	**66,413**

연속간행물

책자저널		책자+전자저널		전자저널		WebDB		계	
국외	국내	국외	국내	국외	국내	국외	국내	국외	국내
1,272	884	9	0	8,985	250	21	1	**10,286**	**1,135**

분류체계	DDC
인적자원	인력 현황 : 9명(관장 1명, 과장 1명, 사서 7명)

시설

• 전체면적 : 3,428㎡
• 좌석 : 720석

구분	내용
1층	연속간행물실, 복사실, 안내실, 휴게라운지
2층	전자정보실, 세미나실, 사무실
3층	단행본실, 정리실, 소열람실, 남학생 휴게실
지하	일반열람실, 국가고시준비실, 여학생 휴게실

설비

• 업무용 PC : 15대
• 검색용 PC : 42대

도서관 소개

고려대학교 의학도서관(KUML)은 1938년 경성여자의학전문학교 도서실로 개실하고, 1991년 3월 의과대학 교우회 및 재단의 지원으로 안암동 녹지캠퍼스에 4층 건물로 신축, 개관하였다.

의학 및 보건, 간호 주제의 교육, 연구, 진료에 필요한 정보를 제공하는 전문도서관으로 인쇄자료 및 전자자료의 정보검색과 연구 관련 부가서비스 등을 의학도서관 홈페이지에서 제공하고 있다.

모든 자료실은 개가제로 운영되어 이용자들이 직접 자료를 열람, 이용할 수 있으며, 자유열람실과 휴게실 등이 설치, 운영되고 있다.

[고려대학교 의학도서관]

제공서비스

고려대학교 의학도서관은 학술정보서비스로 연구지원서비스, 논문작성가이드, 보건 · 의학연구동향, 표절관리 Turnitin, 연구자원관리, 정보검색서비스, 원문복사서비스, 상호대차서비스 등을 제공하고 있다.

구분	내용
연구지원서비스	• 연구논문지원서비스 • EndNote 스타일 제공서비스
논문작성가이드	논문작성을 위한 참고자료 및 논문 형식, EndNote, 투고학술지 선정, 국내외 투고규정 등 제공
보건 · 의학 연구동향	BCC Research 및 Decision Resources Group(DRG)에서 제공하는 의생물학 및 보건, 약학 관련 전문연구/시장 동향 리포트 제공
표절관리 Turnitin	논문 및 과제 등에 대한 표절 여부를 확인하고 관리하는 웹 솔루션 제공
정보검색서비스	학술지 논문 또는 연구과제 계획서 작성을 위해 해당 주제에 대한 자료를 검색하여 제공하는 서비스

그중 특징적인 서비스를 살펴보면 다음과 같다.

▪ 연구지원서비스

연구지원서비스는 학술지의 투고규정에 맞게 논문의 형식, 인용표기 및 출처 형식을 수정하는 '연구논문지원서비스'와 투고하려는 학술지의 EndNote 스타일이 없는 경우, 해당 학술지의 스타일을 작성, 제공하는 'EndNote 스타일 제공서비스'로 나뉜다. '연구논문지원서비스'는 고려대학교 소속 교원(강사 포함)이 작성한 국내외 학술지 논문의 제1저자일 때 신청이 가능하며, 'EndNote 스타일 제공서비스'는 고려대학교 소속 이용자면 신청이 가능하다.

▪ 정보검색서비스

정보검색서비스는 고려대학교 소속 교원 및 임상교원을 서비스대상으로, 신청주제와 관련된 논문을 검색하여 서지와 초록리스트를 제공한다. 또한 관심 있는 연구주제에 관한 최신정보를 빠르게 접할 수 있도록 연구프로젝트나 논문주제에 관련된 최신정보를 정기적으로 이메일로 발송하는 'Alert 서비스'를 제공하여 고려대학교 의학도서관 이용자의 연구를 돕는다.

교육

고려대학교 의학도서관에서는 학습, 연구, 진료에 필요한 정보활용능력 강화를 위해 Database와 EndNote교육을 실시하고 있다. 교육별 유형은 내용과 대상에 따라 '정기/특강교육', '맞춤교육', '수업지원교육', '신입생 오리엔테이션'으로 구성되어 있다.

■ Database 관련 교과목

구분	내용
PubMed_ Basic	국립의학도서관(NLM)에서 제공하는 서지DB PubMed 소개 및 기본적인 검색방법 설명
PubMed_ Advanced	PubMed의 다양한 검색방법과 Tips, 개인화 기능을 이용한 검색결과 활용 방법 설명
SCI/JCR, Web of Science	• 인용정보 DB검색 및 활용, 분석방법 설명 • SCI(E) 등재저널검색/Impact Factor 검색/WoS 인용정보검색 및 활용
도서관 구독 Core 자원 활용	도서관 홈페이지 이용 안내 및 도서관 구독 자원활용에 대해 설명
EBM DB	도서관에서 구독 중인 EBM 관련 DB 소개 및 기본적인 검색방법 설명

■ EndNote 관련 교과목

연구논문작성을 지원해 주는 서지관리프로그램인 EndNote의 설치부터 출처관리 Tips까지 단계별 교육을 진행한다.

구분	내용
EndNote 기초	EndNote 신규 사용자를 위한 기본 사용법, 워드문서와 연동방법 습득
EndNote 활용	EndNote 사용자를 위한 다양한 출처 수집 및 관리
EndNote 심화	EndNote 사용자를 위한 출처관리 Tips 및 Output Style

출처

고려대학교 의학도서관

https://medlib.korea.ac.kr

국가도서관 통계시스템

https://www.libsta.go.kr

고신대학교복음병원 의학도서관

분류	대학도서관	개관년도	1981
주소	(49267) 부산광역시 서구 감천로 262 의과대학 3층		
홈페이지	http://lib.kosinmed.or.kr		
전화번호	051-990-6720		
팩스	051-990-3004		
운영시간	08:30~17:30(평일), 토/일 및 공휴일 휴관		
이용대상	• 고신대학교 재학생 및 교직원 • 일반인(자료열람만 가능)		

장서

구분		장서 수	계
단행본	국내	19,873권	31,070권
	국외	6,984권	
e-Book		1,485권	
제본잡지		2,728권	
연속간행물	책자	242종	259종
	전자	17종	
학술DB		19종	19종

인적자원	인력 현황 : 4명(도서관장 1명, 수서열람과장 1명, 수서계장 1명, 열람계 주임 1명)

시설

전체면적 : 1,113㎡

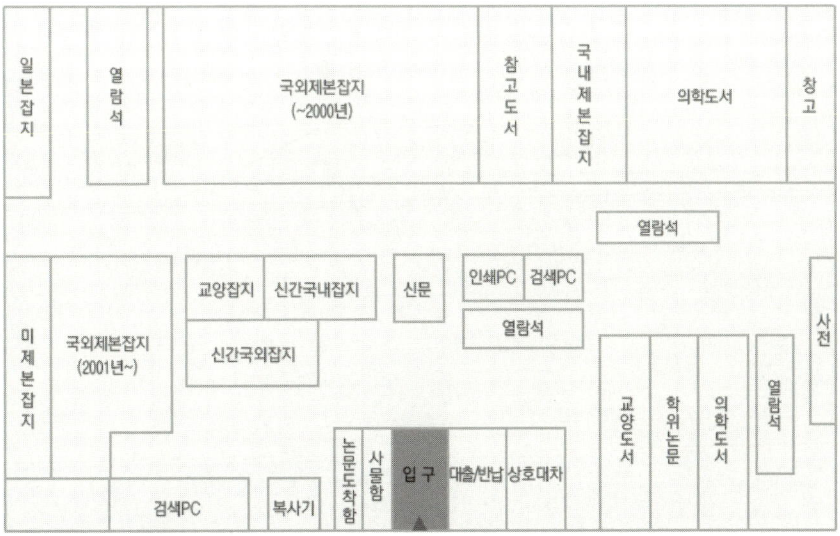

설비

• 업무용 PC : 8대
• 검색용 PC : 12대

도서관 소개

고신대학교복음병원 의학도서관은 1981년 3월 고신대학교복음병원 1동 3층에 개관한 이래 1985년 9월 1동 2층으로 확장 이전하였으며, 2001년 11월 의과대학 강의동 건물 리모델링 후 현재의 의학도서관 위치인 3층에 자리 잡았다.

고신대학교복음병원 의학도서관은 이용자들이 필요로 하는 의학 관련 정보를 단행본 및 국내외 DB를 통해 신속, 정확하게 제공하는 것을 운영목표로 하고 있다.

출처

고신대학교 의학도서관
http://218.38.200.158/kosinmed

국가도서관 통계시스템
https://www.libsta.go.kr

국군간호사관학교 도서관

분류	대학도서관	개관년도	1967
주소	(34059) 대전광역시 유성구 자운로 90 국군간호사관학교 도서관		
홈페이지	http://www.libkafna.ac.kr		
전화번호	042-878-4557~8		
팩스	042-861-8132		
운영시간	08:00~17:30		
이용대상	• 간부(장교, 부사관, 군무원 등) • 기타	• 국군간호사관학교 생도	

장서

구분	총류	철학	종교	사회과학	순수과학	기술과학	예술	언어	문학	역사	기타	계
군사자료	0	0	0	3,034	0	0	0	0	0	0	0	60,982
동양서	1,134	4,105	2,180	7,072	1,483	8,190	5,041	1,729	16,858	3,668	3,407	54,867
서양서	103	73	0	69	65	2,393	3	108	166	15	86	3,081
합계	1,237	4,178	2,180	10,175	1,548	10,583	5,044	1,837	17,024	3,683	3,493	60,982

분류체계	KDC
인적자원	인력 현황 : 3명

시설

전체면적 : 1,242㎡

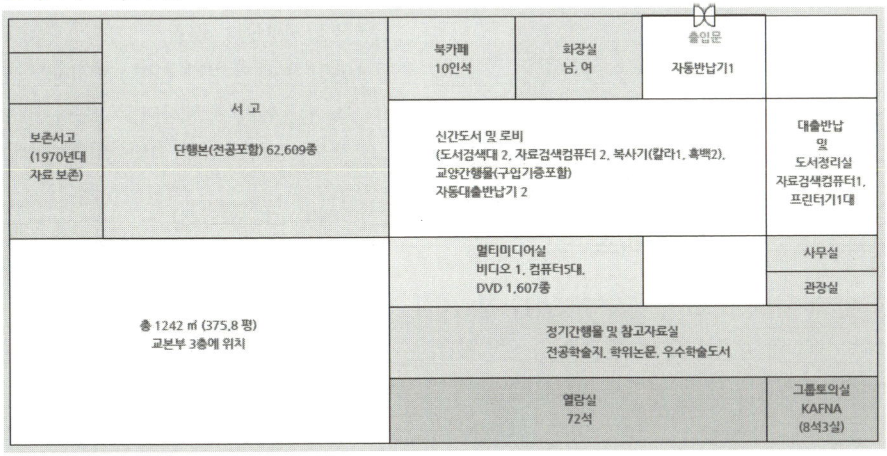

설비	• 업무용 PC : 5대	• 검색용 PC : 9대

도서관 소개

1967년 대구에서 개관한 국군간호사관학교 도서관은 1994년 전산화를 시작으로 정예간호장교를 육성하는 데 필요한 교육환경을 적극적으로 지원하고 있으며, 1996년 대전으로 이전하여 보다 쾌적한 공간 확보와 향상된 서비스를 제공하고 있다. 국군간호사관학교 도서관은 진리의 탐구, 사랑의 실천, 조국의 등불이라는 교훈에 따라 정보화 지식기반 시대에 사관학교의 특화된 교육과 군진간호와 재해간호의 전문성을 갖춘 국가 인재를 양성하는 데 최상의 서비스를 구현하는 것을 목적으로 한다.

공간 구성

구분	내용
대출 반납실	• 자료 대출 및 반납, 이용자 등록과 도서관 이용 문의, 신착도서 안내 • 자료구입 신청 접수, 스터디실 이용 신청
단행본 서고	전공서적 및 사회과학과 문학 등 국내외 도서(KDC : 000~999) 소장
연속 간행물실	국내외 잡지, 학회지, 교양지, 신문 등 다양한 연속간행물과 논문 및 군사자료 비치
멀티 미디어실	시청각자료 등 다양한 정보매체 비치와 시청
스마트 라운지	정보검색과 분야별 도서에 대한 대출반납 확인과 서비스유무선 네트워크를 지원하는 복합문화공간
북카페	휴식 및 토의
자유 열람실	쾌적하고 조용한 환경에서 누구나 자유롭게 공부할 수 있는 곳
스터디실	그룹 토의 및 스터디가 가능한 공간

정보서비스

국군간호사관학교 도서관에서 제공하는 정보서비스는 신간 안내, 상호대차, 원문복사, 외국학술지원센터, 학위논문제출, 나예북 100선 등이 있다.

▪ 외국학술지원센터

교육부와 한국교육학술정보원(KERIS)에서는 외국학술지의 기관별 중복 구독을 배제하고 외국학술자료를 국가 차원에서 공동활용의 기반을 조성하고자 외국학술지지원센터사업을 추진하고 있다. 이용자들은 10개 주제분야 지원센터의 소장자료에 대하여 원문복사에서 우편까지 전액 무료로 이용할 수 있다.

[외국학술지지원센터 및 분야]

구분	내용
강원대학교	생명공학
경북대학교	전기 · 전자 · 컴퓨터 · 정보공학
경상대학교	환경 · 에너지
고려대학교	인문학
부산대학교	기술과학
서울대학교	자연과학
연세대학교	임상의학
전북대학교	농축산학
이화여자대학교	교육 · 사회 · 예체능
충남대학교	행정 · 경영학

▪ 나예북 100선

- 명칭: 나예북 ☞ 나이팅게일의 후계는 독서 중
- 표어: "똑讀하자! 한나예" ☞ 똑똑한 독(讀)서를 통해 지혜로운 한나예로 거듭나자
- 권장 독서량: 60권
- 권장 독서 우수자 선정: 연 1회 학년별 최대 다독 인원에게 포상하며, '나예북 100선'을 완독한 생도는 '나예북 명예의 전당'에 게시

[나예북 100선 안내]

구분	철학/역사	사회/문화	기술/과학	문학	간호
권장도서	23	26	13	21	6
수업과 연계	2	1	–	4	4
총 권수	25	27	13	25	10

출처

국군간호사관학교 도서관
http://www.libkafna.ac.kr
국가도서관 통계시스템
https://www.libsta.go.kr

단국대학교 율곡기념도서관 의학도서실

분류	대학도서관	개관년도	1991
주소	(31116) 충청남도 천안시 동남구 단대로 119 의과대학 1층 113호		
홈페이지	http://libc.dankook.ac.kr/local/html/medLib		
전화번호	041-550-1641~2		
팩스	041-559-7819		
운영시간	09:00~20:00(학기 중), 09:00~15:00(방학 중), 토요일 휴무		
이용대상	• 단국대학교 재학생(학부생 및 대학원생) • 단국대학교 교직원(교수, 조교, 시간강사, 직원) • 단국대학교병원 직원(직원, 수련의, 간호사)		
장서	구분	장서 수	
	장서	50,000여 권	
	전자저널(의학관계 저널)	4,000여 종	
	멀티미디어자료	400여 종	
분류체계	의학도서 : NLMC		
인적자원	인력 현황 : 2명(차장 1명, 과장 1명)		
시설	• 전체면적 : 1,130㎡(자료실 611㎡, 일반열람실 519㎡) • 좌석 : 346석(자료실 64석, 일반열람실 282석)		
설비	• 업무용 PC : 4대 • 검색용 PC : 12대		

도서관 소개

단국대학교 율곡기념도서관 의학도서관은 율곡기념도서관 학술정보지원팀 소속으로 1991년 3월 준공과 함께 개실하였으며, 2011년 리모델링되었다. 현재 완전 개가제로 운영되고 있고, 50,000여 권의 장서와 4,000여 종의 전자저널, 400여 종의 멀티미디어자료를 보유하고 있으며 상호대차 등을 활용하여 활발한 자료교환을 하고 있다.

주요 업무는 율곡기념도서관의 제반업무와 동일한 방법으로 정리, 대출, 참고봉사, 상호대차업무 등을 수행한다. 특히 상호대차업무는 한국의학도서관협회(MEDLIS)에 가입하여 타의과대학 및 병원도서실과 활발하게 자료를 교환하여 월 평균 200건 이상의 자료를 충당 및 제공하고 있고, 한국교육학술정보원(KERIS) 및 한국과학기술대학 전자도서관(NDSL)에도 가입하여 다양한 자료를 제공하고자 노력하고 있다. 또한 의학분야 전자저널 및 데이터베이스 등이 많아져 홈페이지를 통한 교수 및 수련의, 의과대학생들의 교육 및 연구에 편의를 제공하고 있다.

제공서비스

■ 관련 사이트/의치학정보

단국대학교 율곡기념도서관홈페이지 내 의치학도서실 페이지에서 제공하는 '관련 사이트/의치학정보'서비스는 '의과대학', '치과대학', '간호대학',

'병원', '국내의학관련기관', '의학관련협회', '해외의학관련기관' 등 총 7개의 범주로 나뉘어져 있으며, 각각의 범주에 해당되는 사이트의 목록과 링크를 제공하는 서비스로 이용자들에게 의치학정보 관련 접근성을 높여주고 있다.

출처

단국대학교 율곡기념도서관 의치학도서실
http://libc.dankook.ac.kr/local/html/medLib
국가도서관 통계시스템
https://www.libsta.go.kr

단국대학교 율곡기념도서관 치의학도서실

분류	대학도서관	개관년도	1987
주소	(31116) 충청남도 천안시 동남구 단대로 119 치과대학 1층 111호		
홈페이지	http://libc.dankook.ac.kr/local/html/medLib		
전화번호	041-550-1641~2		
팩스	041-559-7820		
운영시간	09:00~17:00(학기 중), 09:00~15:00(방학 중), 토요일 휴무		
이용대상	• 단국대학교 재학생(학부생 및 대학원생) • 단국대학교 교직원(교수, 조교, 시간강사, 직원) • 단국대학교병원 직원(직원, 수련의, 간호사)		
장서	장서 15,000권		
분류체계	의학도서 : NLMC		
인적자원	인력 현황 : 2명(차장 1명, 과장 1명)		
시설	• 전체면적 : 284㎡(자료실 178㎡, 열람실 106㎡) • 좌석 : 88석(자료실 16석, 일반열람실 72석)		
설비	• 업무용 PC : 2대	• 검색용 PC : 5대	

도서관 소개

단국대학교 율곡기념도서관 치의학도서실은 1984년 9월 치과대학 및 부속병원의 설립 이후 1987년 3월 건물 2층에 치의학도서실을 개실하였다. 당시 1,300여 권의 치의학 관련 서적과 참고도서를 본관에서 관외대출하여 비치하고, 국내외 구독 학술지 46종과 신문 6종 등 빈약한 자료로 열람서비스를 시작하였으나, 2013년 3월 치과대학의 신축 이전과 더불어 치과대학 1층에 자료실 178㎡, 일반열람실 106㎡에, 72석의 열람실을 갖추어 개가제로 운영하고 있다. 현재 치의학 관련 단행본 15,000여 권을 소장하고 있다.

주요 업무는 율곡도서관과 동일한 방법으로 수행하고 있으며, 전자저널 및 WebDB 등을 이용하여 신속한 치의학정보를 제공하고 있고, 자료실에 소장하고 있지 않은 자료들은 타기관 상호대차시스템을 활용하여 이용자들에게 제공하고 있다.

제공서비스

■ **관련 사이트/의치학정보**

단국대학교 율곡기념도서관 홈페이지 내 의치학 도서실 페이지에서 제공하는 '관련 사이트/의치학 정보'서비스는 '의과대학', '치과대학', '간호대학', '병원', '국내의학관련기관', '의학관련협회', '해외의학관련기관' 등 총 7개의 범주로 나뉘어져 있으며, 각각의 범주에 해당되는 사이트의 목록과 링크를 제공하는 서비스로 이용자들에게 의치학정보 관련 접근성을 높여주고 있다.

출처

단국대학교 율곡기념도서관 의치학도서실
http://libc.dankook.ac.kr/local/html/medLib
국가도서관 통계시스템
https://www.libsta.go.kr

대구가톨릭대학교 루가도서관

분류	대학도서관	개관년도	1980
주소	(42472) 대구광역시 남구 두류공원로길 17길 33 대구가톨릭대학교 루가도서관		
홈페이지	https://medlib.cu.ac.kr		
전화번호	053-650-4490		
팩스	053-650-4491		
운영시간	• 학기 중 : 평일 08:30~18:30, 토요일 08:30~12:30 • 방학 중 : 평일 08:30~17:30, 토요일 08:30~13:00 • 일요일 및 공휴일 휴관		
이용대상	• 대구가톨릭대학교 구성원(교원, 학부생, 대학원생) • 직원 및 전공의		

장서	구분	현황			
	단행본	국내	11,932권	국외	15,916권
	의학잡지	국내	412종	국외	252종
	비도서	WebDB	40패키지	전자저널	10,000여종
		CD/DVD	648종	VD	742점

분류체계	• 전공서(의학 관련 자료) : NLMC • 교양도서 : KDC
인적자원	인력 현황 : 3명(도서관장 1명, 사서 2명)
시설	• 전체면적 : 1,162㎡ • 좌석 : 자유열람실 301석, 자료열람실 63석
설비	• 업무용 PC : 3대 • 검색용 PC : 11대

도서관 소개

1980년 가톨릭병원 개원으로 도서실을 개실한 뒤, 2015년 대구가톨릭대학교 루가캠퍼스 내 루가관 3층으로 이전하여 자료실과 자료열람실을 갖추어 운영하고 있는 대구가톨릭대학교 의학도서관(루가도서관)은 교직원 및 학생들의 자유로운 이용을 위하여 완전개가제로 운영하고 있다. 현재 단행본과 국내외 학술지뿐만 아니라 전자도서관 구현을 목적으로 의학 및 간호 관련 WebDB와 전자저널을 구독하여 다양한 학술정보를 제공하고 있으며, 지속적인 장서 확충과 참고봉사서비스 확대를 위해 노력하고 있다.

제공서비스

▪ 영어논문 교정서비스

외부의 학술논문 교정서비스업체와 협약을 통해 제공되는 영어논문 교정서비스는 대구가톨릭대학교 의과대학, 간호대학의 모든 구성원을 대상으로 이용자들의 연구지원과 성공적인 저널 투고를 지원하는 것을 목적으로 한다.

■ **참고정보원 제공**

Impact Factor(JCR), 저널약어명검색, 의학용어검색(대한의사협회 의학용어위원회 홈페이지로 연결하여, 의학용어를 쉽게 검색할 수 있도록 서비스 제공 : http://term.kma.org/), 그 외 각종 사전(의학 관련 사전, 언어/인명사전, 백과사전, 용어사전 등)에 대한 정보원을 제공하고 있다.

출처

대구가톨릭대학교 의학도서관
https://medlib.cu.ac.kr
국가도서관 통계시스템
https://www.libsta.go.kr

대구한의대학교 학술정보원

<table>
<tr><td>분류</td><td colspan="2">대학도서관</td><td>개관년도</td><td colspan="2">1982</td></tr>
<tr><td>주소</td><td colspan="5">(38610) 경상북도 경산시 한의대로 1 대구한의대학교 학술정보원</td></tr>
<tr><td>홈페이지</td><td colspan="5">http://library.dhu.ac.kr</td></tr>
<tr><td>전화번호</td><td colspan="5">053-819-1123</td></tr>
<tr><td>팩스</td><td colspan="5">053-819-1260~1</td></tr>
<tr><td rowspan="5">운영시간</td><td rowspan="2">구분</td><td colspan="2">학기 중</td><td colspan="2">방학 중</td></tr>
<tr><td>평일</td><td>토, 일, 공휴일</td><td>평일</td><td>토, 일, 공휴일</td></tr>
<tr><td>종합자료실</td><td>09:00~20:00</td><td>10:00~14:00</td><td>09:00~17:00</td><td>휴관</td></tr>
<tr><td>전자정보실</td><td>09:00~18:00</td><td>휴관</td><td>09:00~17:00</td><td>휴관</td></tr>
<tr><td>수성캠퍼스도서관</td><td>09:00~17:00</td><td>휴관</td><td>09:00~17:00</td><td>휴관</td></tr>
<tr><td>이용대상</td><td colspan="5">• 대구한의대학교 교직원(교원, 비전임교원, 시간강사, 직원, 조교)
• 대구한의대학교 재학생(학부생, 대학원생)
• 특별회원(동문, 기타)</td></tr>
<tr><td rowspan="5">장서</td><td colspan="2">구분</td><td colspan="3">장서 수</td></tr>
<tr><td colspan="2">도서자료</td><td colspan="3">577,000권</td></tr>
<tr><td colspan="2">연속간행물</td><td colspan="3">371종</td></tr>
<tr><td colspan="2">비도서자료</td><td colspan="3">16,000여 점</td></tr>
<tr><td colspan="2">전자자료</td><td colspan="3">37,000여 종</td></tr>
<tr><td>분류체계</td><td colspan="5">KDC</td></tr>
<tr><td>인적자원</td><td colspan="5">인력 현황 : 13명(학술정보원장 1명, 팀장 1명, 직원 11명)</td></tr>
<tr><td rowspan="6">시설</td><td>구분</td><td colspan="4">내용</td></tr>
<tr><td>3층</td><td colspan="4">사무실</td></tr>
<tr><td>4층</td><td colspan="4">종합자료실, 개인문고실</td></tr>
<tr><td>5층</td><td colspan="4">전자정보실, 자유열람실, 한적실</td></tr>
<tr><td>6층</td><td colspan="4">수성분관(수성캠퍼스 한의학관 6층)</td></tr>
<tr><td colspan="5">전체면적 : 6,027㎡</td></tr>
<tr><td>설비</td><td colspan="5">• 업무용 PC : 20대
• 검색용 PC : 77대</td></tr>
</table>

도서관 소개

학생 및 교직원에게 학술정보 제공을 목적으로 1982년에 중앙도서관으로 개관하였으며, 종합자료실, 전자정보실, 한적실, 개인문고실 및 수성캠퍼스 이용자를 위한 분관을 별도로 운영하고 있다. 국내외 각종 단행본, 연속간행물, 학위논문 등의 인쇄자료를 비롯하여 DVD, CD-ROM 등 각종 비도서자료를 소장하고 있으며, 전자책, 전자저널, WebDB, 동영상 강의 등 각종 인터넷기반의 학술

DB 등을 제공하고 있다.

2014년 3월 1일 학술정보원으로 조직이 개편된 후 교육중심 대학 및 학술정보 제공의 중심기관으로서의 역할에 최선을 다하고 있다.

[대구한의대학교 학술정보원]

공간구성

층별	공간명	내용
4F	종합자료실	• 국내외 단행본 자료 • 내출이 불가능한 신문, 저널, 교양잡지 등을 소장
5F	인포메이션 커먼스	그룹스터디지원, PC 이용 및 각종 비도서자료(DVD 등) 이용
	스터디 라운지	오픈형 및 집중형 열람실로 구성
	커뮤니티 스테어	학습 중 자유롭게 휴식을 취함과 동시에, 각종 소규모 강연을 시행할 수 있는 시설 제공
	무비라운지	각종 비도서자료(영상) 상영 및 이를 활용한 수업을 진행할 수 있는 시설 제공
	커뮤니티홀	자유로운 소통 및 이용자 편의를 증진할 수 있는 시설 제공
	한적실	동의보감을 비롯한 4,300여 권의 고문헌(한적)을 소장
6F	수성분관	한의학 및 간호학 관련 자료를 소장하고 있으며 수성캠퍼스의 이용자를 위하여 운영

제공서비스

■ 연구지원서비스

대구한의대학교 학술정보원의 연구지원서비스는 학내 연구자의 논문작성을 지원하고자 관련 활동 수행 시 필요한 기술을 지원하는 맞춤형 주제정보 서비스로 교원, 대학원생, 연구소직원 등 교내 연구자를 대상으로 한다.

[제공정보]
- 참고문헌작성법 및 학위논문 온라인 제출(dCollection) 안내
- 논문 및 연구보고서작성에 필요한 학술DB 이용법 교육 및 상담
- 원문복사 신청 안내 및 제공
- 학술지 등재정보 제공(SCI, SSCI, KCI 등)

그 외에도 특정 저널 SCI/SCIE 구분, SCI(E)/SSCI 등재 저널 확인, Impact Factor 확인, KCI(한국학술지인용색인) 등의 국내외 학술지 등재정보를 제공한다.

■ 캠퍼스 간 대출

이용자들의 편의를 위해 제공되는 '캠퍼스 간 대출'서비스는 삼성캠퍼스 학술정보원과 수성캠퍼스 한의학도서관의 단행본을 대상으로 한다. 이용자의 대출잔여권수에 한하여 신청가능하며, 컴퓨터 또는 스마트폰을 활용하여 온라인 신청 시 이용가능하다.

■ 자료배달

이용자가 직접 학술정보원에 방문하지 않아도 도서를 대출하여 원하는 곳까지 배달하는 '자료배달'서비스는 장애인 편의서비스 제공 및 연구·행정서비스의 효율화를 목적으로 한다. 전임강사 이상의 교원, 직원, 장애우 학생이 신청가능하며 한의학도서관인 수성캠퍼스 도서관의 자료를 제외

한 삼성캠퍼스에 소장 중인 연구 및 업무 관련 도서에 한해 신청이 가능하다. 학술지의 경우 기사(article)단위로 신청가능하며 스캔 후 그룹웨어 전자메일을 통해 송부하는 방식으로 제공된다.

교육

대구가톨릭대학교 학술정보원에서는 홈페이지를 활용하여 이용교육자료를 배포하고 있다. 배포하는 교육자료는 '신입생 학술정보원 이용안내', '전자정보 통합검색시스템 이용안내', '온라인 상호대차 이용안내'가 있으며 교육 내용에 따라 브로슈어(전자책)를 배포하거나 플래시를 활용한 온라인교육을 제공한다.

학술정보원 이용안내 자료

출처

대구한의대학교 학술정보원
http://library.dhu.ac.kr
국가도서관 통계시스템
https://www.libsta.go.kr

동국대학교 의학도서관

<table>
<tr><td>분류</td><td colspan="4">대학도서관</td><td colspan="2">개관년도</td><td colspan="4">1993</td></tr>
<tr><td>주소</td><td colspan="10">(38066) 경상북도 경주시 동대로 123, 의과대학 의학관 3층 의학도서관</td></tr>
<tr><td>홈페이지</td><td colspan="10">http://libk.dongguk.ac.kr/local/html/medi01</td></tr>
<tr><td>전화번호</td><td colspan="10">054-770-2458</td></tr>
<tr><td>팩스</td><td colspan="10">054-770-2606</td></tr>
<tr><td rowspan="4">운영시간</td><td colspan="2" rowspan="2">구분</td><td colspan="8">이용시간</td></tr>
<tr><td colspan="3">평일</td><td colspan="3">토/일 및 공휴일</td><td colspan="2">점심시간</td></tr>
<tr><td colspan="2">종합자료실</td><td colspan="3">08:30~17:30</td><td colspan="3" rowspan="2">휴관</td><td colspan="2">12:00~13:00</td></tr>
<tr><td colspan="2">멀티미디어실</td><td colspan="3">08:30~21:00</td><td colspan="2"></td></tr>
<tr><td>이용대상</td><td colspan="10">• 의과대학 및 병원 소속 모든 구성원
• 동국대학교 경주캠퍼스 재학생, 교직원
• 한국의학도서관협회 회원(회원증 소지자에 한함)
• 동국대학교 경주캠퍼스 도서관회원제 회원</td></tr>
<tr><td rowspan="3">장서
(2018년 3월
1일 기준)</td><td rowspan="2">구분</td><td colspan="2">단행본</td><td colspan="2">참고도서</td><td rowspan="2">학위
논문</td><td colspan="2">정기간행물</td><td rowspan="2">비도서</td><td rowspan="2">계</td></tr>
<tr><td>국내</td><td>국외</td><td>국내</td><td>국외</td><td>국내</td><td>국외</td></tr>
<tr><td>장서 수</td><td>12,976</td><td>5,787</td><td>589</td><td>301</td><td>9,626</td><td>649</td><td>484</td><td>25</td><td>30,412</td></tr>
<tr><td>분류체계</td><td colspan="10">KDC</td></tr>
<tr><td>인적자원</td><td colspan="10">인력 현황 : 2명(교육연구부장 1명, 사서 1명)</td></tr>
<tr><td>시설</td><td colspan="10">전체면적 : 273㎡</td></tr>
<tr><td>설비</td><td colspan="10">• 업무용 PC : 2대
• 검색용 PC : 2대</td></tr>
</table>

도서관 소개

동국대학교 경주캠퍼스 의과대학 내 위치한 의학도서관은 의과대학 교수 및 학생의 교육과 연구를 지원하기 위하여 1993년 10월 정기간행물실에서 분리 개관하였다. 1994년에 현 위치로 이관하였으며 2016년 리모델링을 거쳐 현재의 모습을 갖추게 되었다.

동국대학교 의학도서관은 교내 이용자를 위한 서비스뿐만 아니라 일산 의학관의 교육지원을 위하여 일산 의학도서실을 두고 있으며 도서관업무를 전산화하여 서비스를 제공하고 있다.

제공서비스

■ **학과별 자료이용 안내**

동국대학교 의학도서관에서 제공하는 '학과별 자료이용안내'서비스는 홈페이지를 통해 도서관 자료이용을 돕는 매뉴얼을 배포하는 서비스로 의학과와 간호학과를 대상으로 서비스를 제공하고 있다.

매뉴얼에는 자료 유형별 이용방법, 자관 미소장 자료 이용법, 학술정보검색 Tip, 해당 학과 관련 분류번호, 도서관 제공 학술DB 리스트, 이용교육 안내 등의 내용이 포함되어 있다.

■ **논문작성가이드**

논문작성가이드는 투고규정, 키워드선정, 저널약어명검색, ORCID ID, Scopus 등재저널 리스트, 참고문헌작성법, Output Style, 이중게재검색 사이트 등에 대한 정보를 제공한다.

■ **학회 · 기타 정보원 링크**

동국대학교 의학도서관 이용자의 정보 접근성을 높이기 위해 제공되는 '학회 · 기타 정보원 링크' 서비스는 국내 의학정보, 국외 의학정보, 의학도서관, 협회 · 학회, 정부기관 등 5개의 범주로 구분되며 정보원명, 링크, 개요 및 매뉴얼 등의 정보를 제공한다.

■ **학술DB서비스 제공**

동국대학교 의학도서관은 학술지 논문, 보고서, 리뷰 등 학술연구에 필요한 DB를 제공한다.

주제 분야	DB명	비고
국내 전주제	Dbpia	국내 학술지 원문 제공
	KISS	
	교보스콜라	
	과학기술학회마을	
	학지사뉴논문	
	한국학술지인용색인	
의학	PubMed	미국국립의학도서관(NLM)의 의생명과학 분야 논문정보 제공
	Medline With Fulltext	미국국립의학도서관(NLM)에서 제공하는 의학정보원
	PML	MEDLINE 등재저널 의학분야 전문정보원
간호학	CINAHL with Fulltext	간호학 및 보건의학 분야 저널 논문정보 및 원문 제공
국외 전주제	EBSCO ASP	국외 학술지 원문 제공
	ECC	
	OUP	
	Springer	
	Science Direct	
	Wiley Online Library	

교육

■ **의학도서관 이용교육**

'의학도서관 이용교육'은 매년 학기 초 정기적으로 실시하는 이용교육으로, 이용자의 의학도서관 이용을 원활하게 하는 것을 운영목적으로 한다. 교육대상은 의과대학 신입생이며, 의학도서관 시설, 도서검색 및 서비스 안내, 정보검색방법, 원문복사서비스 등의 내용을 다룬다.

■ **학술정보 활용교육**

'학술정보 활용교육'은 의학 관련 학습과 연구에 필요한 자료의 효율적인 활용을 지원하는 것을 목적으로 하며, 의과대학 재학생 및 전체교직원을 대상으로 한다.
교육 내용은 PubMed 활용 및 서지관리도구인 Refworks 이용교육으로 구성되어 있으며, 정해진 교육 일정에 신청하여 참여하는 정기교육과 최소 5인 이상의 그룹이 장소와 시간을 정해 신청하여 교육받는 신청교육으로 구분된다.

출처

동국대학교 경주도서관
http://libk.dongguk.ac.kr
동국대학교 의학도서관
http://libk.dongguk.ac.kr/local/html/medi01
국가도서관 통계시스템
https://www.libsta.go.kr

동아대학교 의학도서분관

<table>
<tr><td>분류</td><td colspan="2">대학도서관</td><td>개관년도</td><td>1987</td></tr>
<tr><td>주소</td><td colspan="4">(49201) 부산광역시 서구 대신공원로 32</td></tr>
<tr><td>홈페이지</td><td colspan="4">http://dalis.donga.ac.kr/medlib</td></tr>
<tr><td>전화번호</td><td colspan="4">051-240-2938</td></tr>
<tr><td>팩스</td><td colspan="4">051-240-2666</td></tr>
<tr><td>운영시간</td><td colspan="4">09:00~17:00(평일), 토/일 및 공휴일 휴관</td></tr>
<tr><td>이용대상</td><td colspan="4">• 동아대학교 구성원(전임교원, 비전임교원, 직원, 대학원생, 학위과정 수료생, 재학생 등)
• 동아학숙, 동아대학교 부속병원 직원
• 동아대학교 총동문회 회원</td></tr>
<tr><td rowspan="9">장서</td><td colspan="2">구분</td><td>장서 수</td><td>계</td></tr>
<tr><td rowspan="2">단행본</td><td>국내</td><td>8,291권</td><td rowspan="4">48,737권</td></tr>
<tr><td>국외</td><td>9,843권</td></tr>
<tr><td colspan="2">e-Book</td><td>4,212권</td></tr>
<tr><td colspan="2">제본잡지</td><td>26,391권</td></tr>
<tr><td rowspan="2">연속간행물</td><td>책자</td><td>111종</td><td rowspan="2">127종</td></tr>
<tr><td>전자</td><td>16종</td></tr>
<tr><td colspan="2">학술DB</td><td>12종</td><td>12종</td></tr>
<tr><td colspan="4"></td></tr>
<tr><td>분류체계</td><td colspan="4">KDC</td></tr>
<tr><td>인적자원</td><td colspan="4">인력 현황 : 3명(분관장 1명, 팀장 1명, 직원 1명)</td></tr>
<tr><td>시설</td><td colspan="4">• 전체면적 : 1,362㎡
• 좌석 : 79석</td></tr>
<tr><td>설비</td><td colspan="4">• 업무용 PC : 2대
• 검색용 PC : 5대</td></tr>
</table>

도서관 소개

동아대학교 의학도서분관은 1987년에 의학도서실로 개실하여 1992년 동아대학교 도서관 의학도서분관으로 확대·개편하였다.

동아대학교 의학도서분관은 의학 관련 단행본, 연속간행물 및 Medline 등 전자매체를 이용한 서지정보서비스와 문헌복사서비스 등을 통해 동아대학교 의학도서분관 이용자에게 양질의 서비스를 제공하고 있다.

제공서비스

▪ 도서 택배서비스

방학기간 동안 부산에 거주하지 않는 학부(과)생, 대학원생, 교직원을 대상으로 도서 택배서비스를 제공한다.

▪ 연구학습서비스

동아대학교 의학도서분관에서 제공하는 연구학습서비스는 '등재지 목록'과 '학술DB매뉴얼'로 나뉜다.

[등재지 목록]

- Scopus, SCI(E), SSCI, AHCI, 한국연구재단의 등재 및 등재후보 학술지 목록, 등재 취소 목록, 등재저널검색 사이트 등의 정보 제공

[학술DB매뉴얼]

- 도서관에서 이용가능한 학술DB의 개요, 이용 매뉴얼 등의 정보 제공

출처

동아대학교 의학도서분관

http://dalis.donga.ac.kr/medlib

국가도서관 통계시스템

https://www.libsta.go.kr

동의대학교 중앙도서관 의학분관

<table>
<tr><td>분류</td><td colspan="2">대학도서관</td><td>개관년도</td><td colspan="2">1990</td></tr>
<tr><td>주소</td><td colspan="5">(47227) 부산광역시 부산진구 양정로 52-57 한의과학대학 6층</td></tr>
<tr><td>홈페이지</td><td colspan="5">http://lib.deu.ac.kr/lib/information/MedLib/IntroHistory.csp</td></tr>
<tr><td>전화번호</td><td colspan="5">051-850-8634</td></tr>
<tr><td>팩스</td><td colspan="5">0505-182-6929</td></tr>
<tr><td>운영시간</td><td colspan="5">• 09:00~17:00(평일), 09:00~20:00(시험기간 2주간)
• 토/일 및 공휴일, 개교기념일 휴관</td></tr>
<tr><td>이용대상</td><td colspan="5">• 동의대학교 교직원(교수, 직원, 조교, 외래강사)
• 동의대학교 학생(학부생, 대학원생)</td></tr>
<tr><td rowspan="6">장서</td><td colspan="2">구분</td><td colspan="3">장서 수</td></tr>
<tr><td colspan="2">단행본</td><td colspan="3">42,501여 권</td></tr>
<tr><td colspan="2">비도서</td><td colspan="3">1,671여 점</td></tr>
<tr><td rowspan="3">정기간행물</td><td>국외학술잡지</td><td colspan="2">11종</td><td rowspan="3">320여 종</td></tr>
<tr><td>국내교양잡지</td><td colspan="2">62종</td></tr>
<tr><td>국내학회지</td><td colspan="2">110종(기증)</td></tr>
<tr><td>분류체계</td><td colspan="5">• 동양서 : KDC
• 서양서 : DDC 23판</td></tr>
<tr><td>인적지원</td><td colspan="5">인력 현황 : 2명(실장 1명, 학사조교 1명)</td></tr>
<tr><td>시설</td><td colspan="5">• 전체면적 : 1,214㎡
• 열람석 : 299석</td></tr>
<tr><td>설비</td><td colspan="5">• 업무용 PC : 4대
• 검색용 PC : 13대</td></tr>
</table>

도서관 소개

부산·경남지역에 위치한 유일한 한의과대학 도서관인 동의대학교 중앙도서관 의학분관은 1990년 한의대 분관이라는 명칭으로 최초 설치되었다. 1990년 7월 '동의대학교 중앙도서관 의학분관'이라는 기관명을 확정한 뒤 1991년 현재의 위치로 이전하여 자리 잡았다.

동의대학교 중앙도서관 의학분관은 개가제로 운영하고 있으며, 학생, 교직원 및 의료전문인의 정보요구를 충족시킬 수 있는 의학분관의 기능을 수행하기 위하여 노력을 다하고 있다.

제공서비스

■ 한의학 관련 정보

한의학 관련 정보서비스는 한의과대학, 학회 및 연구소, 한방병원 및 한의원, 기타 한의학정보로 구성되어 있으며, 각각의 범주에 해당하는 국내외 기관의 목록과 홈페이지의 링크를 제공한다.

■ **학술잡지목차정보**

'학술잡지목차정보'서비스는 '한의학 관련 정보'와 마찬가지로 동의대학교 중앙도서관 홈페이지 내 의학분관 페이지를 통해 제공한다. 한방 관련 국내외 학술잡지의 목차와 무료로 이용가능한 양·한방 학술지명(국문), 영문명, 학회명, 창간년도, 제공년도의 정보와 학회지를 검색할 수 있는 페이지 링크를 제공한다.

출처

동의대학교 중앙도서관 의학분관

http://lib.deu.ac.kr/lib/information/MedLib/IntroHistory.csp

국가도서관 통계시스템

https://www.libsta.go.kr

부산대학교 의생명과학도서관

분류	대학도서관		개관년도	1959
주소	(50612) 경상남도 양산시 물금읍 부산대학로 49			
홈페이지	https://lib.pusan.ac.kr/medlib			
전화번호	051-510-8110			
팩스	051-510-8135			
운영시간	09:00~21:00(평일), 토/일 및 공휴일, 개교기념일 휴관			
이용대상	• 부산대학교 교직원(교수, 시간강사, 명예교수, 조교, 직원, PostDoc.) • 부산대학교 재학생(대학원생, 대학원수료 후 연구생, 학부생) • 우대회원, 효현회원, 일반회원			

장서

구분	단행본	비도서	연속간행물	총계
장서 수	93,380	2,935	54,919	151,234

인적자원: 인력 현황 : 6명(관장 1명, 팀장 1명, 사서주사보 1명, 기성회 1명, 직원 2명)

시설

• 전체면적 : 4,653㎡
• 좌석 : 335석

구분	내용
1층	iCOMMONS, 대출반납데스크
2층	그룹스터디룸
3층	연속간행물자료실
4층	단행본자료실

설비: • 업무용 PC : 13대 • 검색용 PC : 77대

도서관 소개

[부산대학교 의생명과학도서관]

부산대학교 의생명과학도서관은 1955년 부산대학교 의과대학이 설치됨에 따라 의·치대 구성원들의 연구지원을 위하여 1959년에 설립되었다.

2010년 8월 양산캠퍼스 신축도서관 건립 및 이전에 따라 의생명과학도서관으로 명칭을 변경한 뒤 의학전문대학원, 치의학전문대학원, 한의학전문대학원, 간호대학 등 의·생명분야 이용자의 연구와 교육활동을 지원하고 있다.

제공서비스

■ 학과별 학술정보가이드

부산대학교 의생명과학도서관 과학기술팀에서 개발

하여 제공하는 '학과별 학술정보가이드'는 학과별로 전공과 관련한 다양한 최신학술정보를 제공한다. 현재는 간호대학의 간호학과, 의학전문대학원의 순환기내과학교실, 해부학교실, 치의학전문대학원의 치의학과, 한의학전문대학원의 한의학과 총 5개의 학과를 대상으로 학술정보가이드를 제공하고 있다.

■ 논문작성가이드

홈페이지를 통해 제공하는 '논문작성가이드'서비스는 학위논문 및 학술논문을 작성할 때 유용한 출처 작성법을 안내하는 서비스이다. '참고문헌작성법'은 전 세계적으로 많이 쓰이는 대표적인 출처작성방식 6가지를 제공한다.

[제공하는 6가지 참고문헌방식]
• APA Style(6th ed.), MLA Style, Chicago Style, IEEE Style, Vancouver Style, ACS Style

그 외에도 부산대학교의 학위논문 지침을 다룬 '학위논문 작성가이드'도 제공한다.

■ SCI서비스

'SCI서비스'는 2010년부터 SCI에 관한 연구자의 다양한 정보연구를 파악하여 도서관의 전문성을 높이고 적극적인 연구지원업무를 수행하고자 시작되었다. Web of Science, JCR(Journal Citation Reports), NCR(National Citation Reports)을 분석하여 제공하며, 제공정보는 학과별 동향, PNU 논문, 학술지 검색, My SCI로 구성되어 있다.

교육

부산대학교 의생명과학도서관은 학습과 연구에 필요한 자료의 효율적인 활용을 위한 교육프로그램을 제공한다.

구분	내용
참고문헌 관리도구 EndNote	• EndNote의 주요 기능 및 특징 소개 • 온라인DB에서 검색한 Reference를 저장하고 나만의 Library를 만들어 관리 • Reference와 Figure 등 다양한 정보의 통합관리 • 키워드별 검색식을 통한 그룹관리 • 각 논문의 DOI정보로 온라인을 통해 PDF파일의 자동검색 및 다운로드 • Microsoft Word와 완벽 호환, 6,000여 종의 output style 제공
PubMed	• 전자자료 및 학술정보검색 기본 팁 • PubMed 자료의 구성과 특징 • MeSH term을 활용한 예비검색 • 자연어와 MeSH term 조합을 이용한 상세검색 • PubMed 세부기능 및 PDF Full-Text 구하는 방법 • My NCBI 설정을 이용하여 필요한 논문정보 받기 • 문헌복사서비스 안내
근거중심 의학DB UpToDate	근거중심의학DB UpToDate 소개 및 활용방법 안내
SCI급 논문검색법	• Web of Science에서 SCI급 논문검색 • JCR에서 주제분야별 저널 Impact Factor 검색 • Scopus 등재논문검색
참고문헌 관리도구 RefWorks/ RISS 활용법	• 논문작성 시 유용한 참고문헌 관리도구인 RefWorks 소개 및 활용방법 안내 • 국내 학술정보검색 DB RISS 활용법

출처

부산대학교 도서관
https://lib.pusan.ac.kr

부산대학교 의생명과학도서관
https://lib.pusan.ac.kr/medlib

국가도서관 통계시스템
https://www.libsta.go.kr

서울대학교 의학도서관

<table>
<tr><td>분류</td><td colspan="3">대학도서관</td><td colspan="2">개관년도</td><td colspan="2">1946</td></tr>
<tr><td>주소</td><td colspan="7">(03080) 서울특별시 종로구 대학로 103 서울대학교 의학도서관</td></tr>
<tr><td>홈페이지</td><td colspan="7">http://medlib.snu.ac.kr</td></tr>
<tr><td>전화번호</td><td colspan="7">행정실: 02-740-8047, 학술정보: 02-740-8065, 8049</td></tr>
<tr><td>팩스</td><td colspan="7">02-740-8080</td></tr>
<tr><td>운영시간</td><td colspan="7">평일 09:00~20:00, 토요일 09:00~13:00, 일요일 휴관</td></tr>
<tr><td>이용대상</td><td colspan="7">• 서울대학교 구성원
• 서울대학교 의과대학 및 서울대병원 소속(교)직원</td></tr>
<tr><td rowspan="4">장서</td><td rowspan="2">구분</td><td colspan="3">도서(단위: 책)</td><td rowspan="2">비도서
(단위: 점)</td><td colspan="2">연속간행물(단위: 종)</td></tr>
<tr><td>국내</td><td>국외</td><td>e-Book</td><td>인쇄자료</td><td>전자자료</td></tr>
<tr><td>장서 수</td><td>41,844</td><td>172,065</td><td>22,324</td><td>889</td><td>316</td><td>31,822</td></tr>
<tr><td>합계</td><td colspan="3">236,233</td><td>889</td><td colspan="2">32,138</td></tr>
<tr><td>분류체계</td><td colspan="7">• 의학도서: NLMC
• 교양도서: DDC</td></tr>
<tr><td>인적자원</td><td colspan="7">인력 현황: 10명(관장 1명, 행정관 1명, 담당관 2명, 주무관 1명, 사서 5명)</td></tr>
<tr><td rowspan="6">시설</td><td colspan="7">• 전체면적: 4,377㎡(1,324평)
• 좌석: 636석</td></tr>
<tr><td>구분</td><td colspan="6">내용</td></tr>
<tr><td>1층</td><td colspan="6">단행본자료실, 정보검색실, 공동학습실, 행정실</td></tr>
<tr><td>2층</td><td colspan="6">학술잡지정보실, 관장실, 한국메들라스센터, CBT, Flow Lecture Room</td></tr>
<tr><td>3층</td><td colspan="6">자유열람실, 정보검색교육실, 공동학습실, 함춘재, 북까페</td></tr>
<tr><td>지하</td><td colspan="6">지하 1서고, 지하 2서고, 기관실</td></tr>
<tr><td>설비</td><td colspan="4">• 업무용 PC: 20대</td><td colspan="3">• 검색용 PC: 95대</td></tr>
</table>

도서관 소개

[서울대학교 의학도서관]

서울대학교 연건캠퍼스 내 위치한 서울대학교 의학도서관은 교육·연구·학습활동을 지원하는 봉사기관으로 1946년 서울대학교 설치령에 의거하여 의과대학 도서관으로 의대 본관 2층에서 개관하였으며, 1967년 서울대학교 부속도서관 의학도서관으로 개칭하였다. 1974년 2월 현재 건물 2층을 신축 개관하였고, 1993년 서울대학교병원 지원으로 1개 층을 증축 개관하여 자료 보존 시설 및 이용공간을 넓혀 이용자에게 서비스를 제공하고 있다.

제공서비스

■ 교실별 가이드(주제정보가이드)

주제정보가이드는 학술연구지원의 일환으로 37개의 교실(주제)별로 가이드를 제공하는 서비스이다. 교실에 관한 주요 논문, 도서관 소장자료, 저널, 최신 논문뿐만 아니라 멀티미디어, 국내외 주요 사이트, 통제어휘 MESH를 제공하여 서울대학교 구성원들의 교수학습을 돕는다.

■ SNUMED 연구동향(PlumX)

SNUMED 연구동향은 서울대학교 의과대학 연구성과물에 대한 온라인(SNS, 블로그, 위키피디아 등)에서의 조회 수, 다운로드, 언급, 공유 등에 대한 영향력 지수를 제공하는 서비스이다. 교실별 연구성과물 영향력 지수, 이용률순, 북마크순, SNS 관심순, 멘션순 등의 기준으로 영향력 지수를 제공한다.

■ 1:1 연구 컨설팅

1:1 연구 컨설팅은 연구자가 필요한 학술정보검색 및 활용교육을 도서관 사서가 직접 맞춤형으로 지원하는 서비스이다. 연구 컨설팅 주제는 EndNote 이용, Output Style 만들기, 표절방지프로그램 이용, SR을 위한 DB검색교육, PubMed검색법 등이다.

■ 동영상 VOD

서울대학교 의학도서관에서는 이용교육 동영상, DB 이용가이드 동영상, 기타 학술 동영상 등 다양한 디지털 콘텐츠 컬렉션을 제공하고 있다.

구분	강의 내용(2019년 기준)
정기교육 동영상	• 의료 현장에서 이미지로 진단 찾기 • Ovid를 이용한 체계적 문헌고찰검색 및 메타분석하기 • 정신건강의학 논문검색에서 메타검색까지(PsycINFO, CINAHL중심) • 연구와 임상에서의 Cochrane Library 실전검색
Database 이용가이드	• Allen Brain Atlas, BMJ Best Practice, CiNii, IEL, OECD iLibrary 등의 데이터베이스 이용가이드 영상 제공
기타 학술동영상	• 학술대회, 포럼, 심포지엄 등의 영상 제공

교육

서울대학교 의학도서관의 이용자교육은 정기교육과 출장교육으로 나누어지는데 정기교육은 도서관에서 이용자의 도서관 이용을 돕기 위해 주관하며 정해진 일정에 이용자가 온라인으로 신청한다. 출장교육은 도서관이 실시하는 정기교육에 참여할 수 없는 연구자를 위해 이용자가 교육일시와 장소를 지정해 신청하는 교육이며 교육희망자가 10명 이상일 경우 신청가능하다.
교육 내용으로는 EndNote 입문/활용교육, PubMed 활용법, 출판윤리와 표절방지프로그램, Search Strategy for Systematic Review, 도서관 활용법 등이 있다.

출처

서울대학교 의학도서관
http://medlib.snu.ac.kr
서울대학교 중앙도서관
http://library.snu.ac.kr
국가도서관 통계시스템
https://www.libsta.go.kr

서울대학교 치의학도서관

<table>
<tr><td>분류</td><td colspan="3">대학도서관</td><td colspan="2">개관년도</td><td colspan="2">1946</td></tr>
<tr><td>주소</td><td colspan="7">(03080) 서울특별시 종로구 대학로 101 치의학대학원 생체재료연구동 2층</td></tr>
<tr><td>홈페이지</td><td colspan="7">http://dentlib.snu.ac.kr</td></tr>
<tr><td>전화번호</td><td colspan="7">02-740-8621, 8794</td></tr>
<tr><td>팩스</td><td colspan="7">02-743-3198</td></tr>
<tr><td>운영시간</td><td colspan="7">평일 09:00~21:00, 토/일 및 공휴일 휴관</td></tr>
<tr><td>이용대상</td><td colspan="7">• 치과대학 교수, 기금교수, 외래교수, 명예교수, 시간강사, 조교, 연구원, 직원
• 치과대학 재학생, 대학원생
• 치과병원의 임상 외래교수, 전임의, 전공의, 병원직원
• 관악캠퍼스와 연건캠퍼스의 위의 세 가지 자격에 준하는 자
• 기타 외부인으로서 분관장의 승인을 받은 자</td></tr>
<tr><td rowspan="4">장서</td><td rowspan="2">구분</td><td colspan="3">도서(단위 : 책)</td><td rowspan="2">비도서
(단위 : 점)</td><td colspan="2">연속간행물(단위 : 종)</td></tr>
<tr><td>국내</td><td>국외</td><td>e-Book</td><td>인쇄자료</td><td>전자자료</td></tr>
<tr><td>장서 수</td><td>13,891</td><td>19,214</td><td>940</td><td>585</td><td>77</td><td>45</td></tr>
<tr><td>합계</td><td colspan="3">34,045</td><td>585</td><td colspan="2">122</td></tr>
<tr><td>분류체계</td><td colspan="7">• 일반의학, 치의학 관련 자료 : NLMC
• 일반자료 : DDC</td></tr>
<tr><td>인적지원</td><td colspan="7">인력 현황 : 3명(도서관장 1명, 담당관 1명, 직원 1명)</td></tr>
<tr><td>시설</td><td colspan="7">• 전체면적 : 768㎡
• 좌석 : 112석(자유열람실 92석, 자료실열람실 20석)</td></tr>
<tr><td>설비</td><td colspan="7">• 업무용 PC : 7대
• 검색용 PC : 8대</td></tr>
</table>

도서관 소개

서울대학교 중앙도서관의 분관 중 하나인 서울대학교 치의학도서관은 1946년 2,300여 권의 장서로 발족하였다. 1995년 서울대학교 학칙 개정에 의거하여 교육부의 인가를 얻어 치의학분관으로 정식 개관하면서 도서 및 참고문헌을 멀리 떨어진 의학도서관까지 가서 열람 또는 복사하는 시간과 노력의 낭비 등 많은 불편이 개선되었다. 1997년부터는 치의학도서관 소장자료의 데이터베이스 구축을 시작하여, 1998년 전산화시스템 SOLAS(Seoul Library Automation and Research System) 및 치의학도서관 홈페이지를 가동하게 되어 도서정리, 소장자료검색 및 대출 등을 전산으로 처리할 수 있게 되었다. 2003년 치과생체재료연구동으로 이전하였으며 치의학연구에 바탕이 되는 정보의 보고로서 역할을 수행하고자 노력하고 있다.

제공서비스

서울대학교 치의학도서관에서 제공하는 전반적인 서비스는 ① 캠퍼스 간 원문복사, ② 국내외 타기관 의학자료 신청, ③ 공동학습실 예약, ④ 인쇄·복사·스캔 등이 있다.

■ **학술연구지원**

서울대학교 치의학도서관에서는 홈페이지를 통해 학술연구에 도움이 되는 각종 정보를 제공하고 있다. '학술연구지원'서비스는 총 8개의 항목으로 Databases, e-Journals, e-Book, 관련 인터넷 신문, 관련 사이트, SCI 등재저널, Impact Factor 검색, EndNote 등으로 구성되어 있다.

출처

서울대학교 중앙도서관
http://library.snu.ac.kr
서울대학교 치의학도서관
http://dentlib.snu.ac.kr
국가도서관 통계시스템
https://www.libsta.go.kr

성균관대학교 의과대학 의학도서관

<table>
<tr><td>분류</td><td colspan="4">대학도서관</td><td>개관년도</td><td>1946</td></tr>
<tr><td>주소</td><td colspan="6">(16419) 경기도 수원시 장안구 천천동 300 의과대학 1층</td></tr>
<tr><td>홈페이지</td><td colspan="6">http://lib.skkumed.ac.kr</td></tr>
<tr><td>전화번호</td><td colspan="6">031-299-6021~2</td></tr>
<tr><td>팩스</td><td colspan="6">031-299-6059</td></tr>
<tr><td>운영시간</td><td colspan="6">평일 09:00~17:20, 토/일 및 공휴일 휴관</td></tr>
<tr><td>이용대상</td><td colspan="6">• 성균관대학교 교직원
• 성균관대학교 대학원생, 학부생
• 성균관대학교 연구원
• 기타 의학도서관의 승인을 얻은 자</td></tr>
<tr><td rowspan="3">장서</td><td rowspan="2">구분</td><td colspan="2">도서</td><td colspan="2">비도서</td><td colspan="2">연속간행물</td></tr>
<tr><td>단행본</td><td>e-Book</td><td>Video</td><td>CD-Rom</td><td>인쇄자료</td><td>전자자료</td></tr>
<tr><td>장서 수</td><td>14,200책</td><td>650여 종 구독</td><td>26종 145점</td><td>115종 166점</td><td>17종 구독 180여 종 소장</td><td>1,440여 종 구독</td></tr>
<tr><td>인적자원</td><td colspan="6">인력 현황 : 3명(관장 1명, 사서 2명)</td></tr>
</table>

<table>
<tr><td rowspan="8">시설</td><td colspan="4">전체면적 : 528㎡</td></tr>
<tr><td colspan="2">실별</td><td>PC</td><td>좌석</td></tr>
<tr><td rowspan="5">자율학습실 528㎡</td><td>멀디미디어실</td><td>18내</td><td>22석</td></tr>
<tr><td>토의실 1, 2</td><td></td><td>12석</td></tr>
<tr><td>주제별 학습실 1, 2</td><td></td><td>12석</td></tr>
<tr><td>열람공간</td><td>2대</td><td>52석</td></tr>
<tr><td>사무실</td><td></td><td></td></tr>
</table>

도서관 소개

성균관대학교 의과대학 1층에 위치한 의학도서관은 종합자료실, 멀티미디어실, 토의실, 주제별 학습실을 갖추고 있다. 국내 최초로 문제중심학습(PBL) 교과과정을 도입한 의과대학의 연구 및 학습활동을 지원하기 위하여 다양한 시청각매체, 인체모형, 멀티미디어자료와 스스로 학습할 수 있는 시설을 갖추고 있다.

특히 삼성의학정보센터와 네트워크를 구축하여 2,000여 종의 의학 관련 저널과 Web 저널, 60,000여 권의 최신단행본 및 시청각자료, 다양한 CD-ROM 데이터베이스로 공동 활용할 수 있는 시스템을 구축하여 최첨단 의학정보센터로서 이용자중심의 도서관이 될 수 있도록 환경을 조성하였다.

제공서비스

■ 상호대차 및 원문복사서비스

성균관대학교 의과대학 의학도서관에서는 각종 의학 관련 정보를 신속하고 정확하게 제공하기 위한 노력의 일환으로 상호대차와 원문복사서비스를 제공하고 있다. 자관에서 구독 및 소장하고 있는 자료 이외에도 삼성의학정보센터 등 5개 기관과 협력체계를 구축하여 서비스를 제공하고 있으며, 가능한 한 모든 자료를 메일을 통해 제공하는 것을 원칙으로 한다. 모든 서비스는 서면, 메일 및 유선으로 접수가 가능하며 협력기관에 따라 이용요금이 발생한다.

출처

성균관대학교 의과대학 의학도서관
http://lib.skkumed.ac.kr
국가도서관 통계시스템
https://www.libsta.go.kr

아주대학교 의학문헌정보센터

<table>
<tr><td>분류</td><td colspan="2">대학도서관</td><td>개관년도</td><td>1994</td></tr>
<tr><td>주소</td><td colspan="4">(16499) 경기도 수원시 영통구 월드컵로 164</td></tr>
<tr><td>홈페이지</td><td colspan="4">http://medlib.ajou.ac.kr</td></tr>
<tr><td>전화번호</td><td colspan="4">031-219-5312</td></tr>
<tr><td>팩스</td><td colspan="4">031-219-5314</td></tr>
<tr><td rowspan="3">운영시간</td><td>구분</td><td>평일</td><td>토/일 및 공휴일</td><td>비고</td></tr>
<tr><td>자료열람실</td><td>08:00~21:00</td><td rowspan="2">휴관</td><td rowspan="2">방학 중(1, 2, 7, 8월)에는 17:00까지 개관</td></tr>
<tr><td>시청각실</td><td>08:00~17:00</td></tr>
<tr><td>이용대상</td><td colspan="4">• 아주대학교 및 아주대학교 의료원 교직원
• 아주대학교 학부 및 대학원 재학생
• 한국의학도서관협회에서 인정한 자
• 특별회원증 소지자
• 의학문헌정보센터 소장의 승인을 얻은 자</td></tr>
<tr><td>장서</td><td colspan="4">• 장서 : 60,000여 권
• 인쇄 및 전자저널, WebDB, e-Book : 9,000여 종</td></tr>
<tr><td>인적자원</td><td colspan="4">인력 현황 : 7명(소장 2명, 팀장 1명, 사서 3명, 시청각기사 2명)</td></tr>
<tr><td>시설</td><td colspan="4">전체면적 : 1,455㎡
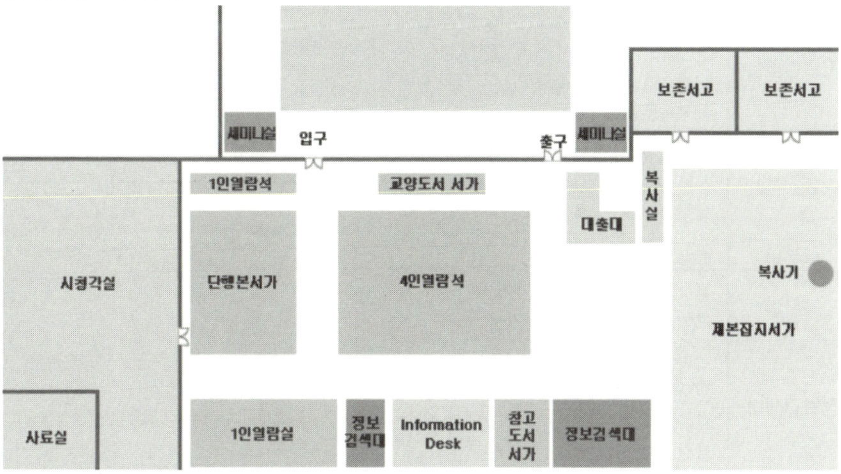</td></tr>
<tr><td>설비</td><td colspan="4">• 업무용 PC : 10대
• 검색용 PC : 6대</td></tr>
</table>

도서관 소개

1994년에 의학도서실로 개관한 아주대학교 의학문헌정보센터는 1996년 현재의 위치인 아주대학교 의과대학 3층으로 개축 이전하였으며, 1999년에 이르러 의학문헌정보센터로 개칭하였다.

아주대학교 의학문헌정보센터는 60,000여 권의 장서를 소장하고 있으며, 매해 9,000여 종의 인쇄 및 전자저널과 같은 다양한 온라인 데이터베이스 및 e-Book을 구독하고 있다. 시청각실에서는 강의실, 세미나실, 회의실의 영상·음향 장비관리, 포스터 제작서비스 등을 지원하고 있다.

2010년 12월 OAK-R사업에 참여하여 AJOU Open Repository시스템을 구축하였으며 2013년부터는 논문교정, 멀티미디어서비스 등 다양한 연구지원서비스를 제공하고 있다.

시설

아주대학교 의학문헌정보센터의 시설은 크게 자료열람실, 시청각실, 사료실, 복사실, 정보검색대, 대출대, Information Desk 등 7개로 나누어 볼 수 있다.

구분	내용
자료열람실	1인용, 4인용 열람석을 갖추고 있으며 의학도서, 국내외 학술잡지, 교양도서, 교양잡지, 주요 일간지를 열람할 수 있음
시청각실	포스터 제작, Medical Illustration서비스를 제공하며, 수업에 필요한 각종 시청각 기자재를 대여할 수 있음
사료실	의료원 사료를 보관하고 있음
복사실	복사기, 프린터기가 설치되어 있어 자료의 복사 및 출력이 가능
정보검색대	의학문헌검색, 전자정보원 이용, 국회전자도서관/국립중앙도서관 자료검색, 자료출력, Scanning 등을 할 수 있는 공간
대출대	정보센터 소장 자료의 대출/반납이 이루어지는 곳
Information Desk	전자저널, e-Book, 각종 DB 등 자료 이용에 대한 문의를 할 수 있음

제공서비스

■ 리포지터리

2010년 12월 OAK-R사업 참여를 통해 구축한 AJOU Open Repository는 의료원에서 발행되는 각종 자료의 체계적 수집·관리·보존을 목적으로 한다. 현재 의료원에서 생산된 학술논문, 학위논문, 연구보고서, 출판물 등 약 10,000여 건의 데이터가 등록되어 있으며, 전 세계의 이용자들이 무료로 접근하여 이용할 수 있다.

■ 논문교신정정

투고 전 해당 저널의 투고규정에 맞게 논문의 형식을 검토하여 수정해 주는 서비스를 제공한다.

■ 메디컬 일러스트레이션 서비스

[Medical Illustration 의뢰 및 진행 순서]

구분	내용
참고자료	참고할 자료와 이미지 파일 준비
방문 & 상담	시청각실에 방문하여 그림 내용과 일정 등 논의
그림 작업	시안 확인 및 수정사항 체크
완성 및 수정	• 완성된 이미지 확인 • 추가 수정사항 회신

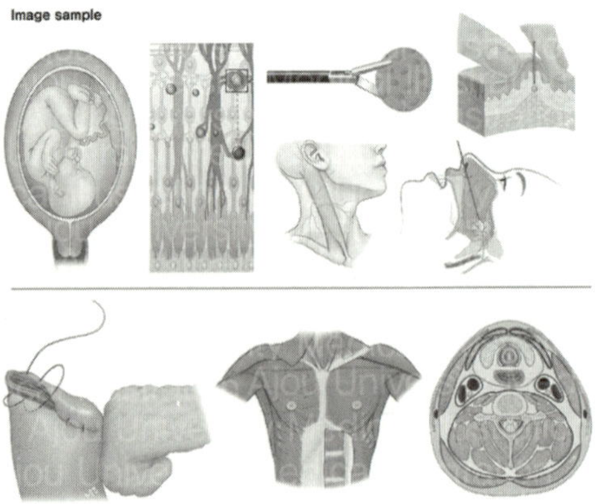

[메디컬 일러스트레이션 예시]

의학문헌정보센터에서는 복잡한 생물학정보와 의학지식을 명확하고 쉽게 전달할 수 있는 메디컬 일러스트레이션 서비스를 제공하고 있다. 학술지 논문용 Figure, 학회 발표용 · 강의용 · 교육용 이미지 등을 제작할 수 있다.

▪ 포스터자료실

의학문헌정보센터에서는 이용자의 편의를 위하여 학회 발표용 템플릿을 제작하여 제공하고 있다. 포스터, 프레젠테이션, 엠블럼 & 시그니처 등의 템플릿을 제공한다.

[제공 템플릿 예시안]

출처

아주대학교 의학문헌정보센터
 http://medlib.ajou.ac.kr
국가도서관 통계시스템
 https://www.libsta.go.kr

연세대학교 원주의학도서관

<table>
<tr><td>분류</td><td colspan="2">대학도서관</td><td>개관년도</td><td colspan="2">1979</td></tr>
<tr><td>주소</td><td colspan="5">(26426) 강원도 원주시 일산로 20번지</td></tr>
<tr><td>홈페이지</td><td colspan="5">http://ywmlib.yonsei.ac.kr</td></tr>
<tr><td>전화번호</td><td colspan="5">033-741-0783</td></tr>
<tr><td>팩스</td><td colspan="5">033-732-9414</td></tr>
<tr><td rowspan="3">운영시간</td><td>구분</td><td>평일</td><td>토요일</td><td colspan="2">일요일 및 공휴일</td></tr>
<tr><td>학기 중</td><td>07:30~22:00</td><td>08:30~12:30</td><td colspan="2" rowspan="2">휴관</td></tr>
<tr><td>방학 중</td><td>08:30~17:30</td><td>휴관</td></tr>
<tr><td>이용대상</td><td colspan="5">• 연세대학교 원주 연세의료원 교직원, 대학원 및 대학의 재학생
• 동문 및 관장이 허가한 외부인
• 방학기간에 한해 관장이 허가한 교직원 자녀는 자유열람실 이용가능</td></tr>
</table>

<table>
<tr><td rowspan="9">장서</td><td rowspan="2">구분</td><td colspan="4">인쇄자료</td><td colspan="2">e-Book</td></tr>
<tr><td colspan="2">동양서</td><td colspan="2">서양서</td><td>동양서</td><td>서양서</td></tr>
<tr><td>장서 수</td><td colspan="2">39,019</td><td colspan="2">56,155</td><td>2,587</td><td>5,594</td></tr>
<tr><td>합계</td><td colspan="4">95,174권</td><td colspan="2">8,181권</td></tr>
<tr><td rowspan="3">구분</td><td colspan="5">잡지</td><td rowspan="3">신문</td></tr>
<tr><td rowspan="2">전자잡지</td><td colspan="2">인쇄잡지</td><td colspan="2">교양잡지</td></tr>
<tr><td>동양서</td><td>서양서</td><td>동양서</td><td>서양서</td></tr>
<tr><td>장서 수</td><td rowspan="2">18패키지</td><td>224</td><td>9</td><td>16</td><td>1</td><td rowspan="2">9종</td></tr>
<tr><td>합계</td><td colspan="2">233종</td><td colspan="2">17종</td></tr>
<tr><td>분류체계</td><td colspan="7">DDC</td></tr>
<tr><td>인적자원</td><td colspan="7">인력 현황 : 6명(관장 1명, 차장 2명, 과장 2명, 사원 1명)</td></tr>
<tr><td>시설</td><td colspan="7">• 전체면적 : 2,131㎡(645평)
• 좌석 : 585석</td></tr>
<tr><td>설비</td><td colspan="7">• 업무용 PC : 6대
• 검색용 PC : 34대</td></tr>
</table>

도서관 소개

연세대학교 원주의학도서관은 연세대학교 의과대학 원주분교가 개설된 이후 개관하여, 전산화, 상호대차 등을 통해 이용자의 연구 및 학습을 지원하고 있다.

제공서비스

▪ 연구논문지원

연세대학교 원주의학도서관에서 제공하는 연구논문지원서비스는 국내외 연구논문작성 시 해당 학술지의 투고규정에 맞게 논문의 형식과 인용표기 및 출처 형식을 수정해 주는 서비스이다. 제1저자를 기준으로 연세대학교 원주의과대학, 원주기독병원 교직원이 작성한 국내외 학술지 투고논문과 영문교정이 끝나 최종 완성된 논문을 신청대상으로 한다. 학위논문과 석·박사 학위과정 학생의 논문은 신청대상에서 제외되며 홈페이지를 통해 신청한 뒤 서비스를 제공받는다.

▪ 유용한 사이트

국내외 의학 관련 기관의 리스트와 링크정보를 제공하는 서비스로, '의과·치과·간호·해외대학', '의학도서관', '의학관련기관/협회', '국내외 병원', '의약학정보/통계/사전', '출판사/의학신문', '의학검색 사이트' 등 총 7개의 범주로 구성되어 있다.

▪ 이용자교육

연세대학교 원주의학도서관에서는 이용자의 정보이용 활성화를 위해 EndNoteX9 초급/중급, Scopus 교육, S2Journal Plus, Pubmed교육 등의 교육을 제공하고 있다.

출처

연세대학교 원주의학도서관
http://ywmlib.yonsei.ac.kr
국가도서관 통계시스템
https://www.libsta.go.kr

연세대학교 의학도서관

<table>
<tr><td>분류</td><td colspan="3">대학도서관</td><td colspan="2">개관년도</td><td colspan="2">1908</td></tr>
<tr><td>주소</td><td colspan="7">(03722) 서울특별시 서대문구 연세로 50-1</td></tr>
<tr><td>홈페이지</td><td colspan="7">https://ymlib.yonsei.ac.kr</td></tr>
<tr><td>전화번호</td><td colspan="7">02-2228-2913</td></tr>
<tr><td>팩스</td><td colspan="7">02-365-3098</td></tr>
<tr><td>운영시간</td><td colspan="7">08:00~19:00(학기 중), 08:00~17:30(방학 중), 토/일 및 공휴일 휴관</td></tr>
<tr><td>이용대상</td><td colspan="7">• 의료원의 교직원, 의과대학·치과대학·간호대학의 학부 및 대학원생, 보건대학원·간호대학원 대학원생 및 부설기관의 재학생
• 관장이 인정하는 외부인사
• 한국의학도서관협회가 발행한 증명이 있는 사람
• 타대학 열람의뢰증 소지자</td></tr>
<tr><td rowspan="4">장서</td><td rowspan="2">구분</td><td rowspan="2">장서</td><td colspan="2">연속간행물</td><td colspan="3">전자자료</td></tr>
<tr><td>동서</td><td>양서</td><td>DB</td><td>E-J</td><td>e-Book</td></tr>
<tr><td rowspan="2">장서 수</td><td rowspan="2">21만 3천여 권</td><td>248종</td><td>314종</td><td rowspan="2">15종</td><td rowspan="2">10,840여 종</td><td rowspan="2">53,000여 권</td></tr>
<tr><td colspan="2">562종</td></tr>
<tr><td>인적자원</td><td colspan="7">인력 현황 : 12명(도서관장 1명, 팀장 1명, 차장 1명, 과장 3명, 사서 4명, 일반직 2명)</td></tr>
<tr><td rowspan="6">시설</td><td colspan="7">• 전체면적 : 4,298㎡
• 좌석 : 510석</td></tr>
<tr><td>구분</td><td colspan="6">내용</td></tr>
<tr><td>1층</td><td colspan="6">사서팀 사무실, 대출대, 의예과 학생라운지, 보존서고</td></tr>
<tr><td>2층</td><td colspan="6">정기간행물(1966년 이후 및 시리즈) 및 신간 열람실, 복사실</td></tr>
<tr><td>3층</td><td colspan="6">단행본, 열람실, 학생자율학습실</td></tr>
<tr><td>4층</td><td colspan="6">정기간행물(1965년 이전), 학생자율학습실</td></tr>
<tr><td>설비</td><td colspan="7">• 업무용 PC : 21대
• 검색용 PC : 34대</td></tr>
<tr><td>대출</td><td colspan="7">• 대출 : 33,106회
• 열람 : 136,546명
• 전자자료 이용 : 2,426,174회</td></tr>
</table>

도서관 소개

1908년 11월 세브란스의학교 도서실로 시작한 연세대학교 의학도서관은 1962년 신촌캠퍼스로 이전한 뒤 1983년 '연세대학교 의학도서관'으로 개칭과 함께 독립 단위기관으로 승격하였다. 2012년에는 기관 리포지터리인 YUHSpace를 설치하고 운영하기 시작하였으며, 2013년부터는 다양한 연구지원서비스를 운영하는 등 최고이자 최초의 의학도서관으로 발전하기 위해 노력하고 있다.

연세대학교 의학도서관은 "최적의 의료정보서비스로 연세인의 교육, 연구, 진료활동을 지원하는 창조적 지식센터가 된다"라는 사명과 함께 3개의 비전을 가지고 있다.

구분	내용
VISION1	연세의료원이 사명을 실현하여 인류사회에 공헌할 수 있도록 최적의 정보 및 서비스를 제공하는 지식의 길잡이가 된다.
VISION2	연세인이 언제 어디서나 디지털자료에 접근가능한 미래지식센터가 된다.
VISION3	의료정보를 자유롭게 교류하는 창조적 문화공간이 된다.

제공서비스

연세대학교 의학도서관의 연구지원서비스는 크게 5가지로 구분하여 제공하고 있다.

구분	내용
YMLib 가이드	• 주제별 가이드 • 서비스가이드
이용교육	• 교육신청 • 교육과목 • 동영상교육 • 학술논문쓰기전략 • 검색메뉴얼
논문작성 가이드	• 논문작성 • 연구윤리/저작권 • Turnitin, Copykiller • 투고규정, 투고료 할인 • 내 논문에 적합한 학술지 찾기 • 주의해야 할 학술지
EndNote	• EndNote 설치 • EndNote 가이드 • Style & Template • Style 신청
연구성과	• 연구논문 성과분석 • 연구논문 성과분석 신청 • ORCID 논문관리서비스 • YUHS 연구동향 • 인용정보DB • 평가지표 • 등재학술지 • Impact Factor Ranking

이 중 특징적인 서비스를 살펴보면 다음과 같다.

▪ YMLib가이드

'YMLib가이드'는 도서관에서 제공하는 연구지원 서비스의 일환으로, 주제별 가이드와 서비스가이드로 구분된다.

주제별 가이드는 현재 32개의 주제에 대한 학습 및 연구가이드를 제공하고 있으며, 서비스가이드는 10개의 자료 유형 및 도서관서비스에 대한 이용가이드를 제공하고 있다.

▪ 이용교육

연세대학교 의학도서관 이용자들의 효율적인 정보 활용을 도모하기 위해 다양한 교육을 제공하고 있다.

구분	내용
PubMed 기초/활용	기본적인 검색방법을 설명 다양한 검색 Tip 제시, My NCBI를 이용한 My Page 관리방법
EndNote 초급/활용	기본적인 사용법 습득부터 유용한 부가기능 안내
홈페이지	통합검색, Electronic Resource 이용, My Library 등 홈페이지 주요 기능을 중심으로 사용방법 설명
Mendeley	연구자의 SNS를 기반으로 한 Scholar Network 도구인 Mendeley 사용법 습득
EBM Database	구독 중인 EBM 관련 Database의 안내와 검색법을 설명
SCI/JCR, Web of Science	SCI와 SCIE 수록잡지 검색방법, JCR의 Impact Factor 검색방법, Web of Science의 검색방법과 인용정보 확인, 분석방법
Scopus	검색방법, 인용정보 확인방법
전자자료 활용	e-Book, CINAHL, Clinical Key, 기타 구독 Database에 관한 안내
Turnitin	Turnitin 개념, 이용자등록방법, 논문제출 및 표절분석보고서 이용방법

▪ 연구논문분석

'연구논문분석'서비스는 개별 연구자 및 교실, 대학의 연구 현황을 파악하고 연구 경쟁력 강화를 위해 실시하고 있는 서비스이다.

[제공하는 서비스]
- 연구논문 성과분석, 연구논문 성과분석 신청, ORCID 논문관리서비스, YUHS 연구동향, 인용정보DB, 평가지표, 등재학술지/Impact Factor Ranking

YRI(연세통합연구업적시스템)에 등록된 논문을 대상으로, Web of Science와 Scopus의 피인용 횟수를 대상으로 수집·가공한 정보를 보고서 형식으로 제공한다.

개인 연구자 중에서는 의과대학·치과대학·간호대학·보건대학원 교원과 대학원생만 신청이 가능하며, 개인 연구자에게는 논문목록, 피인용 횟수, h-Index, Impact Factor 등의 정보를 제공한다.

교실, 대학 단위의 신청은 의과대학·치과대학·간호대학·보건대학원 소속 교실에 한하며, 교실은 주임교수, 대학은 학장의 명의로 신청해야 한다. 교실, 대학 단위의 신청자에게는 논문 수, 피인용 수, Impact Factor, 상위 5개 대학 비교분석 등의 정보를 제공한다.

출처

연세대학교 의학도서관
https://ymlib.yonsei.ac.kr
국가도서관 통계시스템
https://www.libsta.go.kr

영남대학교 의과대학 의학도서관

<table>
<tr><td>분류</td><td colspan="3">대학도서관</td><td>개관년도</td><td>1981</td></tr>
<tr><td>주소</td><td colspan="5">(42415) 대구광역시 남구 현충로 170</td></tr>
<tr><td>홈페이지</td><td colspan="5">http://medlib.yu.ac.kr</td></tr>
<tr><td>전화번호</td><td colspan="5">053-640-6834</td></tr>
<tr><td>팩스</td><td colspan="5">053-651-0394</td></tr>
<tr><td>운영시간</td><td colspan="5">평일 08:30~17:30, 토/일 및 공휴일 휴관</td></tr>
<tr><td>이용대상</td><td colspan="5">• 영남대학교 교수
• 영남대학교의료원 전공의, 직원
• 영남대학교 학생</td></tr>
<tr><td rowspan="9">장서</td><td colspan="2">구분</td><td colspan="2">장서 수</td><td>계</td></tr>
<tr><td rowspan="2">단행본</td><td>국내</td><td colspan="2">11,532권</td><td rowspan="4">28,471권</td></tr>
<tr><td>국외</td><td colspan="2">1,942권</td></tr>
<tr><td colspan="2">e-Book</td><td colspan="2">1,232권</td></tr>
<tr><td colspan="2">제본잡지</td><td colspan="2">13,765권</td></tr>
<tr><td rowspan="2">연속간행물</td><td>책자</td><td colspan="2">249종</td><td rowspan="2">9,602종</td></tr>
<tr><td>전자</td><td colspan="2">9,353종</td></tr>
<tr><td colspan="2">학술DB</td><td colspan="2">5종</td><td>5종</td></tr>
<tr><td colspan="5"></td></tr>
<tr><td>분류체계</td><td colspan="5">NLMC</td></tr>
<tr><td>인적자원</td><td colspan="5">인력 현황 : 4명(도서관장 1명, 주임사서 1명, 사서 2명)</td></tr>
<tr><td>시설</td><td colspan="5">전체면적 : 742㎡</td></tr>
<tr><td>설비</td><td colspan="5">총 6대의 컴퓨터 운용
• 인터넷을 비롯한 오피스 등 기본 프로그램이 설치되어 있으며 논문작성지원용 소프트웨어 EndNote가 설치된 컴퓨터 1대
• 통계소프트웨어 SPSS 설치된 컴퓨터 2대
• 병원통합정보시스템(OCS) 전용 컴퓨터 3대</td></tr>
</table>

도서관 소개

1981년 의과대학 분관으로 시작된 영남대학교 의과대학 의학도서관은 1995년부터 의학도서실에서 의학도서관으로 승격되어 운영되고 있다. 약 3만 권의 장서를 보유하고 있으며, 다양한 전자정보원 구독을 통해 이용자들에게 보다 신속하고 다양한 정보를 전달하고 있다.

제공서비스

▪ 논문 형식 점검서비스

원내 교직원이 저자인 국내외 학술지 투고 논문(영문교정 끝난 최종본)에 대해 학술지 투고규정을 기준으로 논문의 구성요소별 세부 형식(title page, 본문, references, tables, figure legends)과 인용 및 참고문헌 형식 그리고 이미지를 학술지의 규정에 맞게 수정하여 제공하는 서비스이다.

■ EndNote 도입

2018년 12월부터 논문작성을 위한 서지관리프로그램 EndNote를 도입하여 운영하고 있다. EndNote는 네트워크 버전으로 의료원 교직원과 의과대학(원)생 모두 이용이 가능하다.

■ 이용자교육

표절방지프로그램 Turnitin 이용교육, UpToDate 이용교육, EndNote 초급/중급 등의 교육을 실시하고 있다.

출처

영남대학교 의과대학 의학도서관
http://medlib.yu.ac.kr

영남대학교 중앙도서관
http://slima.yu.ac.kr/lib

국가도서관 통계시스템
https://www.libsta.go.kr

울산대학교 아산의학도서관

분류	대학도서관		개관년도	1991
주소	(05505) 서울특별시 송파구 올림픽로 43길 88			
홈페이지	https://aml.amc.seoul.kr			
전화번호	02-3010-4225			
팩스	02-3010-4229~4230			
운영시간	평일 08:30~21:00, 토요일 08:30~17:30, 일요일 및 공휴일 휴관			
이용대상	• 서울아산병원 및 아산생명과학연구원 직원 • 울산대학교 의과대학, 대학원 임직원 및 학생 • 한국의학도서관협회 회원(회원증 소지자에 한함)			
장서	구분		장서 수	계
	단행본	국내	17,326권	115,922권
		국외	17,009권	
	e-Book		12,590권	
	제본잡지		68,997권	
	연속간행물	책자	252종	9,983종
		전자	9,731종	
	학술DB		21종	21종
분류체계	DDC			
인적자원	인력 현황 : 12명(관장 1명, 실장 1명, 차장 1명, 과장 3명, 대리 1명, 주임 3명, 사서 2명)			
시설	전체면적 : 약 1,980㎡			
설비	• 업무용 PC : 12대 • 검색용 PC : 30대			

도서관 소개

1991년 울산대학교 의과대학의 설립과 더불어 개관한 울산대학교 아산의학도서관은 2004년 12월에 현재의 위치로 이전하였으며 지하 1층과 지상 1층으로 구성되어 있다. 의과대학 교수 및 임직원, 학생들의 교육, 연구 등에 필요한 자원을 제공하는 것을 목적으로 하며 국내외 다양한 의학전문자료의 소장 및 구독을 통하여 국제적 수준의 최신의학정보를 제공하고 있다.

제공서비스

울산대학교 아산의학도서관은 이용자들이 필요로 하는 전문적인 의학정보를 신속, 정확하게 제공하기 위하여 전문적인 서비스를 제공하고 있다.

■ 연구업적분석서비스

'연구업적분석서비스'는 Web of Science, Scopus, Journal Citation Reports를 이용하여 공적으로 필요한 개인 · 부서 · 기관별 인용 현황조사와 신청자 본인의 연구업적에 대한 특정 연구논문 피인용 현황조사, 특정 학술지의 SCI 등재 여부, Impact Factor 정보 등 인용 관련 정보를 제공하는 서비스이다.

- **지방병원서비스**

'지방병원서비스'는 아산재단 산하 정읍, 보령, 홍천, 보성, 금강, 영덕아산병원의 의료진에게 제공되는 서비스로, 원문제공, SDI, 주제검색, 논문작성지원서비스 등을 제공하여 임상 및 연구활동을 지원하는 것을 운영목적으로 한다.

교육

정기교육으로 8월, 12월을 제외한 매월 8개 과목의 교육을 운영한다. Pubmed, Embase, EndNote, SR 및 진료지침개발을 위한 논문검색법, 도서관 이용 안내, 인용정보 등을 교육에서 다룬다.

출처

울산대학교 아산의학도서관
https://aml.amc.seoul.kr
국가도서관 통계시스템
https://www.libsta.go.kr

원광대학교 의학도서실

<table>
<tr><td>분류</td><td colspan="3">대학도서관</td><td>개관년도</td><td>1984</td></tr>
<tr><td>주소</td><td colspan="5">(54538) 전라북도 익산시 익산대로 460</td></tr>
<tr><td>홈페이지</td><td colspan="5">http://elibrary.wku.ac.kr/lib/med/MedMain.csp</td></tr>
<tr><td>전화번호</td><td colspan="5">063-850-5470, 5479</td></tr>
<tr><td>팩스</td><td colspan="5">063-850-5471</td></tr>
<tr><td>운영시간</td><td colspan="5">평일 09:00~22:00, 토요일 09:00~17:00, 일요일 휴실</td></tr>
<tr><td>이용대상</td><td colspan="5">• 원광대학교의 교직원 및 재단 임직원
• 원광대학교의 재학생
• 기타 관장의 승인을 얻은 자</td></tr>
<tr><td rowspan="9">장서</td><td colspan="2">구분</td><td colspan="2">장서 수</td><td>계</td></tr>
<tr><td rowspan="2">단행본</td><td>국내</td><td colspan="2">68,497권</td><td rowspan="4">127,513권</td></tr>
<tr><td>국외</td><td colspan="2">17,382권</td></tr>
<tr><td colspan="2">e-Book</td><td colspan="2">2,549권</td></tr>
<tr><td colspan="2">제본잡지</td><td colspan="2">39,085권</td></tr>
<tr><td rowspan="2">연속간행물</td><td>책자</td><td colspan="2">215종</td><td rowspan="2">6,084종</td></tr>
<tr><td>전자</td><td colspan="2">5,869종</td></tr>
<tr><td colspan="2">학술DB</td><td colspan="2">30종</td><td>30종</td></tr>
<tr><td>분류체계</td><td colspan="5">KDC</td></tr>
<tr><td>인적자원</td><td colspan="5">인력 현황 : 3명(관장 1명, 과장 1명, 담당관 1명)</td></tr>
<tr><td>시설</td><td colspan="5">전체면적 : 961.20㎡</td></tr>
<tr><td>설비</td><td colspan="3">• 업무용 PC : 7대</td><td colspan="2">• 검색용 PC : 10대</td></tr>
<tr><td>대출</td><td colspan="5">대출권수 : 8,470권</td></tr>
</table>

도서관 소개

1984년 '의학계 도서실'이라는 명칭으로 의과대학 1층에 신설되었던 원광대학교 의학도서실은 의학 관련 전반적인 서비스를 담당하고 있다. 현재는 의학도서운영과라는 하나의 부서가 원광대학교 의학도서실의 운영을 담당하며 의학, 한의학, 치의학, 약학 관련 전공도서와 참고도서, 연속간행물, 석·박사 학위논문을 소장하고, 의학 관련 자료 원문복사서비스를 제공한다.

[원광대학교 중앙도서관 전경]

제공서비스

■ 연구지원서비스

주제, 이용대상에 따라 맞춤서비스로 제공하는 '연구지원서비스'는 교내 구성원의 연구지원 요구에 대한 종합적 맞춤서비스다.

교수, 대학원생, 직원, 학부생 등 이용대상에 따라 제공하는 내용이 달라지며, 이용대상별 제공서비스는 다음과 같다.

[이용대상별 연구지원서비스]

구분	내용
교수	• 학술논문작성 시 선행연구에 필요한 자료지원과 서지 제공 • 그 외 연구에 필요한 정보자료 제공 및 정보활용에 대한 이용자교육
대학원생	• 학위논문작성 시 선행연구에 필요한 자료지원과 서지 제공 • 그 외 연구에 필요한 정보자료 제공 및 정보활용에 대한 이용자교육
직원	업무 추진 및 과제 수행에 필요한 정보자료 제공
학부생	• 리포트작성 시 리포트자료 수집과 구성에 대한 컨설팅, 필요한 자료지원과 서지 제공 • 도서관의 다양한 전자정보원과 학습활용에 대한 이용자교육

■ 연구작성가이드

연구작성가이드로 RefWorks, EndNote(Web), 논문작성법 동영상 등을 제공한다.

구분	내용
RefWorks	• 웹기반 참고문헌 및 연구정보 관리도구 • RISS, ProQuest, Science Direct, DBPIA, KISS, 구글스칼라 등 • 국내외 학술DB에서 검색한 결과를 레퍼런스 문헌으로 저장하여 개인만의 연구정보 데이터베이스
EndNote (Web)	• 논문작성 서지관리프로그램으로 논문작성 시 참고문헌, 그림 및 표 목차정보를 자동으로 생성 • 세계 유수 저널에 대한 템플릿을 제공, 저널에서 요구하는 형식에 맞추어 쉽고 빠르게 논문작성 가능
논문작성법 동영상	논문 작성단계와 개요, 도서관을 활용한 자료조사, 논문의 양식과 구성, 인용문과 참고문헌 기재 형식에 대한 영상자료

■ 외국학술지지원센터(FRIC)

교육부와 한국교육학술정보원(KERIS)에서는 외국학술지의 기관별 중복 구독을 배제하고 외국학술자료를 국가 차원에서 공동활용의 기반을 조성할 취지 아래 외국학술지지원센터사업을 추진하고 있다. 이용자들은 10개 주제분야 지원센터 소장자료에 대하여 원문복사에서 우편까지 전액 무료로 이용할 수 있다.

[외국학술지지원센터 및 분야]

구분	내용
강원대학교	생명공학
경북대학교	전기 · 전자 · 컴퓨터 · 정보공학
경상대학교	환경 · 에너지
고려대학교	인문학
부산대학교	기술과학
서울대학교	자연과학
연세대학교	임상의학
전북대학교	농축산학
이화여자대학교	교육 · 사회 · 예체능
충남대학교	행정 · 경영학

출처

원광대학교 의학도서실
http://elibrary.wku.ac.kr/lib/med/MedMain.csp

원광대학교 중앙도서관
http://elibrary.wku.ac.kr

국가도서관 통계시스템
https://www.libsta.go.kr

원광보건대학교 도서관

<table>
<tr><td>분류</td><td colspan="2">대학도서관</td><td>개관년도</td><td>1976</td></tr>
<tr><td>주소</td><td colspan="4">(54538) 전라북도 익산시 익산대로 514</td></tr>
<tr><td>홈페이지</td><td colspan="4">http://library.wu.ac.kr</td></tr>
<tr><td>전화번호</td><td colspan="4">063-840-1162~4</td></tr>
<tr><td>팩스</td><td colspan="4">063-840-1160</td></tr>
<tr><td>운영시간</td><td colspan="4">평일 09:00~18:00, 토/일요일 및 공휴일 휴관</td></tr>
<tr><td>이용대상</td><td colspan="4">• 원광보건대학교 교원
• 원광보건대학교 직원 및 조교
• 원광보건대학교 외래강사
• 원광학원 임직원
• 원광보건대학교 재학생</td></tr>
<tr><td rowspan="3">장서</td><td>구분</td><td>국내서</td><td>동양서</td><td>서양서</td></tr>
<tr><td>장서 수</td><td>111,805</td><td>1,608</td><td>10,314</td></tr>
<tr><td>합계</td><td colspan="3">123,727권</td></tr>
<tr><td>분류체계</td><td colspan="4">KDC</td></tr>
<tr><td>인적자원</td><td colspan="4">인력 현황 : 4명(관장 1명, 팀장 1명, 주무관 1명, 팀원 1명)</td></tr>
<tr><td rowspan="6">시설</td><td colspan="4">• 전체면적 : 2,856㎡
• 좌석 : 486석</td></tr>
<tr><td>구분</td><td colspan="3">내용</td></tr>
<tr><td>1층</td><td colspan="3">자유열람실, 그룹스터디룸, 휴게실</td></tr>
<tr><td>2층</td><td colspan="3">자유열람실, 그룹스터디룸</td></tr>
<tr><td>3층</td><td colspan="3">정보자료실</td></tr>
<tr><td>4층</td><td colspan="3">논문정간실 보존서고</td></tr>
<tr><td>설비</td><td colspan="4">• 업무용 PC : 6대
• 검색용 PC : 3대</td></tr>
</table>

도서관 소개

1976년 원광보건대학 과제도서실로 시작된 원광보건대학교 도서관은 1988년에 도서관으로 개칭하였다. 원광보건대학교 도서관은 대학의 교육목표 달성을 위한 학술정보의 수집 · 정리 · 분석 · 보존 · 축적과 연구 및 학습활동에 대한 원활한 지원, 다른 도서관과의 협력, 정보망을 통한 학술자료의 제공, 도서관 이용의 체계적 지도, 기타 대학도서관으로서의 기능 등을 수행하고자 한다.

제공서비스

■ 국가고시 대비 문제집 별치

원광보건대학교 도서관에서는 국가고시 관련 학과 학생들의 문제집 구입에 대한 부담을 줄이고 학습을 돕기 위하여 국가고시 대비 문제집을 구입하여 서가에 배치하였다. 현재는 간호학과, 임상병리과, 치기공과, 치위생과, 의무행정과, 안경광학과, 식품영양과, 의무부사관과, 물리치료과, 방사선과 총 10개의 학과를 대상으로 서비스를 제공하고 있다.

출처

원광보건대학교 도서관
http://library.wu.ac.kr
국가도서관 통계시스템
https://www.libsta.go.kr

이화여자대학교 의학도서관

<table>
<tr><th>분류</th><td colspan="2">대학도서관</td><th colspan="2">개관년도</th><td colspan="2">1994</td></tr>
<tr><th>주소</th><td colspan="6">(07985) 서울특별시 양천구 안양천로 107 1-1 의학관 A동 지하 1층</td></tr>
<tr><th>홈페이지</th><td colspan="6">https://lib.ewha.ac.kr/local/html/libraryAnnex_05</td></tr>
<tr><th>전화번호</th><td colspan="6">02-2650-5771</td></tr>
<tr><th>팩스</th><td colspan="6">02-2650-5772</td></tr>
<tr><th>운영시간</th><td colspan="6">• 학기 중 09:00~18:00, 방학 중 09:00~17:00
• 토/일 및 공휴일 휴관</td></tr>
<tr><th>이용대상</th><td colspan="6">• 이화여자대학교 의학전문대학원 학생
• 이화여자대학교 의학전문대학원 교수
• 의료원 교직원</td></tr>
<tr><th rowspan="3">장서</th><th rowspan="2">구분</th><th rowspan="2">단행본</th><th colspan="2">국내외 학술지</th><th rowspan="2">학술DB</th><th rowspan="2">비도서</th></tr>
<tr><th>전자저널</th><th>인쇄저널</th></tr>
<tr><th>자료 수</th><td>20,700여 권</td><td>2,300여 종</td><td>923종</td><td>4종</td><td>491점</td></tr>
<tr><th>분류체계</th><td colspan="6">DDC</td></tr>
<tr><th>인적자원</th><td colspan="6">인력 현황 : 2명(사서 1명, 준사서 1명)</td></tr>
<tr><th>시설</th><td colspan="6">전체면적 : 715.17㎡
좌석 : 74석

</td></tr>
<tr><th>설비</th><td colspan="6">• 업무용 PC : 6대
• 검색용 PC : 10대</td></tr>
</table>

도서관 소개

이화여자대학교 의학도서관은 1993년 목동병원이 개원되면서 의과대학이 목동으로 이전함에 따라 의과대학 교수 및 학생과 목동병원의 진료활동을 지원하기 위하여 1994년 1월 설립되었다.
소장자료는 기초의학(인체해부학, 생리학, 생화학, 약리학, 병리학, 미생물학) 및 임상의학(내과학, 외과학, 산부인과학, 소아청소년과학, 정신건강의학 등) 관련 자료와 의료윤리, 보건 및 의료관계 법규, 통계 등 병원행정 관련 자료, 경영서비스에 관련된 자료, 컴퓨터서적 및 교양서적 등을 보유하고 있다.

출처

이화여자대학교 의과대학·의학전문대학원
http://www.ewhamed.ac.kr
이화여자대학교 도서관
http://lib.ewha.ac.kr
국가도서관 통계시스템
https://www.libsta.go.kr

인제대학교 의학도서관

<table>
<tr><td>분류</td><td colspan="2">대학도서관</td><td>개관년도</td><td>1979</td></tr>
<tr><td>주소</td><td colspan="4">(47392) 부산광역시 부산진구 복지로75</td></tr>
<tr><td>홈페이지</td><td colspan="4">http://medline.inje.ac.kr</td></tr>
<tr><td>전화번호</td><td colspan="4">051-894-2880</td></tr>
<tr><td>팩스</td><td colspan="4">051-894-4500</td></tr>
<tr><td>운영시간</td><td colspan="4">• 평일 09:00~19:00(학기 중), 09:00~17:00(방학 중)
• 토/일 및 공휴일 휴관</td></tr>
<tr><td>이용대상</td><td colspan="4">• 인제대학교 의과대학 소속 재학생 및 교직원
• 인제대학교 김해캠퍼스 소속 재학생 및 교직원
• 부산백병원 소속직원</td></tr>
<tr><td rowspan="8">장서</td><td colspan="2">구분</td><td>장서 수</td><td>계</td></tr>
<tr><td rowspan="2">단행본</td><td>국내</td><td>7,744권</td><td rowspan="4">21,892권</td></tr>
<tr><td>국외</td><td>962권</td></tr>
<tr><td colspan="2">e-Book</td><td>3,063권</td></tr>
<tr><td colspan="2">제본잡지</td><td>10,123권</td></tr>
<tr><td colspan="2">연속간행물</td><td>17,152종</td><td>17,152종</td></tr>
<tr><td colspan="2">학술DB</td><td>33종</td><td>33종</td></tr>
<tr><td colspan="4"></td></tr>
<tr><td>분류체계</td><td colspan="4">DDC</td></tr>
<tr><td>인적자원</td><td colspan="4">인력 현황 : 4명(의학도서관장 1명, 사서과장 1명, 사서직원 2명)</td></tr>
<tr><td>시설</td><td colspan="4">전체면적 : 460㎡
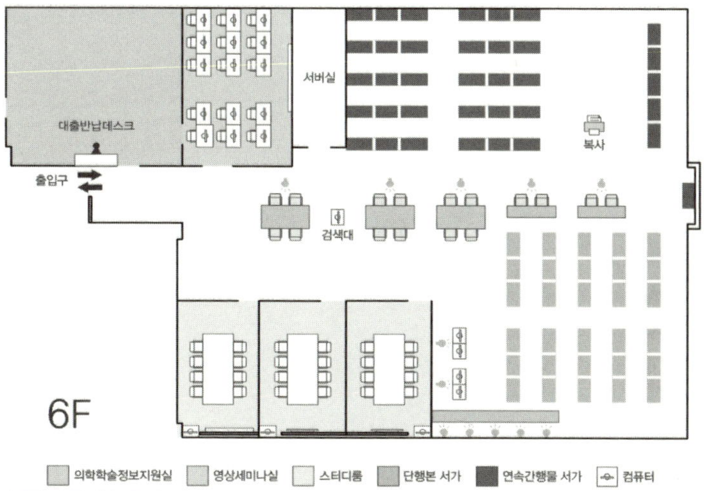</td></tr>
<tr><td>설비</td><td colspan="4">• 업무용 PC : 4대
• 검색용 PC : 5대</td></tr>
</table>

도서관 소개

1979년 인제의과대학의 개교와 더불어 개관된 인제대학교 의학도서관은 개관 당시 인제의과대학 부속 백병원도서관과 대학도서관으로 개관하였으나 1980년에 두 도서관은 병합되었다. 이용자들을 대상으로 다양한 의학 관련 서비스를 제공하고 있으며 영상세미나실, 스터디룸, 강당, LC룸, 세미나실 등의 공간 제공을 통해 이용자들의 학습 및 연구를 돕고 있다.

제공서비스

■ 논문작성지원

인제대학교 의학도서관의 '논문작성지원'서비스는 홈페이지를 통해 논문작성 시 활용가능한 다양한 정보를 제공하는 형태로 이루어진다. '논문작성참고', '학술지선정정보', 'Refworks', 'EndNote', '논문표절방지프로그램'으로 세부 메뉴가 구성되어 있으며, 해당 메뉴와 관련된 정보 및 참고정보원 링크서비스를 제공한다.

■ 의학과 수업 참고도서

인제대학교 의학도서관은 1학년, 2학년 대상 의과대학 전공필수과목 참고도서 목록을 제공한다.

학년구분	교과목명	제목	Edition(Year)	출판사	E-Book	단행본 소장위치
1학년	공통 (혈액과 종양, 소화기, 심장순환기, 호흡기)	Harrison's Principles of Internal Medicine	19th ed (2015)	McGraw-Hill	Access	WB115 H322h19 2015 (v.1), (v.2)
		Goldman-Cecil Medicine (Cecil Textbook of Medicine) ※ PDF 다운로드 방법 보기	25th ed (2016)	Elsevier Saunders	Access	WB100 C388c25 2016 (v.1), (v.2)
	심장순환기	Park's Pediatric Cardiology for Practitioners ※ PDF 다운로드 방법 보기	6th ed (2014)	Saunders, Elsevier	Access	WS290 P236p6 2014
		임상호흡기학	(1990)	일조각	없음	WF300 한66임 1990
	호흡기	호흡기학	(2004)	군자	없음	WF140 대91호 2004
		Murray and Nadel's Textbook of Respiratory Medicine ※ PDF 다운로드 방법 보기	6th ed (2016)	Saunders, Elsevier	Access	없음

교육

학습과 연구에 필요한 자료의 효율적인 활용을 위해 실시하는 이용교육은 인제대학교 의과대학 및 부산백병원에 소속된 교직원, 연구진, 대학원생, 재학생을 대상으로 한다.

교육은 내용과 대상에 따라 정기교육, 맞춤교육, 수업지원교육, 신입생·직원 오리엔테이션 4가지 유형으로 나누어지며, 주로 도서관 이용 안내, PubMed 검색 및 활용방법, EndNote, Refworks, EBM(Evidences-Based Medicine) DB(Cochrane Library, UpTodate) 안내 및 검색법, 기타 의학도서관 구독 학술DB 안내 및 검색법 등의 내용을 교육에서 다룬다.

출처

인제대학교 의학도서관
http://medline.inje.ac.kr
국가도서관 통계시스템
https://www.libsta.go.kr

인하대학교 의학도서관

<table>
<tr><td>분류</td><td>대학도서관</td><td>개관년도</td><td>1999</td></tr>
<tr><td>주소</td><td colspan="3">(22212) 인천광역시 미추홀구 인하로 100</td></tr>
<tr><td>홈페이지</td><td colspan="3">http://medlib.inha.ac.kr</td></tr>
<tr><td>전화번호</td><td colspan="3">032-860-9014</td></tr>
<tr><td>팩스</td><td colspan="3">032-862-3999</td></tr>
<tr><td>운영시간</td><td colspan="3">• 평일 09:00~18:00(학기 중), 09:00~17:00(방학 중)
• 토/일 및 공휴일 휴관</td></tr>
<tr><td>이용대상</td><td colspan="3">• 인하대학교 교수, 직원, 대학원생, 학부생
• 수련의(인턴, 레지던트)</td></tr>
<tr><td rowspan="6">장서</td><td>구분</td><td colspan="2">자료 수</td></tr>
<tr><td>단행본</td><td colspan="2">29,014</td></tr>
<tr><td>WebDB</td><td colspan="2">7</td></tr>
<tr><td>전자저널</td><td colspan="2">806</td></tr>
<tr><td>e-Book</td><td colspan="2">3,255</td></tr>
<tr><td>멀티미디어</td><td colspan="2">1,348</td></tr>
<tr><td>분류체계</td><td colspan="3">NLMC</td></tr>
<tr><td>인적자원</td><td colspan="3">인력 현황 : 4명(관장 1명, 실장 1명, 직원 2명)</td></tr>
<tr><td>시설</td><td colspan="3">• 전체면적 : 199㎡
• 좌석 : 19석</td></tr>
<tr><td>설비</td><td colspan="3">• 업무용 PC : 5대
• 검색용 PC : 10대</td></tr>
</table>

도서관 소개

인하대학교 의학도서관은 1999년 인하대병원 내 분관으로 개관하였으며, 2008년에 인하대병원도서관과 통합되었다. 2015년 8월 의학전문대학원이 인하대학교에 신축된 60주년기념관으로 이전함에 따라 2015년 9월부터는 의학도서관(기초의학)과 병원도서관(임상의학)으로 분리하여 운영되고 있다.
현재 인하대학교 의학도서관은 다양한 자료를 보유하고 있으며, 최신원문정보 및 연구동향을 온·오프라인으로 신속하게 제공함으로써 교원의 연구활동 및 학생들의 학습증진에 기여하고 있다.

제공서비스

▪ 문헌복사서비스

인하대학교 의학도서관에서 자료를 구입하는 데 필요한 예산의 한계를 줄이고 접근할 수 있는 정보의 양을 늘리기 위하여 제공하는 '문헌복사서비스'는 인하대학교 의학도서관이 소장하지 않은 자료를 한국의학도서관협회 소속 도서관에 신청하여 제공받고, 국내 도서관에서 소장하지 않은 자료는 해외에 신청하여 원문을 제공받는 서비스이다. 홈페이지를 통해 온라인으로 신청한 뒤 이용하며 배송방법에 따라 이용료가 책정된다.

출처

인하대학교 의학도서관
    http://medlib.inha.ac.kr
인하대학교 정석학술정보관
    http://lib.inha.ac.kr
국가도서관 통계시스템
    https://www.libsta.go.kr

전남대학교 의학도서관

분류	대학도서관	개관년도	1953
주소	(61469) 광주광역시 동구 백서로 160		
홈페이지	http://medlib.jnu.ac.kr		
전화번호	062-530-4051~2, 220-4051~2		
팩스	062-220-4053		
운영시간	평일 09:00~18:00, 토/일 및 공휴일 휴관		
이용대상	• 전남대학교 전임교원 • 전남대학교 직원, 조교, 전임연구원, 교환/객원/명예교수, 시간강사, 퇴직교직원 • 전남대학교 대학원생, 학부생 • 전남대학교병원 직원(임상교수, 전임의사, 연구직, 전공의, 수련의, 행정직원 등) • 일반회원		
장서	전공, 교양도서 및 국내외 학술지, 학위논문, 기타 비도서자료를 포함하여 약 8만여 권의 장서를 소장		

구분	학위논문	단행본		학술지(제본자료)		비도서 (단위: 점)	계
		국내	국외	국내	국외		
장서 수	14,730	11,055	10,065	3,840	24,673	406	64,769
합계		21,120		28,513			

구분	학술지				계
	인쇄저널		전자저널		
	국내서	국외서	국내서	국외서	
장서 수	1	11	7	19	38
합계	12		26		

분류체계	NLMC, DDC
인적자원	• 인력 현황 : 5명 • 대학직원 : 4명(분관장 1명, 주무관 1명, 직원 2명) • 병원직원 : 1명(병원직원 1명)
시설	전체면적 : 538㎡
설비	• 업무용 PC : 20대 • 검색용 PC : 95대

도서관 소개

현재 전남대학교 중앙도서관의 전신인 전남대학교 의학도서관은 1953년 9월 의과대학에 설립되었다. 1955년 이후 두 번의 이전을 거쳐 현재의 위치인 의과대학 본관 1층에 자리 잡게 되었다.

전남대학교 의학도서관은 전남대학교 의 · 간호대학 교수 및 학생, 병원 의료진, 지역주민들의 의학정보센터로서의 기능과 역할 수행을 목적으로 정보를 수집, 가공하여 서비스를 제공하고 있으며,

홈페이지를 통하여 전자저널과 온라인DB를 서비스하고 있다.

[전남대학교 의학도서관]

제공서비스

▪ 학과전문사서제

학과전문사서제는 교수와 전문사서가 직접적인 만남과 소통을 시작점으로 하여 특화된 전공분야의 교육과 연구활동을 지원하는 맞춤형 프로그램이다.

구분	내용
연구지원	• 신간정보, 저널 목차정보 등을 선별하여 제공 • 최신연구동향 및 선행연구논문, 참고문헌조사 제공 • 연구 수행에 필요한 학술정보 상담
강의지원	• 강의교재 및 참고도서 비치 제공 • 강의 교과목에 맞춘 정보검색교육 및 학술정보 상담
이용교육	• 개별 또는 그룹별 맞춤형 방문교육 • 전공교수 협조에 의한 수업 할애 교육 • EndNote를 이용한 참고문헌관리 및 작성교육
교수방문	• 방문 면담을 통한 요청사항 접수처리 • 도서관서비스 안내

▪ 도서관가이드

전남대학교 도서관에서는 구성원의 정보자원 접근성을 높이고 학습연구활동을 지원하기 위하여 도서관자료 및 서비스 이용에 관한 유용한 정보를 제공하는 '도서관가이드'서비스를 운영하고 있다. '도서관가이드'는 학과별 유용한 학술정보원을 제공하는 '학과가이드'와 도서관 이용에 도움이 되는 정보를 제공하는 '서비스가이드'로 나뉜다. 의학도서관에서는 의과대학과 간호대학 관련 학과가이드를 담당하고 있으며 각 가이드는 별도의 페이지를 통해 제공된다.

교육

이용교육은 주로 중앙도서관 주관으로 도서관 학술자료 및 서비스, 시설 이용에 도움을 받을 수 있도록 제공되며, 교육대상과 내용에 따라 '도서관 개설교육', '강의지원교육', '그룹별 교육'으로 구분된다.

'도서관 개설교육'의 경우 도서관의 모든 이용자가 신청 및 참여가능하며 도서관 이용교육에서부터 서지관리도구, DB 이용법 등 내용이 다양하다.

'강의지원교육'은 특정 과목을 수강하는 학생을 대상으로 하며 교육에서 과목 수강에 필요한 정보 활용방법을 다룬다.

'그룹별 교육'은 5인 이상의 그룹을 대상으로 하며 그룹에서 원하는 내용으로 교육을 받을 수 있다.

모든 교육 일정은 홈페이지에 게시되며 참여를 원하는 이용자는 홈페이지에서 신청 후 참여가능하다.

출처

전남대학교 의학도서관
  http://medlib.jnu.ac.kr

전남대학교 중앙도서관
  http://lib.jnu.ac.kr

국가도서관 통계시스템
  https://www.libsta.go.kr

전북대학교 의학도서관

<table>
<tr><td>분류</td><td colspan="3">대학도서관</td><td>개관년도</td><td>1975</td></tr>
<tr><td>주소</td><td colspan="5">(54896) 전라북도 전주시 덕진구 건지로 20</td></tr>
<tr><td>홈페이지</td><td colspan="5">http://medlib.jbnu.ac.kr</td></tr>
<tr><td>전화번호</td><td colspan="5">063-270-3482</td></tr>
<tr><td>팩스</td><td colspan="5">063-270-3480</td></tr>
<tr><td>운영시간</td><td colspan="5">평일 09:00~18:00, 토/일 및 공휴일, 개교기념일 휴관</td></tr>
<tr><td>이용대상</td><td colspan="5">• 교직원(명예교수, 부속고등학교 교원 포함)
• 초빙교원, 시간강사, 연구원 및 연수연구원
• 재학생 및 연구생 등록자
• 지역주민 도서관 회원
• 기타 관장의 승인을 받은 자</td></tr>
<tr><td rowspan="6">장서</td><td colspan="2">구분</td><td>장서 수</td><td colspan="2">계</td></tr>
<tr><td rowspan="2">단행본</td><td>국내</td><td>26,794권</td><td colspan="2" rowspan="3">77,970권</td></tr>
<tr><td>국외</td><td>8,733권</td></tr>
<tr><td colspan="2">제본잡지</td><td>42,443권</td></tr>
<tr><td colspan="2">국내외 학술지</td><td>680여 종</td><td colspan="2">680여 종</td></tr>
<tr><td colspan="2">학술DB</td><td>30종</td><td colspan="2">30종</td></tr>
<tr><td>분류체계</td><td colspan="5">의학도서 : DDC</td></tr>
<tr><td>인적자원</td><td colspan="5">인력 현황 : 3명(분관장 1명, 팀장 1명, 사서서기보 1명)</td></tr>
<tr><td rowspan="5">시설</td><td colspan="5">• 연면적 : 2,458㎡
• 좌석 : 564석</td></tr>
<tr><td>구분</td><td colspan="4">내용</td></tr>
<tr><td>1층</td><td colspan="4">서고 및 자료실, 자료열람실, 정보검색실, 복사실</td></tr>
<tr><td>2층</td><td colspan="4">보존서고, 멀티미디어실, 자유열람실 1·5실</td></tr>
<tr><td>3층</td><td colspan="4">자유열람실 2·3·4실, 다목적학습실, 휴게실</td></tr>
<tr><td>설비</td><td colspan="5">• 업무용 PC : 4대
• 검색용 PC : 6대</td></tr>
</table>

도서관 소개

1975년 의과대학 개설과 함께 소규모 자료실로 운영되어 오다가 1987년에 현재의 위치로 신축 이전하며 '전북대학교 중앙도서관 의학분관'으로 개칭하였다. 전북대학교 의학도서관은 멀티미디어실, 열람실, 자료실 등을 갖추고 있으며 정보화시대의 요구에 부응하는 학술정보센터로서 그 기능과 역할을 수행하고자 노력하고 있다. 또한 전북대학교 의학도서관은 지역사회에 공헌하는 대학으로서 지역주민에게도 도서관을 개방하고 있다.

제공서비스

■ **교육연구지원서비스**

이용자들이 연구와 학습활동을 수행함에 있어서

학술정보를 효과적으로 검색·수집·활용할 수 있도록 맞춤형 정보활용교육을 지원하고 있다. 또한 연구지원서비스를 통하여 연구자들에게 다양한 정보와 서비스를 제공하고 있다.

[교육연구지원서비스 간략소개]

구분	내용
학술정보 이용교육	• 도서관 이용교육 – 신입생(학부생), 신임교수 이용교육 – 외국인 유학생 이용교육 • 주제별 맞춤형 이용교육 – 학술정보검색법, 학술DB 이용교육 – SCI 정보검색 및 활용법 • EndNote 이용교육
학과별 주제가이드	교수 및 연구자들이 도서관자원을 효율적으로 활용할 수 있도록 전공과 관련된 다양한 최신학술정보를 수록한 맞춤형 학술정보가이드
연구논문 & 학위논문 작성가이드	• 논문작성가이드 • 국내외 학위논문검색 제공
EndNote	• 참고문헌 수집·관리프로그램 • MS Word 호환을 통한 참고문헌 자동 생성 및 논문 형식(output style) 자동 반영
SCI 연구동향 정보	• SCI, Scopus, KCI 등재정보 및 저널 평가지표 안내 • 연구저작물 관리정보 제공
학술연구 지원서비스	• 참고문헌, 선행연구정보 등 자료조사 서비스 • 연구자 방문·상담서비스 • 논문작성지원서비스

■ 학과별 주제가이드

교수 및 연구자들이 도서관자원을 효율적으로 활용할 수 있도록 전공과 관련된 다양한 최신학술정보를 수록한 맞춤형 학술정보가이드이다.

별도의 페이지에서 제공되며 전북대학교 의학도서관에서는 간호대학의 주제가이드를 담당하고 있다. 주제가이드에서는 단행본, Journal & Article, 학술DB, 등재정보, 참고정보원 등의 정보를 제공한다.

■ 학술연구지원서비스

전북대학교 중앙도서관에서 주관하는 서비스인 학술연구지원서비스는 전자저널, WebDB 등 신뢰성 있는 국내외 학술자원을 기반으로 학내 연구자들의 논문작성 및 연구 수행에 필요한 정보를 지원하는 서비스다. 제공하는 주요 서비스로는 자료조사서비스, 연구자 방문·상담서비스, 논문작성지원서비스 등이 있다.

교육

전북대학교 도서관의 이용자교육은 중앙도서관에서 주관하며 크게 도서관 이용교육, 주제별 맞춤형 이용교육, EndNote 이용교육, 외국인 도서관 이용교육으로 구분할 수 있다.

도서관 이용교육은 신입생, 신임교수, 지역주민 도서관 회원, 대학원생, 대학직원 등을 대상으로 신분별 맞춤형 도서관 이용 안내를 제공하고 주제별 맞춤형 이용교육에서는 DB별, 학과별, 연구분야별로 이용법, 정보검색법 등 해당 주제에 맞는 이용교육을 제공한다.

EndNote는 교수 및 대학원생을 대상으로 EndNote를 활용하여 인용정보관리법을 교육 내용으로 한다. 마지막으로 외국인 도서관 이용교육에서는 유학생인 신입생과 대학원생을 대상으로 전반적인 도서관 이용교육과 정보활용교육을 제공한다.

출처

전북대학교 의학도서관
http://medlib.jbnu.ac.kr

전북대학교 중앙도서관
http://dl.jbnu.ac.kr

국가도서관 통계시스템
https://www.libsta.go.kr

전북대학교 치의학도서관

분류	대학도서관	개관년도	1988
주소	(54896) 전라북도 전주시 덕진구 백제대로 567(금암동)		
홈페이지	http://denlib.jbnu.ac.kr		
전화번호	063-270-4008		
팩스	063-270-4009		
운영시간	평일 09:00~18:00, 토/일 및 공휴일 휴관		
이용대상	• 교직원(명예교수, 부속고등학교 교원 포함) • 초빙교원, 시간강사, 연구원 및 연수연구원 • 재학생 및 연구생 등록자 • 지역주민 도서관회원 • 기타 관장의 승인을 받은 자		
장서	• 장서 : 14,000여 권 • 국내외 구독 학술지 : 150여 종		
분류체계	DDC		
인적자원	인력 현황 : 2명(분관장 1명, 사서 1명)		
시설	• 전체면적 : 526㎡ • 좌석 : 150석		

도서관 소개

전북대학교 치의학도서관은 의학도서관과 공동으로 운영되다가 1981년에 치과대학이 개설됨에 따라 1988년 별도의 치의학자료실을 개관하였다. 2004년 현재의 위치로 확장 이전하였으며, 2007년 11월 중앙도서관 분관 치의학도서관으로 승격하였다.

전북대학교 치의학도서관은 치의학분야의 선도적이고 특성화된 연구를 돕기 위하여 치의학 및 인접학문분야 자료의 최신성 유지와 시설을 지속적으로 보완하여 운영하고 있다. 또한 보다 전문적이고 질 좋은 맞춤형 서비스를 제공하여 교수 및 학생들과 지역주민을 위한 이용자중심의 도서관을 갖추고자 노력하고 있다.

제공서비스

전북대학교 치의학도서관은 이용자들이 연구와 학습활동을 수행함에 있어서 학술정보를 효과적으로 검색, 수집, 활용할 수 있도록 맞춤형 정보활용교육을 지원하고 있으며, 또한 연구지원서비스를 통하여 연구자들에게 다양한 정보와 서비스를 제공하고 있다.

구분	내용
학술정보 이용교육	• 도서관 이용교육 – 신입생(학부생), 신임교수 이용교육 – 외국인 유학생 이용교육 • 주제별 맞춤형 이용교육 – 학술정보검색법, 학술DB 이용교육 – SCI 정보검색 및 활용법 • EndNote 이용교육

학과별 주제가이드	교수 및 연구자들이 도서관자원을 효율적으로 활용할 수 있도록 전공과 관련된 다양한 최신학술정보를 수록한 맞춤형 학술정보가이드
연구논문 & 학위논문 작성가이드	• 논문작성가이드 • 국내외 학위논문검색 제공
EndNote	• 참고문헌 수집 · 관리프로그램 • MS Word 호환을 통한 참고문헌 자동 생성 및 논문 형식(output style) 자동 반영
SCI 연구동향 정보	SCI, Scopus, KCI 등재정보 및 저널 평가지표 안내 연구저작물 관리정보 제공
학술연구 지원서비스	• 참고문헌, 선행연구정보 등 자료조사서비스 • 연구자 방문 · 상담서비스 • 논문작성지원서비스

출처

전북대학교 중앙도서관

http://dl.jbnu.ac.kr

전북대학교 치의학도서관

http://denlib.jbnu.ac.kr

국가도서관 통계시스템

https://www.libsta.go.kr

제주대학교 의학전문도서관

<table>
<tr><td>분류</td><td colspan="2">대학도서관</td><td>개관년도</td><td>2002</td></tr>
<tr><td>주소</td><td colspan="4">(63241) 제주특별자치도 제주시 아란 13길 15 제주대학교병원 내 의학전문대학원 본관 2층</td></tr>
<tr><td>홈페이지</td><td colspan="4">http://medlib.jejunu.ac.kr</td></tr>
<tr><td>전화번호</td><td colspan="4">064-754-8020</td></tr>
<tr><td>팩스</td><td colspan="4">064-702-0611</td></tr>
<tr><td>운영시간</td><td colspan="4">평일 09:00~18:00, 토/일 및 공휴일 휴관</td></tr>
<tr><td>이용대상</td><td colspan="4">• 제주대학교 교직원(전임교원, 직원, 조교, 비전임교직원, 명예교수)
• 제주대학교 학생(대학원생, 학부생)
• 제주대학교병원 직원
• 만 19세 이상 제주도민(졸업생, 휴학생, 수료생 포함)
• 퇴직교직원, 부설학교 교원, 위탁교육생</td></tr>
<tr><td rowspan="4">장서</td><td>구분</td><td>장서 수</td><td colspan="2">비고</td></tr>
<tr><td>장서</td><td>27,800</td><td colspan="2">등록자료</td></tr>
<tr><td>학술잡지</td><td>153종</td><td colspan="2">국내·국외/구입·기증</td></tr>
<tr><td>Web-DB</td><td>21종</td><td colspan="2">국내·국외</td></tr>
<tr><td>분류체계</td><td colspan="4">KDC(5판)</td></tr>
<tr><td>인적자원</td><td colspan="4">인력 현황 : 3명(분관장 1명, 과장 1명, 사서 1명)</td></tr>
<tr><td>시설</td><td colspan="4">• 전체면적 : 467㎡
• 좌석 : 56석</td></tr>
<tr><td>설비</td><td colspan="4">• 업무용 PC : 4대
• 검색용 PC : 9대</td></tr>
</table>

도서관 소개

제주대학교병원 내 의학전문대학원에 위치한 제주대학교 의학전문도서관은 2002년 개관하였다가 2013년에 확장 및 개관하였다. 최신의학정보를 제공함으로써 학생들의 교육을 뒷받침하고, 교수, 대학원생, 연구원들의 연구를 증진시키며, 환자를 진료하는 의료진들의 진료활동을 돕기 위한 것을 운영목표로 삼고 있다.

제주대학교 의학전문도서관은 국내외의 다양한 의학전문자료를 확보하여 국제적 수준의 최신의학정보를 제공하고자 노력하고 있으며 교육, 연구 및 진료지원에 최적의 정보서비스를 제공할 수 있도록 최선을 다하고 있다.

제공서비스

■ 관련 사이트

제주대학교 의학전문도서관 홈페이지에서 제공하는 '관련 사이트'서비스는 국내외 의학 관련 기관(의학도서관, 병원도서관, 주요학회 등)의 리스트와 링크를 제공하는 서비스이다.

현재는 '국내의학도서관', '해외의학도서관', '국내병원도서관', '주요 학회' 네 가지 분야의 관련 사이트 정보를 제공하고 있다.

출처

제주대학교 의학전문도서관

http://medlib.jejunu.ac.kr

제주대학교 중앙도서관

https://lib.jejunu.ac.kr

국가도서관 통계시스템

https://www.libsta.go.kr

진주보건대학교 학술정보관

<table>
<tr><td>분류</td><td colspan="4">대학도서관</td></tr>
<tr><td>주소</td><td colspan="4">(52655) 경상남도 진주시 의병로 51</td></tr>
<tr><td>홈페이지</td><td colspan="4">https://lib.jhc.ac.kr</td></tr>
<tr><td>전화번호</td><td colspan="4">055-740-1745</td></tr>
<tr><td>팩스</td><td colspan="4">055-743-3010</td></tr>
<tr><td>운영시간</td><td colspan="4">평일 09:00~22:00(학기 중), 09:00~18:00(방학 중), 토/일 및 공휴일 휴관</td></tr>
<tr><td>이용대상</td><td colspan="4">• 진주보건대학교 교직원
• 진주보건대학교 겸임·초빙·시간강사
• 진주보건대학교 재학생</td></tr>
<tr><td rowspan="8">장서</td><td colspan="2">구분</td><td>장서 수</td><td>계</td></tr>
<tr><td colspan="2">참고도서</td><td>1,894권</td><td rowspan="2">90,098권</td></tr>
<tr><td colspan="2">단행본</td><td>88,204권</td></tr>
<tr><td colspan="2">연속간행물</td><td>45종</td><td>45종</td></tr>
<tr><td rowspan="4">비도서자료</td><td>DataBaseCD</td><td>184종 207점</td><td rowspan="4">375종 441점</td></tr>
<tr><td>Music CD</td><td>1종 1점</td></tr>
<tr><td>카세트테이프</td><td>1종 1점</td></tr>
<tr><td>비디오테이프</td><td>171종 232점</td></tr>
<tr><td>분류체계</td><td colspan="4">KDC</td></tr>
<tr><td>인적자원</td><td colspan="4">인력 현황 : 5명(관장 1명, 팀장 1명, 사서 1명, 행정조교 2명)</td></tr>
<tr><td>시설</td><td colspan="4">• 전체면적 : 3,319㎡
• 좌석 : 300석</td></tr>
<tr><td>설비</td><td colspan="4">• 업무용 PC : 6대
• 검색용 PC : 3대</td></tr>
</table>

도서관 소개

진주보건대학교 학술정보관은 각 학문분야를 지원하는 역할을 담당하며, 연속간행물실, 참고자료실, 멀티미디어실, 세미나실, 프린터실 등 교수와 학생들의 학문탐구에 필요한 각종 부대시설을 갖추고 있다.

제공서비스

■ **과제물도서**

과제물도서(자료)제도란 학기별 전 교과목의 학습에 필요한 자료를 담당과목의 교수님들이 학기시작 전 선정하여 학생들이 자료를 편리하게 이용할 수 있도록 하는 제도로, 과제물도서로 지정된 도서는 참고자료실 내에 별도로 비치하며 한 학기 동안 대출이 불가능하다. 간호학부, 임상병리과, 치위생과, 치기공과, 보건행정과, 피부미용과, 관광과, 사회복지계열을 대상으로 서비스를 제공하고 있으며, 각 학과/학부명을 클릭하면 해당되는 도서의 목록과 서지정보를 확인할 수 있다.

■ **참고자료**

의학정보, 일반사전, 백과사전, 인물정보, 법령/판례, 색인/초록, 지도/지명, 정부간행물, 명감, 통계 등에 대한 참고자료를 제공하고 있다.

출처

진주보건대학교 학술정보관
http://lib.jhc.ac.kr
국가도서관 통계시스템
https://www.libsta.go.kr

차의과학대학교 도서관

<table>
<tr><td>분류</td><td colspan="5">대학도서관</td><td colspan="2">개관년도</td><td colspan="3">1997</td></tr>
<tr><td>주소</td><td colspan="10">(11160) 경기 포천시 해룡로 120</td></tr>
<tr><td>홈페이지</td><td colspan="10">http://lib.cha.ac.kr</td></tr>
<tr><td>전화번호</td><td colspan="10">1899-2010</td></tr>
<tr><td>팩스</td><td colspan="10">031-541-4071</td></tr>
<tr><td>운영시간</td><td colspan="10">평일 09:00~21:00, 토/일 및 공휴일 휴관</td></tr>
<tr><td>이용대상</td><td colspan="10">• 차의과학대학교 교직원 및 학생
• 성광의료재단 산하 병원직원
• 한국의학도서관협회 회원(회원증 소지자에 한함)</td></tr>
<tr><td rowspan="3">장서</td><td>구분</td><td>총류</td><td>철학</td><td>종교</td><td>사회 과학</td><td>어학</td><td>순수 과학</td><td>응용 과학</td><td>예술</td><td>문학</td><td>역사학</td></tr>
<tr><td>장서 수</td><td>1,606</td><td>3,331</td><td>1,047</td><td>10,776</td><td>2,440</td><td>2,917</td><td>3,963</td><td>2,312</td><td>8,146</td><td>2,958</td></tr>
<tr><td>총계</td><td colspan="10">58,911</td></tr>
<tr><td>분류체계</td><td colspan="11">DDC</td></tr>
<tr><td>인적자원</td><td colspan="11">인력 현황 : 4명(관장 1명, 사원 2명, 조교 1명)</td></tr>
<tr><td>시설</td><td colspan="11">전체면적 : 3,500㎡</td></tr>
<tr><td>설비</td><td colspan="11">• 업무용 PC : 8대
• 검색용 PC : 26대</td></tr>
</table>

도서관 소개

[차의과학대학교 도서관]

차의과학대학교 도서관은 1997년 차의과학대학교의 창설과 함께 출발하여, 이웃사랑, 인간존중, 연구와 탐구의 정신을 바탕으로 인성과 의술이 겸비된 전문의료인과 의과학과 사회과학분야를 아우르는 전인적 글로벌 인재양성을 지원하고 있다. 현재 60,000여 권의 장서와 1,700여 점의 비도서자료, 200여 종의 연속간행물, 12,000여 종의 전자저널을 보유하고 있다. 이와 함께 외부기관 국회전자도서관(NDAL), 한국의학도서관협회(MEDLIS)와의 협력협정을 맺어 이용자들이 분산되어 있는 방대한 자료를 효과적으로 수집 · 활용할 수 있도록 각종 자료의 원문 이용과 상호대차서비스를 제공하고 있다.

제공서비스

■ 학술연구지원

차의과학대학교 소속 석·박사, 연구생, 교수를 대상으로 제공되는 학술연구지원서비스는 선행연구조사 관련 원문 입수, 정보검색, SCI 게재 논문 확인, DB 안내 및 검색방법 등을 제공하는 서비스다.

세부서비스 내용으로는 연구에 필요한 저서, 학술논문 등의 자료 원문 제공, 연구자료검색을 위한 DB 이용 안내 및 검색방법 안내, SCI 게재 논문 확인, 피인용 횟수 등을 제공한다.

시설

차의과학대학교 도서관은 2018년에는 전면 리모델링을 통해 음악과 커피, 토론이 함께하는 북카페, 좌식 학습공간인 열린마루, 첨단PC와 대형TV를 통해 학습 및 문화활동이 가능한 미디어존, 대형 크로마키판과 영상촬영장비가 구비된 영상체험실 등이 신규 조성되어 쾌적한 학습, 문화환경을 갖추게 되었다. 또한 이용자중심의 도서관리시스템 및 홈페이지가 새로 개편되면서 신속하고 편리한 온라인서비스를 지원하고 있다.

[개방형 창의학습공간 '북카페']

[좌식형 학습공간 '열린마루']

[사진영상 제작 및 VR이 가능한 '영상체험실']

출처

차의과학대학교 도서관
http://lib.cha.ac.kr
국가도서관 통계시스템
https://www.libsta.go.kr

충남대학교 의학도서관

<table>
<tr><td>분류</td><td colspan="4">대학도서관</td><td colspan="3">개관년도</td><td colspan="3">1975</td></tr>
<tr><td>주소</td><td colspan="10">(34134) 대전광역시 유성구 대학로 99 의학전문대학원 도서관동 2층</td></tr>
<tr><td>홈페이지</td><td colspan="10">http://library.cnu.ac.kr</td></tr>
<tr><td>전화번호</td><td colspan="10">042-580-8152</td></tr>
<tr><td>팩스</td><td colspan="10">042-580-8151</td></tr>
<tr><td>운영시간</td><td colspan="10">평일 09:00~22:00, 토/일 및 공휴일 휴관</td></tr>
<tr><td>이용대상</td><td colspan="10">• 충남대학교 교직원(교수, 직원/조교, 시간강사)
• 충남대학교 학생(대학원생, 학부생)
• 충남대학교 도서관회원
• 협약기관 구성원
• 충남대학교병원 직원</td></tr>
<tr><td rowspan="6">장서</td><td rowspan="2">구분</td><td rowspan="2">단행본</td><td rowspan="2">제본
학술지</td><td rowspan="2">학위
논문</td><td rowspan="2">비도서
자료</td><td colspan="3">인쇄저널</td><td rowspan="2">학술
DB</td><td rowspan="2">신문</td></tr>
<tr><td>구입</td><td>기증</td><td>소계</td></tr>
<tr><td>국내서</td><td>6,322</td><td>5,631</td><td>18,321</td><td>104</td><td>5</td><td>187</td><td>192</td><td>–</td><td>4</td></tr>
<tr><td>동양서</td><td>129</td><td>546</td><td>–</td><td>1</td><td>2</td><td>–</td><td>2</td><td>–</td><td>–</td></tr>
<tr><td>서양서</td><td>8,768</td><td>27,189</td><td>–</td><td>77</td><td>48</td><td>–</td><td>50</td><td>4(DB)</td><td>–</td></tr>
<tr><td>계</td><td>15,219</td><td>33,366</td><td>18,321</td><td>182</td><td>55</td><td>187</td><td>242</td><td>4</td><td>4</td></tr>
<tr><td>분류체계</td><td colspan="10">DDC</td></tr>
<tr><td>인적자원</td><td colspan="10">인력 현황 : 3명(도서관장 1명, 계장 1명, 팀원 1명)</td></tr>
<tr><td>시설</td><td colspan="10">• 전체면적 : 2,495㎡
• 좌석 : 807석</td></tr>
<tr><td>설비</td><td colspan="10">• 업무용 PC : 3대
• 검색용 PC : 9대</td></tr>
</table>

도서관 소개

충남대학교 중앙도서관의 분관 중 하나인 충남대학교 의학도서관은 의과대학 내에 위치하면서 의학 관련 전문도서를 관리·운영하고 있다. 의학전문 학술DB를 구독하여 제공함으로써, 의과대학 구성원과 대학병원 의료진의 연구활동에 기여하는 전문정보센터로서 기능하고 있다. 또한 이용자 편의를 위하여 강의지원, 상호대차, 원문복사, 중앙도서관 책배달 등의 서비스를 제공하며, 각종 편의시설을 제공하고 있다.

제공서비스

■ **중앙도서관 책배달**

책배달서비스는 의학대학 내에 위치한 의학도서관의 이용자들이 중앙도서관의 도서를 이용하기 위해 직접 움직이는 시간과 비용을 절약할 수 있도록 제공되는 서비스이다. 중앙도서관 소장자료를 검색하여 원하는 도서의 서지사항과 인적사항을 기재하여 의학도서관에 방문 신청한 뒤 도서가 도착하면 의학도서관에서 대출한다.

교육

충남대학교 의학도서관의 이용자교육은 효율적인 학술정보검색 및 자료이용을 돕기 위하여 대학 구성원을 대상으로 실시하며, 개인, 학과 또는 과목별로 신청하여 맞춤교육을 받을 수 있다.

교육 내용은 도서관 안내, 홈페이지 활용법, 전자자료(학술DB, 전자저널) 활용법, 논문작성을 위한 자료검색법 등이 있다.

출처

충남대학교 의과대학/의과전문대학원
http://medicine.cnu.ac.kr

국가도서관 통계시스템
https://www.libsta.go.kr

충북대학교 의학도서관

분류	대학도서관	개관년도	1990
주소	(28644) 충청북도 청주시 서원구 충대로 1 충북대학교 의과대학 임상연구동 1층		
홈페이지	http://medlib.chungbuk.ac.kr		
전화번호	043-261-2890		
팩스	043-273-2805		
운영시간	평일 09:00~18:00, 토/일 및 공휴일 휴관		
이용대상	• 본교 교직원 및 대학, 대학원의 재학생과 졸업생 • 충북대학교병원 직원 • 한국의학도서관협회 회원(회원증 소지자에 한함) • 기타 각 교육기관 연구소 도서관의 열람의뢰서 소지자 • 학술목적 일반인, 단 신분증 제시 후 이용가능		

장서

구분	단행본	정기 간행물	학술 잡지	비도서자료 Computer File(CD 등)	비도서자료 V-TP	비도서자료 Slide Film	비도서자료 기타 (DVD 등)
국내서	4,394	2,655	180	40	228	4	37
국외서	5,590	15,926	5				
계	9,984	18,581	185	40	228	4	37

분류체계	KDC
인적자원	인력 현황 : 3명(문관장 1명, 사서주사 1명, 행정인턴 1명)
시설	• 전체면적 : 262㎡ • 좌석 : 20석

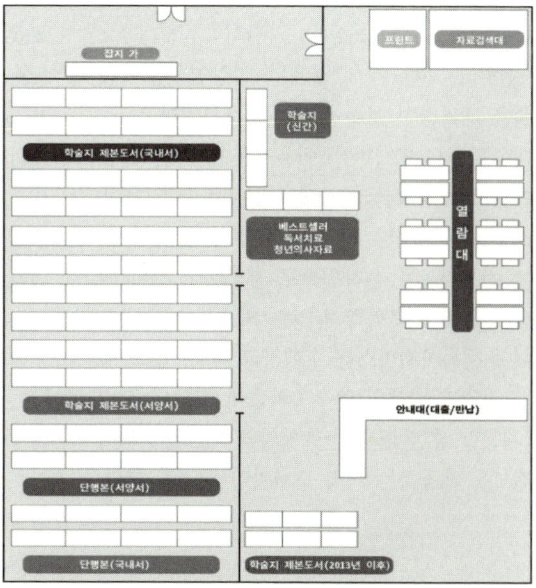

설비	• 업무용 PC : 3대	• 검색용 PC : 5대

도서관 소개

[충북대학교 의학도서관]

1987년 충북대학교 의과대학이 설치됨에 따라 의학대학 교직원 및 학생들의 연구와 학습을 지원하기 위하여 1990년에 의과대학 2층(면적 54평, 장서 2,000여 권)에 자료실과 열람실을 갖춘 의학도서관을 충북대학교도서관 분관으로 설립하였다. 1996년에 국내 최초로 OVID MEDLINE을 가동하여 의학도서관 회원에게 최신의 의학정보를 제공한 바 있으며, 자료 및 이용자의 증가로 1999년에 임상연구동 1층(면적 262.44㎡, 장서 13,397권)으로 이전하고, 2008년 12월에는 임상연구동 1층 강의실을 개조하여 보존서고를 확보하였다.

충북대학교 의학도서관은 이용자들이 직접 열람할 수 있도록 자료를 개가제로 운영하고 있으며, 학술정보를 전자저널 및 WebDB로 구독하여 의학분야 전문자료를 온라인으로 제공하고, 본교에 소장하지 않거나 구독하지 않는 자료를 타기관을 통하여 원문복사서비스를 수행하고 있다. 본교 및 병원 교직원과 학생의 연구·학습에 최고의 서비스를 제공할 뿐만 아니라 충청지역 의·생명분야 학술정보를 제공하는 거점 도서관이 되고자 한다.

제공서비스

▪ 의학 주제가이드

별도의 페이지에서 제공되는 의학 주제가이드는 의학을 연구하는 학생 및 연구자에게 해당 주제와 관련된 단행본, 학술정보, 동향 등의 다양한 정보를 제공한다.

기본적으로 의학에 관한 주제가이드와 링크로 연결되어 있으며 도서와 저널, 학술데이터베이스, 학회 & 동향, 저널 Tool & 인용색인, 학위논문, 특허 & 통계, 공개강의 등의 정보를 제공하다.

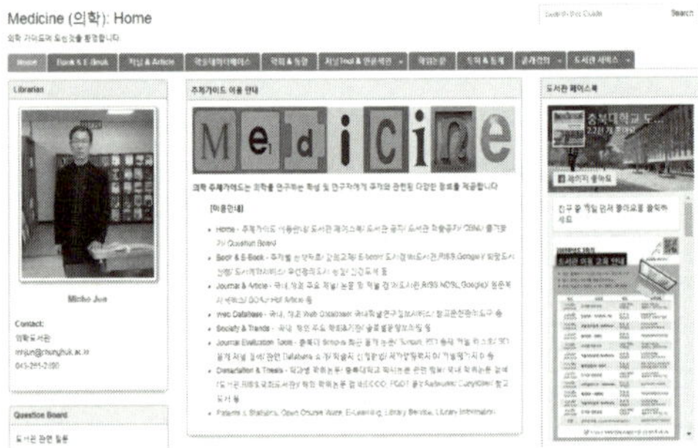

▪ 저널 평가정보

충북대학교 의학도서관은 저널과 관련하여 학술지 평가지표별(JCR, SJR, CiteScore, KCI) 다양한 랭킹서비스를 제공하고 있다. 또한 학술DB별(SCI, SSCI, A&HCI, Scopus, MEDLINE, KCI 등) 등재 학술지 리스트, 학술지별 기본정보, 출판사 저작원 정책정보, 논문 등재 소요시간정보, Open Access Journal 확인 및 가짜 학술지 확인 등의 서비스를 제공한다.

교육

학습 및 연구에 필요한 정보활용능력 강화를 위한 도서관 이용교육은 재학생, 교직원, 병원직원 등을 대상으로 한다.

교육 내용으로는 도서관 소개/자료검색/대출반납/도서관서비스 등을 다루는 '도서관이용안내', 도서관 전자저널검색/원문복사서비스/PubMed/RefWorks/JCR/Scopus 등을 다루는 '의학논문검색법', 의학 DB 전문강사를 초빙하여 이루어지는 '의학DB 전문검색', 의예과, 간호학과, 본과 등 신입생 오리엔테이션을 다루는 '신입생 오리엔테이션', 학부 신입생이 도서관 이용 전 반드시 이수해야 하며 도서관 소개/자료검색/전자정보/도서관서비스/RefWorks 등의 기본정보를 다루는 '온라인 교육'이 있다.

도서관에서 주관하는 일정에 이용자가 신청하는 경우도 있으며, 5명 이상의 단체일 경우 담당사서와 협의하여 교육 내용, 시간 및 장소를 자유롭게 정할 수 있다.

출처

충북대학교 의학도서관
http://medlib.chungbuk.ac.kr

국가도서관 통계시스템
https://www.libsta.go.kr

한양대학교 의학학술정보관

<table>
<tr><td>분류</td><td colspan="2">대학도서관</td><td>개관년도</td><td>1970</td></tr>
<tr><td>주소</td><td colspan="4">(04763) 서울특별시 성동구 왕십리로 222</td></tr>
<tr><td>홈페이지</td><td colspan="4">https://lib.hanyang.ac.kr</td></tr>
<tr><td>전화번호</td><td colspan="4">02-2220-1376</td></tr>
<tr><td>팩스</td><td colspan="4">02-2220-2470</td></tr>
<tr><td>운영시간</td><td colspan="4">평일 09:00~21:00, 토요일 09:00~12:00, 일요일 및 공휴일 휴관</td></tr>
<tr><td rowspan="8">장서</td><td colspan="2">구분</td><td>장서 수</td><td>계</td></tr>
<tr><td rowspan="2">단행본</td><td>국내</td><td>15,351권</td><td rowspan="4">387,788종</td></tr>
<tr><td>국외</td><td>24,711권</td></tr>
<tr><td colspan="2">e-Book</td><td>291,813권</td></tr>
<tr><td colspan="2">제본잡지</td><td>55,913권</td></tr>
<tr><td rowspan="2">연속간행물</td><td>책자</td><td>124종</td><td rowspan="2">78,090종</td></tr>
<tr><td>전자</td><td>77,966종</td></tr>
<tr><td colspan="4"></td></tr>
<tr><td>분류체계</td><td colspan="4">DDC</td></tr>
<tr><td>인적자원</td><td colspan="4">인력 현황 : 4명(관장 1명, 부장 1명, 사서 2명)</td></tr>
<tr><td>시설</td><td colspan="4">전체면적 : 1,034㎡</td></tr>
<tr><td>설비</td><td colspan="4">• 업무용 PC : 6대
• 검색용 PC : 24대</td></tr>
</table>

도서관 소개

2012년 5월 의과대학 본관 2층에 1,034.79㎡의 규모로 재개관한 의학학술정보관은 10만여 권의 장서와 1,100여 종의 학술저널, 검색용 PC, EndNote 등의 정보활용교육이 가능한 자체 교육실을 구비하고 교수 및 학생들의 교육 · 연구를 지원하고 있다.

의학학술정보관은 각종 의학 관련 국내외 학술DB를 구독하여 대학의 연구경쟁력을 지원하고 있으며, 본관에 소장하고 있지 않은 자료에 대해서는 '한국의학도서관협회(KMLA)'를 통한 원문복사서비스나 해외기관의 원문제공시스템을 통해서 필요한 자료를 제공하고 있다.

제공서비스

■ **Subject Guides**

한양대학교 의학학술정보관에서는 Subject Guides를 통하여 의과대학, 간호학부, Systematic Review, 연구논문작성 지원서비스 등 네 가지 주제에 대하여 세부 가이드를 운영하고 있다. Subject Guides는 의학학술정보자원과 의학학술정보관이 제공하는 서비스에 대하여 안내하는 페이지이며 의학학술정보관의 사서들이 Research Partner를 담당하고 있다.

■ **연구지원서비스**

한양대학교의 구성원을 위하여 한양대학교 의학

학술정보관에서 제공하는 연구지원서비스로는 논문작성지원, Reference Service 등이 있다.
논문작성지원에서는 EndNote, Output Style 제공, 서지관리 등 정보를 제공하며, 연구논문작성 지원 서비스는 의과대학 및 간호학부 교수, 의료원 전공의 이상, 의학계열(의학, 보건학, 간호학) 대학원 박사과정 이상의 구성원을 대상으로 논문 형식 검토, MeSH 주제어 추천, Reference 검토, 투고 학술저널 추천 등의 피드백서비스를 제공한다.

출처

한양대학교 백남학술정보관
https://lib.hanyang.ac.kr
한양대학교 의학학술정보관
http://hanyang-kr.libguides.com/medlib?b=g&d=a&group_id=14917
국가도서관 통계시스템
https://www.libsta.go.kr

Chapter 03

병원 내 의학도서관과 도서실

가천대길병원 학습정보센터

<table>
<tr><td>분류</td><td colspan="5">전문도서관(병원도서관)</td></tr>
<tr><td>주소</td><td colspan="5">(21565) 인천광역시 남동구 구월동 1198번지 가천대길병원 어린이병원 지하 2층 학습정보센터</td></tr>
<tr><td>홈페이지</td><td colspan="5">http://lib.gilhospital.com</td></tr>
<tr><td>전화번호</td><td colspan="5">032-460-3543</td></tr>
<tr><td>팩스</td><td colspan="5">032-460-3095</td></tr>
<tr><td>운영시간</td><td colspan="5">평일 08:30~18:00, 토/일 및 공휴일 휴관</td></tr>
<tr><td>이용대상</td><td colspan="5">• 의료법인 길병원 산하 전 직원
• 한국의학도서관협회 회원(회원증 소지자에 한함)</td></tr>
<tr><td rowspan="8">장서</td><td colspan="2">구분</td><td>장서 수</td><td>계</td></tr>
<tr><td rowspan="2">단행본</td><td>국내</td><td>500권</td><td rowspan="3">6,200권</td></tr>
<tr><td>국외</td><td>2,500권</td></tr>
<tr><td colspan="2">제본잡지</td><td>3,200권</td></tr>
<tr><td colspan="2">e-Book</td><td>2패키지</td><td>2패키지</td></tr>
<tr><td rowspan="2">연속간행물</td><td>책자</td><td>233종</td><td rowspan="2">304종</td></tr>
<tr><td>전자</td><td>71종</td></tr>
<tr><td colspan="2">학술DB</td><td>18종</td><td>18종</td></tr>
<tr><td>분류체계</td><td colspan="5">• 의학도서 : NLMC
• 기타 도서 : KDC</td></tr>
<tr><td>인적자원</td><td colspan="5">인력 현황 : 3명(교수 1명, 주임사서 1명, 사서 1명)</td></tr>
<tr><td>시설</td><td colspan="5">전체면적 : 300㎡</td></tr>
<tr><td>설비</td><td colspan="5">업무용 PC : 2대</td></tr>
</table>

도서관 소개

가천대길병원 학습정보센터는 이용자에게 필요한 각종 자료를 구비하여 학술연구 및 의학교육을 도우며, 합리적이고 일관성 있는 운영에 그 목적이 있다.

제공서비스

■ **원문복사**

가천대길병원 학습정보센터에서는 이용자들의 정보접근성을 높이기 위해 원문복사서비스를 제공하고 있다. 미소장 의학학술지는 'KMLA' 회원기관에 의뢰하고 있으며, 신청자료의 배송방법에 따라 비용은 신청자에게 청구된다. 이용자는 신청자의 인적사항과 신청하고자 하는 자료의 서지사항을 기록하여 학습정보센터로 신청하면 이용가능하며, 저작권법상 PDF 형태로는 자료를 제공받을 수 없다.

출처

가천대길병원 학습정보센터
  http://lib.gilhospital.com
국가도서관 통계시스템
  https://www.libsta.go.kr

가톨릭관동대학교 국제성모병원 의학도서실

<table>
<tr><td>분류</td><td colspan="3">전문도서관(병원도서관)</td><td>개관년도</td><td>2014</td></tr>
<tr><td>주소</td><td colspan="5">(22711) 인천광역시 서구 심곡로 100번길 25 가톨릭관동대학교 국제성모병원 마리스텔라 건물 지하 4층</td></tr>
<tr><td>홈페이지</td><td colspan="5">http://www.ish.or.kr/center/medlib</td></tr>
<tr><td>전화번호</td><td colspan="5">032-290-3483</td></tr>
<tr><td>팩스</td><td colspan="5">032-290-3485</td></tr>
<tr><td>운영시간</td><td colspan="5">평일 08:00~18:00, 토요일 08:00~12:00, 일요일 및 공휴일 휴관</td></tr>
<tr><td>이용대상</td><td colspan="5">• 가톨릭관동대학교 국제성모병원의 교직원
• 한국의학도서관협회 회원(회원증 소지자에 한함)
• 병원장이 인정하는 외부인사</td></tr>
<tr><td rowspan="7">장서</td><td colspan="2">구분</td><td>장서 수</td><td colspan="2">계</td></tr>
<tr><td rowspan="2">단행본</td><td>국내</td><td>1,975권</td><td colspan="2" rowspan="3">16,786권</td></tr>
<tr><td>국외</td><td>2,852권</td></tr>
<tr><td colspan="2">e-Book</td><td>11,959권</td></tr>
<tr><td rowspan="2">연속간행물</td><td>책자</td><td>-</td><td colspan="2" rowspan="2">6,716종</td></tr>
<tr><td>전자</td><td>6,716종</td></tr>
<tr><td colspan="2">학술DB</td><td>29종</td><td colspan="2">29종</td></tr>
<tr><td>분류체계</td><td colspan="5">NLMC</td></tr>
<tr><td>인적자원</td><td colspan="5">인력 현황 : 2명(도서실장 1명, 사서 1명)</td></tr>
<tr><td>시설</td><td colspan="5">전체면적 : 210㎡</td></tr>
<tr><td>설비</td><td colspan="3">• 업무용 PC : 1대</td><td colspan="2">• 검색용 PC : 5대</td></tr>
</table>

도서관 소개

[가톨릭관동대학교 국제성모병원 의학도서실]

가톨릭관동대학교 의학도서관의 분관인 가톨릭관동대학교 국제성모병원 의학도서실은 2014년 9월 개관하였으며, 각종 의학도서, 정기간행물 등을 수집 · 정리 · 보존하고 정보적 가치를 창조하여 교직원들의 학술연구와 역량강화를 위한 의학정보자료의 지원을 담당하고 있다. 또한 의학정보센터로서의 기능을 수행하는 데 노력을 다하고 있다.

출처

가톨릭관동대학교 국제성모병원 의학도서실

http://www.ish.or.kr/center/medlib

가톨릭관동대학교 의학도서관

http://library.cku.ac.kr/med

국가도서관 통계시스템

https://www.libsta.go.kr

가톨릭대학교 대전성모병원 의학도서실

분류	전문도서관(병원도서관)
주소	(34943) 대전광역시 중구 대흥로 64 아가페(직원식당) 건물 2층
홈페이지	http://cmcdjlib.or.kr
전화번호	042-220-9685
팩스	042-222-7925
운영시간	평일 08:00~17:00, 토/일 및 공휴일 휴관
장서	• 의학 관련 저널 38종 구독 중 • 전자저널 : Science Direct • WebDB : UpTodate, ClinicalKey
인적자원	인력 현황 : 2명(도서실장 1명, 사서 1명)
시설	전체면적 : 80㎡
설비	• 검색용 PC : 4대 • 레이저프린터 : 1대 • 컬러프린터 : 1대 • 스캐너 : 1대 • 복사기 : 1대 • Fax : 1대
이용자교육	EndNote 이용교육

도서관 소개

1969년에 개원한 대전성모병원의 구성원에게 의학 관련 정보서비스를 제공하기 위해 개관한 가톨릭대학교 대전성모병원 의학도서실은 다양한 의학DB, 저널을 구독하여 최신정보를 제공하는 등 전문정보서비스를 통해 대전성모병원의 이념, 사명, 핵심가치를 실현하는 것을 지원하고 있다.

출처

가톨릭대학교 대전성모병원 의학도서실
http://cmcdjlib.or.kr
국가도서관 통계시스템
https://www.libsta.go.kr

가톨릭대학교 부천성모병원 의학정보실

<table>
<tr><td>분류</td><td colspan="3">전문도서관(병원도서관)</td><td>개관년도</td><td>1970</td></tr>
<tr><td>주소</td><td colspan="5">(14647) 경기도 부천시 원미구 소사로 327 성요셉관 3층 의학정보실</td></tr>
<tr><td>홈페이지</td><td colspan="5">http://cmcbclib.futurenuri.co.kr</td></tr>
<tr><td>전화번호</td><td colspan="5">032-340-2209, 2409</td></tr>
<tr><td>팩스</td><td colspan="5">032-340-2669</td></tr>
<tr><td>운영시간</td><td colspan="5">평일 08:00~19:00, 토/일 및 공휴일 휴관</td></tr>
<tr><td>이용대상</td><td colspan="5">• 부천성모병원 교직원
• 가톨릭대학교 소속교원
• 수련전공의 및 실습학생</td></tr>
<tr><td rowspan="5">장서</td><td colspan="2">구분</td><td>장서 수</td><td colspan="2">계</td></tr>
<tr><td rowspan="2">단행본</td><td>국내</td><td>777권</td><td colspan="2" rowspan="3">6,055권</td></tr>
<tr><td>국외</td><td>878권</td></tr>
<tr><td colspan="2">제본잡지</td><td>4,400권</td></tr>
<tr><td colspan="2">연속간행물(책자)</td><td>60종</td><td colspan="2">60종</td></tr>
<tr><td>분류체계</td><td colspan="5">NLMC, DDC</td></tr>
<tr><td>인적자원</td><td colspan="5">인력 현황 : 2명(차장 1명, 사원 1명)</td></tr>
<tr><td>시설</td><td colspan="5">전체면적 : 160㎡</td></tr>
<tr><td>설비</td><td colspan="5">• 업무용 PC : 2대
• 검색용 PC : 7대(SPSS, Adobe Package 보유)
• 스캐너, 복사기</td></tr>
<tr><td>주요 서비스</td><td colspan="5">• 원문복사제공
• 주제정보검색
• SR 검색지원
• 논문작성지원
• 인용분석</td></tr>
<tr><td>이용자교육</td><td colspan="5">맞춤형 학술정보이용교육</td></tr>
</table>

도서관 소개

가톨릭대학교 부천성모병원 의학정보실은 부천성모병원 교직원, 가톨릭대학교 소속교원, 수련전공의 및 실습학생에게 의학정보서비스를 제공하는 기관으로, 최신의 의학정보를 수집하여 제공할 뿐만 아니라 다양한 연구지원서비스를 제공하고 있다.

제공서비스

가톨릭대학교 부천성모병원 의학정보실의 연구지원서비스는 논문작성지원, 주제검색, 인용분석, SR검색지원 등으로 구성되어 있다.

▪ 논문작성지원

논문작성지원은 가톨릭대학교 부천성모병원 소속 연구진이 국내외 연구논문작성 시 투고 전 최종 원고가 해당 학술지 투고규정에 맞게 작성되었는지 검토해 주는 서비스로, 논문 형식, 참고문헌 형식, Table/Figure 등을 검토하고 수정한다.

구분	내용
논문 형식	저널의 투고규정에 따라 검토 및 최근 출판논문과의 대조를 통해 논문전체 형식을 검토
인용표기 및 참고문헌 형식 검토	• 논문의 인용표기, 참고문헌작성 형식 등을 검토 • 투고저널의 참고문헌 Output Style 제작
Table/Figure 검토	논문작성에 사용된 Table 및 Figure를 투고규정에 맞춰 검토, 수정
기타	SCI 등재 여부, Impact Factor 등 관련정보 요청 시 제공

▪ 주제검색

주제검색은 신청자의 인적사항, 검색주제를 작성하여 의학정보실에 신청하면 해당 검색주제에 대한 검색결과를 받아볼 수 있는 서비스로, 업데이트된 검색결과도 정기적으로 받아볼 수 있다.

▪ 인용분석

인용분석은 논문의 인용정보를 기반으로 연구업적분석을 지원하는 서비스로, Web of Science의 피인용 수를 기준으로 수집 및 가공한 정보를 제공한다.

[서비스 내용]
- Thomson Reuter사의 Web of Science의 피인용 수를 기준으로 수집 및 가공한 정보를 제공
- 추가하고 싶은 항목을 요청하면 그에 맞는 맞춤보고서를 제공
  - 연구자별 논문목록
  - 피인용 횟수
  - H-Index
  - 학술지별 Impact Factor 등

▪ SR검색지원

SR검색지원은 체계적 문헌고찰(Systematic Review)을 지원하는 서비스로, SR 중복 출판물 조사, 참고가이드라인검색 등의 정보를 제공한다.

[서비스 내용]
- SR 중복 출판물 조사, 참고가이드라인검색
- PubMed, Cochrane, Embase 검색식과 검색결과를 EndNote 라이브러리로 제공
- 최종 결과 원문파일 첨부

교육

가톨릭대학교 부천성모병원 의학정보실에서는 정기교육에 참여하기 힘든 가톨릭대학교 부천성모병원 구성원을 위하여 맞춤형 학술정보이용교육을 제공한다.

맞춤형 학술정보이용교육은 팀, 부서, 그룹단위로 교육 내용과 일정을 조율하여 진행되며, 의학정보실에 방문하거나 도서관 홈페이지를 통해 상담 및 신청이 가능하다.

구분	내용
1	PubMed/MeSH
2	Cochrane Library/EMBASE – SR, Meta 검색을 위한 첫 걸음
3	Web of Science/JCR – 인용정보 확인/학술지평가
4	EndNote – 참고문헌관리를 위한 서지관리프로그램
5	간호학/보건학 정보원 – 간호학술연구를 위한 정보원검색

출처

가톨릭대학교 부천성모병원 의학정보실
http://cmcbclib.futurenuri.co.kr

국가도서관 통계시스템
https://www.libsta.go.kr

가톨릭대학교 성바오로병원 의학도서관

분류	전문도서관(병원도서관)	개관년도	1961
주소	(62056) 서울특별시 동대문구 왕산로 180 성바오로 병원 별관 1층		
홈페이지	https://www.cmcbaoro.or.kr/page/department/support/library		
전화번호	02-958-2347~8		
운영시간	평일 08:30~17:00, 토/일 및 공휴일 휴관		
이용대상	• 본원의 전 직원(전임강사 이상의 재직교수, 일반직원, 인턴, 전공의, 간호사, 의료기사) • 의료원 산하 교직원 • 병원장이 인정하는 외부인사 • 한국의학도서관협회 회원(회원증 소지자에 한함) • 본원 협력병원 의료진		
장서	• 제본잡지 : 5,500여 권 • 국내외 단행본 : 600여 권		
인적자원	인력 현황 : 2명(의학도서실장 1명, 사원 1명)		
시설	• 전체면적 : 55㎡ • 좌석 : 8석		
설비	• 업무용 PC : 1대 • 검색용 PC : 2대		
이용자 교육	• 논문작성 시뮬레이션 • PubMed, JCR, EndNote 교육		

도서관 소개

가톨릭대학교 성바오로병원 의학도서관은 최신의 학정보를 신속·정확하게 제공함으로써 의료진의 진료·교육·연구의 발전을 돕기 위해 개관한 의학전문자료실이다. 가톨릭대학교 성바오로병원의 전교직원(전임강사 이상의 재직교수, 일반직원, 인턴, 전공의, 간호사, 의료기사)에게 대출서비스를 제공하고 있으며, 다양한 서비스와 교육을 통해 기관 구성원의 진료·교육·연구를 돕고 있다.

제공서비스

▪ 원문제공 및 상호대차서비스

단행본, 전자저널, 학술논문검색 및 Full Text를 제공하며, 한국의학도서관협회의 MEDLIS, 한국교육학술정보원(KERIS)의 WILL을 통한 상호대차서비스를 제공한다.

▪ 정보검색

정보검색은 교원 및 협력병원을 대상으로 SCI, SCIE 등재저널 및 IF 등의 게재 논문정보를 제공하는 서비스이다.

▪ 연구논문지원

연구논문지원서비스는 저널의 투고규정(Instruction for Authors)에 따른 학술논문 편집(Manuscript Editing Service)을 제공하는 서비스로 논문 형식, 참고문헌·인용 형식, 표·그림 수정 등을 검토한 뒤 형식에 맞게 수정하여 제공한다.

■ **이용자교육**

이용자교육으로 논문작성 시뮬레이션, PubMed, JCR, EndNote 교육 등을 실시한다.

출처

가톨릭대학교 성바오로병원

https://www.cmcbaoro.or.kr/page/department/support/library

국가도서관 통계시스템

https://www.libsta.go.kr

가톨릭대학교 성빈센트병원 의학도서실

<table>
<tr><td>분류</td><td colspan="2">전문도서관(병원도서관)</td><td>개관년도</td><td>1967</td></tr>
<tr><td>주소</td><td colspan="4">(16247) 경기도 수원시 팔달구 중부대로 93 가톨릭대학교 성빈센트병원 별관 1층</td></tr>
<tr><td>홈페이지</td><td colspan="4">https://www.cmcvincent.or.kr/page/department/support/library</td></tr>
<tr><td>전화번호</td><td colspan="4">031-249-7748, 7750</td></tr>
<tr><td>팩스</td><td colspan="4">031-258-2723</td></tr>
<tr><td>운영시간</td><td colspan="4">평일 08:00~18:00, 토/일 및 공휴일 휴관</td></tr>
<tr><td>이용대상</td><td colspan="4">• 가톨릭대학교 성빈센트병원 교직원
• 가톨릭대학교 소속교원
• 수련 전공의 및 실습학생
• 한국의학도서관협회 회원(회원증 소지자에 한함)</td></tr>
<tr><td rowspan="5">장서</td><td>구분</td><td>장서 수</td><td colspan="2">계</td></tr>
<tr><td>의학도서</td><td>4,929권</td><td colspan="2" rowspan="4">21,450권</td></tr>
<tr><td>교양도서</td><td>2,392권</td></tr>
<tr><td>참고도서</td><td>60권</td></tr>
<tr><td>국내외 제본잡지</td><td>14,069권</td></tr>
<tr><td>분류체계</td><td colspan="4">• 의학도서 : NLMC
• 교양도서 : KDC</td></tr>
<tr><td>인적자원</td><td colspan="4">인력 현황 : 2명(팀장 1명, 사서 1명)</td></tr>
<tr><td>시설</td><td colspan="4">• 전체면적 : 200㎡
• 좌석 : 25석</td></tr>
<tr><td>설비</td><td colspan="4">• 업무용 PC : 2대
• 검색용 PC : 3대</td></tr>
</table>

도서관 소개

가톨릭대학교 성빈센트병원 별관 1층에 위치한 가톨릭대학교 성빈센트병원 의학도서실은 1967년 설립되었으며, 신속한 의학전문정보 제공과 논문작성지원서비스와 같은 학술정보서비스를 활성화하여 임상연구교원의 연구지원과 가톨릭대학교 성빈센트병원의 발전을 위해 최선을 다하는 것을 운영목표로 삼고 있다.

의학도서실의 장서는 총 21,450권이며, 통합의료정보시스템 nU를 통해 병원 내 어디서든 소장자료검색과 구독 중인 전자저널의 원문열람이 가능하도록 하고 있다.

또한 관련 사이트로 의학DB, 국외 논문검색 사이트, 국내 논문검색 사이트, 참고정보 사이트 등의 링크를 제공하고 있다.

출처

가톨릭대학교 성빈센트병원

https://www.cmcvincent.or.kr

국가도서관 통계시스템

https://www.libsta.go.kr

가톨릭대학교 여의도성모병원 의학분관

<table>
<tr><td>분류</td><td colspan="4">전문도서관(병원도서관)</td><td>개관년도</td><td>1968</td></tr>
<tr><td>주소</td><td colspan="6">(07345) 서울특별시 영등포구 63로 10 여의도성모병원</td></tr>
<tr><td>홈페이지</td><td colspan="6">http://lib.cuk.ac.kr</td></tr>
<tr><td>전화번호</td><td colspan="6">02-3779-1085, 1324</td></tr>
<tr><td>팩스</td><td colspan="6">02-784-6874</td></tr>
<tr><td>운영시간</td><td colspan="6">평일 08:00~19:00, 토/일 및 공휴일 휴관</td></tr>
<tr><td rowspan="3">이용대상</td><td>구분</td><td colspan="5">내용</td></tr>
<tr><td>본관</td><td colspan="5">의료원 산하 교원 및 전공의, 직할병원의 직원, 성의교정 학생 및 대학원생, 주임교수가 보증한 외래교수, 도서관장이 인정하는 외부인사</td></tr>
<tr><td>분관</td><td colspan="5">본관 이용대상, 분관 해당 병원에 근무하는 교직원 및 전공의, 의학과 3, 4학년 및 간호학과 3, 4학년 학생</td></tr>
<tr><td rowspan="5">장서</td><td colspan="2">구분</td><td colspan="2">장서 수</td><td colspan="2">계</td></tr>
<tr><td rowspan="2">단행본</td><td>국내</td><td colspan="2">265권</td><td colspan="2" rowspan="3">17,426권</td></tr>
<tr><td>국외</td><td colspan="2">590권</td></tr>
<tr><td colspan="2">제본잡지</td><td colspan="2">16,571권</td></tr>
<tr><td colspan="2">연속간행물(책자)</td><td colspan="2">53종</td><td colspan="2">53종</td></tr>
<tr><td>분류체계</td><td colspan="6">• 의학도서 : NLMC
• 교양도서 : DDC</td></tr>
<tr><td>인적자원</td><td colspan="6">인력 현황 : 2명(과장 2명)</td></tr>
<tr><td>시설</td><td colspan="6">전체면적 : 165㎡</td></tr>
<tr><td>설비</td><td colspan="6">• 업무용 PC : 3대
• 검색용 PC : 4대</td></tr>
</table>

도서관 소개

가톨릭대학교 도서관의 명동 소재 성모병원 분관(임상도서실)으로 시작하였던 가톨릭대학교 성모병원 도서실은 1986년 성모병원이 여의도로 이전함에 따라 분관도 함께 이전하게 되었다.

개관 당시 임상교원을 위한 봉사업무를 수행하는 것을 목적으로 하였으며, 현재는 가톨릭대학교의 성의교정도서관의 분관이자 가톨릭대학교 성모병원의 학술정보센터로서 최신의 의학정보를 수집 · 보존하여 제공하고 있다.

출처

가톨릭대학교 성의교정도서관
http://lib.cuk.ac.kr

가톨릭대학교 여의도성모병원
https://www.cmcsungmo.or.kr

국가도서관 통계시스템
https://www.libsta.go.kr

가톨릭대학교 의정부성모병원 의학분관

<table>
<tr><td>분류</td><td colspan="3">전문도서관(병원도서관)</td><td>개관년도</td><td>1993</td></tr>
<tr><td>주소</td><td colspan="5">(11765) 경기도 의정부시 천보로 271 가톨릭대학교 의정부성모병원</td></tr>
<tr><td>홈페이지</td><td colspan="5">http://lib.cuk.ac.kr</td></tr>
<tr><td>전화번호</td><td colspan="5">031-820-3378</td></tr>
<tr><td>팩스</td><td colspan="5">031-847-2934</td></tr>
<tr><td>운영시간</td><td colspan="5">평일 08:00~17:00, 토/일 및 공휴일 휴관</td></tr>
<tr><td rowspan="3">이용대상</td><td>구분</td><td colspan="4">내용</td></tr>
<tr><td>본관</td><td colspan="4">의료원 산하 교원 및 전공의, 직할병원의 직원, 성의교정 학생 및 대학원생, 주임교수가 보증한 외래교수, 도서관장이 인정하는 외부인사</td></tr>
<tr><td>분관</td><td colspan="4">본관 이용대상, 분관 해당 병원에 근무하는 교직원 및 전공의, 의학과 3, 4학년 및 간호학과 3, 4학년 학생</td></tr>
<tr><td rowspan="4">장서</td><td colspan="2">구분</td><td colspan="2">장서 수</td><td>계</td></tr>
<tr><td rowspan="2">단행본</td><td>국내</td><td colspan="2">840권</td><td rowspan="2">1,543권</td></tr>
<tr><td>국외</td><td colspan="2">703권</td></tr>
<tr><td colspan="2">연속간행물(책자)</td><td colspan="2">119종</td><td>119종</td></tr>
<tr><td>분류체계</td><td colspan="5">• 의학도서 : NLMC
• 교양도서 : DDC</td></tr>
<tr><td>인적자원</td><td colspan="5">인력 현황 : 1명(대리 1명)</td></tr>
<tr><td>시설</td><td colspan="5">전체면적 : 72㎡</td></tr>
<tr><td>설비</td><td colspan="5">• 업무용 PC : 1대
• 검색용 PC : 4대</td></tr>
</table>

도서관 소개

가톨릭대학교 의정부성모병원 도서실은 1993년에 가톨릭대학교 성의교정도서관의 분관으로 개관하였으며, 의학전문학술정보센터로서 최신의 의학 정보를 수집 · 보존하여 제공하고 있다.

출처

가톨릭대학교 성의교정도서관
http://lib.cuk.ac.kr
가톨릭대학교 의정부성모병원
https://www.cmcujb.or.kr
국가도서관 통계시스템
https://www.libsta.go.kr

가톨릭대학교 인천성모병원 의학도서실

<table>
<tr><td>분류</td><td colspan="2">전문도서관(병원도서관)</td><td>개관년도</td><td>1977</td></tr>
<tr><td>주소</td><td colspan="4">(21431) 인천광역시 부평구 동수로 56 가톨릭대학교 인천성모병원 행정연구동 1층</td></tr>
<tr><td>홈페이지</td><td colspan="4">https://www.cmcism.or.kr/treatment/support_06_01</td></tr>
<tr><td>전화번호</td><td colspan="4">032-280-5277</td></tr>
<tr><td>팩스</td><td colspan="4">032-280-5278</td></tr>
<tr><td>운영시간</td><td colspan="4">평일 08:30~17:30, 토/일 및 공휴일 휴관</td></tr>
<tr><td rowspan="7">장서</td><td colspan="2">구분</td><td colspan="2">장서 수</td></tr>
<tr><td rowspan="2">의학저널</td><td>국내</td><td colspan="2">320여 종</td></tr>
<tr><td>국외</td><td colspan="2">270여 종</td></tr>
<tr><td>단행본</td><td>의학도서</td><td colspan="2">1,700여 권</td></tr>
<tr><td rowspan="3">특수자료</td><td>Slide Film</td><td colspan="2">50여 종</td></tr>
<tr><td>Video Tape</td><td colspan="2">30여 종</td></tr>
<tr><td>CD-ROM</td><td colspan="2">20여 종</td></tr>
<tr><td>인적자원</td><td colspan="4">인력 현황 : 2명(도서실장 1명, 사서 1명)</td></tr>
<tr><td>시설</td><td colspan="4">전체면적 : 104㎡</td></tr>
<tr><td>설비</td><td colspan="4">• 업무용 PC : 1대
• 검색용 PC : 4대</td></tr>
</table>

도서관 소개

1977년에 설치된 가톨릭대학교 인천성모병원 의학도서실은 진료지원부서 중 하나로 병원 구성원의 교육·연구·진료를 돕는 것을 운영목적으로 한다.

국내외 600여 종의 의학저널과 1,700여 권의 의학도서를 소장하고 있으며, 슬라이드 필름, 비디오테이프, CD-ROM 등의 특수자료도 100여 종 소장하고 있다.

의학도서실 내의 모든 자료는 열람 및 대출이 가능하나 사전류와 같은 참고도서는 내부 열람실에서만 이용가능하다.

출처

가톨릭대학교 인천성모병원
https://www.cmcism.or.kr
국가도서관 통계시스템
https://www.libsta.go.kr

강남세브란스병원 의학도서실

<table>
<tr><td>분류</td><td colspan="2">전문도서관(병원도서관)</td><td>개관년도</td><td>1983</td></tr>
<tr><td>주소</td><td colspan="4">(06273) 서울특별시 강남구 언주로 211 1동 9층 강남세브란스병원 의학도서실</td></tr>
<tr><td>홈페이지</td><td colspan="4">https://ymlib.yonsei.ac.kr/gangnam-medical</td></tr>
<tr><td>전화번호</td><td colspan="4">02-2019-3272, 3273</td></tr>
<tr><td>팩스</td><td colspan="4">02-2019-4801</td></tr>
<tr><td>운영시간</td><td colspan="4">평일 09:00~17:30, 토/일 및 공휴일 휴관</td></tr>
<tr><td rowspan="5">장서</td><td colspan="2">구분</td><td>장서 수</td><td>계</td></tr>
<tr><td rowspan="2">단행본</td><td>국내</td><td>1,068권</td><td rowspan="3">11,774권</td></tr>
<tr><td>국외</td><td>2,168권</td></tr>
<tr><td colspan="2">e-Book</td><td>8,538권</td></tr>
<tr><td colspan="2">연속간행물</td><td>95종</td><td>95종</td></tr>
<tr><td>인적자원</td><td colspan="4">인력 현황 : 1명(사서 1명)</td></tr>
<tr><td>시설</td><td colspan="4">전체면적 : 28㎡</td></tr>
<tr><td>설비</td><td colspan="4">• 업무용 PC : 2대
• 검색용 PC : 3대</td></tr>
</table>

도서관 소개

강남세브란스병원 의학도서실은 한국 현대의학의 효시를 마련하고 한국 의학 발전의 견인차 역할을 자임해 온 연세의료원의 의료확충사업과 거점적 의료전달체계의 확립에 따라 1983년 4월에 개관하였다.

강남세브란스병원 의학도서실은 의학정보서비스를 담당하고 있는 의학도서실은 강남세브란스병원의 구성원뿐만 아니라 연세대학교 의과대학의 구성원에게도 도서관서비스를 제공하고 있다.

또한 연세대학교 의학도서관과 상호대차서비스를 운영하여 자료 이용에 있어 거리의 한계를 줄이고 접근성을 높였다.

출처

연세대학교 의학도서관
https://ymlib.yonsei.ac.kr/

국가도서관 통계시스템
https://www.libsta.go.kr

강동경희대학교병원 의학도서실

<table>
<tr><td>분류</td><td>전문도서관(병원도서관)</td><td>개관년도</td><td colspan="2">2006</td></tr>
<tr><td>주소</td><td colspan="4">(05278) 서울특별시 강동구 동남로 892 강동경희대학교병원 별관 지상2층</td></tr>
<tr><td>홈페이지</td><td colspan="4">http://lib.khnmc.or.kr</td></tr>
<tr><td>전화번호</td><td colspan="4">02-440-6848~9</td></tr>
<tr><td>팩스</td><td colspan="4">02-440-6852</td></tr>
<tr><td>운영시간</td><td colspan="4">평일 08:30~19:00, 토/일 및 공휴일 휴관</td></tr>
<tr><td>이용대상</td><td colspan="4">• 병원 교직원 및 파견직 직원
• 경희의료원 교직원
• 병원장이 인정하는 외부인사
• 한국의학도서관협회 회원(회원증 소지자에 한함)
• 타도서관 열람증 소지자</td></tr>
</table>

<table>
<tr><td rowspan="8">장서</td><td colspan="2">구분</td><td>장서 수</td><td>계</td></tr>
<tr><td rowspan="2">단행본</td><td>국내</td><td>1,180권</td><td rowspan="3">1,619권</td></tr>
<tr><td>국외</td><td>328권</td></tr>
<tr><td colspan="2">e-Book</td><td>111권</td></tr>
<tr><td rowspan="2">연속간행물</td><td>책자</td><td>188종</td><td rowspan="2">13,351종</td></tr>
<tr><td>전자</td><td>13,163종</td></tr>
<tr><td colspan="2">학술DB</td><td>8종</td><td>8종</td></tr>
</table>

<table>
<tr><td>분류체계</td><td>• 의학도서 : NLMC
• 교양도서 : KDC</td></tr>
<tr><td>인적자원</td><td>인력 현황 : 3명(사서 2명, 사원 1명)</td></tr>
<tr><td>시설</td><td>전체면적 : 103㎡, 좌석 : 18석</td></tr>
<tr><td>주요 서비스</td><td>연구지원서비스, 상호대차서비스, 논문 영문교정서비스, 이용자교육, 포스터출력서비스</td></tr>
<tr><td>설비</td><td>• 검색용 PC : 6대
• SPSS 통계프로그램 전용석 : 1석
• 비도서 자료열람대 : 2석
• 기타 기자재 : 컬러 복합기, 스프링제본기, 코팅기</td></tr>
</table>

도서관 소개

강동경희대학교병원 의학도서실은 2006년 8월에 신의학 창조를 위한 학술연구활동 및 연구 수행을 지원하고 관련 정보를 제공하는 것을 목적으로 설립되었으며, 개가식으로 운영되고 있다.

제공서비스

■ **논문 영어교정서비스**

'논문 영어교정서비스'는 SCI(E) 등재학술지에 투고 예정인 논문에 한해서 영문교정을 제공하는 서비스로 강동경희대학교병원 직원이라면 누구나 온라인 신청 후 이용가능하다.

▪ 연구지원서비스

강동경희대학교병원 의학도서실의 '연구지원서비스'는 크게 학술지작성지원, 투고규정 안내, EndNote Style 작성 제공, 전문검색서비스, 협력병원 논문검색서비스 등 5가지로 구성되어 있다. 이러한 연구지원서비스는 강동경희대학교병원의 모든 직원을 대상으로 제공하고 있다.

▪ 이용자교육

의학도서실 이용 안내 교육, 의학정보검색 및 각종 DB 사용법 안내, EndNote 사용법 안내 등의 교육을 제공하고 있다.

출처

강동경희대학교병원 의학도서실
http://lib.khnmc.or.kr
국가도서관 통계시스템
https://www.libsta.go.kr

강동성심병원 의학도서실

분류	전문도서관(병원도서관)
주소	(05355) 서울특별시 강동구 성안로 150 강동성심병원 교육연구관 5층
홈페이지	http://dl.kdh.or.kr
전화번호	02-2224-2173
팩스	02-473-8101
운영시간	평일 08:00~17:30, 토/일 및 공휴일 휴관
장서	• 연속간행물 : 10,599종(책자 100종, 전자 10,499종) • 학술DB : 6종
인적자원	인력 현황 : 1명(사서 1명)
시설	전체면적 : 150㎡
설비	• 업무용 PC : 2대 • 검색용 PC : 23대

도서관 소개

[강동성심병원 교육연구관]

강동성심병원의 교육연구관 5층에 위치한 강동성심병원 의학도서실은 강동성심병원의 의학전문정보센터로서 기능을 수행하고 강동성심병원 구성원의 진료·교육·연구를 돕고 있다.

출처

강동성심병원
https://www.kdh.or.kr
강동성심병원 의학도서실
http://dl.kdh.or.kr
국가도서관 통계시스템
https://www.libsta.go.kr

강릉아산병원 의학정보실

<table>
<tr><td>분류</td><td colspan="2">전문도서관(병원도서관)</td><td>개관년도</td><td>1997</td></tr>
<tr><td>주소</td><td colspan="4">(25440) 강원도 강릉시 사천면 방동길 38</td></tr>
<tr><td>홈페이지</td><td colspan="4">https://aml.amc.seoul.kr/GML</td></tr>
<tr><td>전화번호</td><td colspan="4">033-610-3013</td></tr>
<tr><td>팩스</td><td colspan="4">033-610-3020</td></tr>
<tr><td>운영시간</td><td colspan="4">연중 08:30~22:00(설, 추석 연휴는 휴관)</td></tr>
<tr><td>이용대상</td><td colspan="4">• 강릉아산병원 직원 및 가족
• 강릉아산병원 협력기관 직원
• 아산재단 산하병원 직원
• 한국의학도서관협회 회원(회원증 소지자에 한함)
• 기타 교육연구부장이 인정하는 외부인사</td></tr>
<tr><td rowspan="7">장서</td><td colspan="2">구분</td><td>장서 수</td><td>계</td></tr>
<tr><td rowspan="2">단행본</td><td>국내</td><td>2,998권</td><td rowspan="4">4,253종</td></tr>
<tr><td>국외</td><td>447권</td></tr>
<tr><td colspan="2">e-Book</td><td>792권</td></tr>
<tr><td colspan="2">제본잡지</td><td>16권</td></tr>
<tr><td colspan="2">연속간행물</td><td>2,069종</td><td>2,069종</td></tr>
<tr><td colspan="2">학술DB</td><td>2종</td><td>2종</td></tr>
<tr><td>분류체계</td><td colspan="4">DDC</td></tr>
<tr><td>인적자원</td><td colspan="4">인력 현황 : 2명(도서실장 1명, 사서 1명)</td></tr>
<tr><td>시설</td><td colspan="4">전체면적 : 144㎡</td></tr>
<tr><td>설비</td><td colspan="4">• 업무용 PC : 1대
• 검색용 PC : 10대</td></tr>
</table>

도서관 소개

강릉아산병원 의학정보실은 의학, 간호학, 보건학, 생물학 등 생명과학에 관한 정보를 다루는 전문도서관으로, 병원에서 이 분야의 연구나 진료행위를 담당하고 있는 전문인들을 적극적으로 지원하여 필요한 정보를 신속 정확하게 제공하여 주는 것을 운영목적으로 삼고 있다.

제공서비스

▪ 의학주제별 리스트

기초의학, 임상의학(기타), 임상의학(내과), 임상의학(외과)으로 크게 주제를 나누어 주제별로 정보를 제공한다.

구분	내용
기초의학	생리학, 약리학/처방, 해부학/세포학, 간호학, 생화학
임상의학(기타)	소아청소년과, 안과, 이비인후과, 재활의학과, 응급의학, 치과, 영상의학, 마취통증, 병리/진단, 신경/정신과학, 피부과
임상의학(내과)	내과/가정의학, 순환기/심혈관, 호흡기/결핵, 혈액종양/방사선종양, 내분비, 류마티스/근골격계, 감염/기타 질병, 소화기내과
임상의학(외과)	흉부외과, 외과, 성형외과, 산부인과, 비뇨기과/신장내과, 소화기외과, 정형외과

출처

강릉아산병원 의학정보실

https://aml.amc.seoul.kr/GML

국가도서관 통계시스템

https://www.libsta.go.kr

강북삼성병원 의학정보실

<table>
<tr><td>분류</td><td colspan="3">전문도서관(병원도서관)</td><td>개관년도</td><td colspan="3">1968</td></tr>
<tr><td>주소</td><td colspan="7">(03181) 서울특별시 종로구 새문안길 78</td></tr>
<tr><td>홈페이지</td><td colspan="7">https://lib.kbsmc.co.kr</td></tr>
<tr><td>전화번호</td><td colspan="7">02-2001-2793~5</td></tr>
<tr><td>팩스</td><td colspan="7">02-2001-2797~8</td></tr>
<tr><td>운영시간</td><td colspan="7">평일 08:00~17:00, 주말 08:00~12:00, 공휴일 휴무</td></tr>
<tr><td>이용대상</td><td colspan="7">• 병원 임직원
• 삼성의료원 산하 임직원/성균관대학교 의과대학 교직원 및 학생/삼성그룹 임직원
• 한국의학도서관협회 회원(회원증 소지자에 한함)
• 각 기관 도서관의 '열람의뢰서' 소지자
• 병원동문 및 지역사회 의료인</td></tr>
<tr><td rowspan="2">장서</td><td>구분</td><td>인쇄저널</td><td>전자저널</td><td>전자도서</td><td>약품정보DB</td><td colspan="2">근거중심의학</td></tr>
<tr><td>장서 수</td><td>14종</td><td>5,000여 종</td><td>1,000여 권</td><td>2종</td><td colspan="2">2종</td></tr>
<tr><td>분류체계</td><td colspan="7">NLMC</td></tr>
<tr><td>인적자원</td><td colspan="7">인력 현황 : 3명(실장 1명, 수석 1명, 사원 1명)</td></tr>
</table>

설비	열람석	검색용 PC	스캐너	프린터	팩시밀리	복사기	문서류 쇄단기
수량	1대 (10인용)	3대	1대	2대	1대	1대	1대

도서관 소개

강북삼성병원 의학정보실은 1968년 11월 고려병원 도서실로 출발하여 1998년 2월에 기존의 도서실과 시청각실을 통합하여 신설되었다. 수련병원에 필요한 학술 연구자료를 구비하고 최신의학정보를 신속히 제공하여 진료·연구·교육활동을 지원하는 것을 운영목적으로 하고 있으며, 21세기 도심형 특성화 병원이 요구하는 최선의 의학정보 서비스를 제공하는 것을 목적으로 한다.

제공서비스

▪ 연구논문작성지원

강북삼성병원 의학정보실에서 제공하는 논문작성 지원서비스는 논문 투고 전 학술지별 투고규정에 맞게 논문을 수정하는 서비스이다. 진료부의 경우 성균관의대, 강북삼성병원으로, 일반직의 경우 강북삼성병원으로 주저자의 소속이 기재된 경우에 한해서 서비스를 제공한다. 지원 내용으로는 논문 형식 수정, MeSH 키워드작성, EndNote · Figure · Table 수정, 등재 여부, Impact Factor 등의 정보를 제공하는 학술지정보 등이다.

▪ 정보검색교육

의학연구의 활성화를 위하여 입문교육, 정기교육, 수시교육으로 구분하여 교육을 실시하고 있다.

구분	내용
입문교육	• 의학정보실의 전반적인 소개 • 홈페이지를 통한 자료검색법 • 전자저널 이용법 • 원문복사서비스 이용법
정기교육	EndNote 이용법 : 참고문헌 수집 및 관리, MS Word와 연동한 논문작성법
수시교육	논문작성법, PubMed & EndNote 이용법, 메타분석 Systematic Review 문헌검색

출처

강북삼성병원 의학정보실

http://lib.kbsmc.co.kr

국가도서관 통계시스템

https://www.libsta.go.kr

건국대학교병원 의학도서실

분류	전문도서관(병원도서관)
주소	(05030) 서울특별시 광진구 능동로 120-1
홈페이지	http://kuh.futurenuri.co.kr
전화번호	02-2030-7741
팩스	02-2030-7743
운영시간	평일 09:00~17:30, 토/일 및 공휴일 휴관
이용대상	• 건국대학교병원 교직원 • 건국대학교 의학전문대학원 교수, 학생 • 기타 병원장의 승인을 얻은 외부인
장서	• Textbook(구입 e-Book 포함) : 3,034권 • e-Book DB : 6종(이용가능 도서 : 약 18,000권) • 제본잡지 : 2,455권 • 전자저널DB : 33종(이용가능 저널 : 11,000종 이상)
분류체계	NLMC
인적자원	인력 현황 : 1명(사서 1명)
시설	• 전체면적 : 717㎡(자료실 406.6㎡, 자유열람실 310.4㎡) • 좌석 : 200석(자료실 22석, 자유열람실 178석)
설비	• 업무용 PC : 4대 • 검색용 PC : 4대
주요 서비스	• 의학도서실 자료 및 시설 이용에 대한 문의 • Medline, 전자저널 등 전자정보원 검색교육 • 문헌복사서비스 • 기타 의학정보에 관한 문의
이용자교육	전자정보원 검색교육(Medline, 전자저널 등)

도서관 소개

건국대학교병원 의생명과학연구관 지하에 위치한 건국대학교병원 의학도서실은 건국대학교병원 교직원 및 건국대학교 의학전문대학원의 교수, 학생을 대상으로 의학정보서비스를 제공하고 있다. 또한 건국대학교 상허기념도서관과 건국대학교 글로컬캠퍼스 중원도서관과의 교류를 통해 자료를 공유함으로써 서비스의 효율성을 높이고 있다.

교육

건국대학교병원 의학도서실의 이용교육은 주로 전자정보원 이용교육으로 구성되어 있으며, 정해진 강의 일정에 이용자가 신청한 뒤 참여하는 방식으로 진행된다. 대부분의 교육은 전체교직원을 대상으로 하나 일부 교육의 경우 교수, 임상강사 등으로 대상이 정해진 경우도 있다.

출처

건국대학교병원 의학도서실
http://kuh.futurenuri.co.kr
국가도서관 통계시스템
https://www.libsta.go.kr

경희의료원 의학도서실

분류	전문도서관(병원도서관)	개관년도	1971
주소	(02447) 서울특별시 동대문구 경희대로 23 경희의료원 정보행정동 지하 2층		
홈페이지	https://khmccd.kyunghee.ac.kr		
전화번호	02-958-9073, 9074		
팩스	02-958-9071		
운영시간	평일 08:30~17:30, 토/일 및 공휴일 휴관		
이용대상	• 경희의료원 직원 및 경희대학교 의학계열 학부/대학원 재학생 • 한국의학도서관협회 회원(회원증 소지자에 한함)		
장서 (2019년 3월 기준)	• 단행본(의학도서/교양도서) : 5,276권 • e-Journal : 17,075종 • e-Book : 14,950종 • 제본잡지 : 40,270권		
인적자원	인력 현황 : 4명(의료정보센터 소장 1명, 책임사서 1명, 팀원 2명)		
시설	전체면적 : 186㎡		
설비	• 업무용 PC : 7대 • 검색용 PC : 15대		
주요 서비스	• 영문교정서비스 • 상호대차서비스		
이용자교육	이용교육		

도서관 소개

경희의료원 의학도서실은 1971년 경희대학교 서울중앙도서관에서 의학관계 서적 3,500여 권을 인수받아 분관하였다.

현재 경희의료원 의학도서실은 경희의료원 직원 및 경희대학교 의학계열 학부/대학원 재학생의 교육·연구·진료를 지원하고 있으며, 의학정보서비스 제공과 도서관 및 경희의료원의 발전을 위하여 노력하고 있다.

제공서비스

■ 영문교정서비스

경희의료원 구성원의 국제학술지 게재를 활성화하기 위해, SCI(E) 등재학술지 투고예정 논문의 영문교정서비스를 제공하고 있다.

해당 서비스의 대상은 논문의 제1저자, 교신저자 중 1인이 경희의료원 소속이고, 기고 학술지가 국제학술지(SCI, SCIE, SSCI)의 경우에 제공한다.

출처

경희의료원 의학도서실

http://kmclib.khu.ac.kr

국가도서관 통계시스템

https://www.libsta.go.kr

고려대학교 구로병원 도서실

분류	전문도서관(병원도서관)	개관년도	1987
주소	(08308) 서울특별시 구로구 구로동로 148 고려대학교 구로병원 연구동 2층		
홈페이지	https://medlib.korea.ac.kr/local/html/useHospitalGuro		
전화번호	02-2626-1951		
팩스	02-2626-1952		
운영시간	평일 08:00~17:30, 토/일 및 공휴일 휴관		
장서	• 장서 : 12,000여 권 • e-Book 및 비도서자료		
인적자원	인력 현황 : 2명(도서실장 1명, 사서 1명)		
시설	• 전체면적 : 220㎡ • 좌석 : 10석		
설비	• 업무용 PC : 2대 • 검색용 PC : 3대		
주요 서비스	원문복사 및 상호대차		

도서관 소개

1987년 5월에 설치된 고려대학교 구로병원 도서실은 2010년 3월에 리모델링하여 개관하였다. 전체면적은 220㎡로 교수 라운지, 열람석 등의 시설을 갖추고 있다. 또한 한국의학도서관협회 회원기관으로 원문복사 및 상호대차서비스를 제공하고, 이용자가 자료나 기자재를 직접 이용할 수 있도록 개가제로 운영하며, 도서 외 e-Book 단말기와 DVD 등의 비도서자료도 소장하고 있다.

출처

고려대학교 구로병원 도서실
https://medlib.korea.ac.kr/local/html/useHospitalGuro

국가도서관 통계시스템
https://www.libsta.go.kr

고려의대 안산병원 도서실

분류	전문도서관(병원도서관)
주소	(15355) 경기도 안산시 단원구 적금로 123 고려대학교 안산병원 별관 신축 3층
홈페이지	https://medlib.korea.ac.kr/local/html/useHospitalAnsan
전화번호	031-412-6542
운영시간	평일 08:00~17:30, 토/일 및 공휴일 휴관
인적자원	인력 현황 : 2명(도서실장 1명, 사서 1명)
시설	전체면적 : 28.95㎡

도서관 소개

고려대학교 안산병원 도서실은 안산병원 구성원의 진료 · 교육 · 연구를 지원하고 다양한 의학정보서비스를 제공하기 위해 노력하고 있다. 원문복사서비스를 통해 신청한 논문은 Fax나 우편으로 제공하고 있다.

출처

고려의대 안산병원 도서실
https://medlib.korea.ac.kr/local/html/useHospitalAnsan
국가도서관 통계시스템
https://www.libsta.go.kr

광명성애병원 도서실

<table>
<tr><td>분류</td><td colspan="4">전문도서관(병원도서관)</td></tr>
<tr><td>주소</td><td colspan="4">(14241) 경기도 광명시 디지털로 36</td></tr>
<tr><td>전화번호</td><td colspan="4">02-2680-7123</td></tr>
<tr><td>팩스</td><td colspan="4">02-2680-7755</td></tr>
<tr><td>운영시간</td><td colspan="4">평일 08:30~17:30, 토/일 및 공휴일 휴관</td></tr>
<tr><td rowspan="5">장서</td><td colspan="2">구분</td><td>장서 수</td><td>계</td></tr>
<tr><td rowspan="2">단행본</td><td>국내</td><td>250권</td><td rowspan="3">1,054권</td></tr>
<tr><td>국외</td><td>612권</td></tr>
<tr><td colspan="2">제본잡지</td><td>192권</td></tr>
<tr><td colspan="2">연속간행물</td><td>54종</td><td>54종</td></tr>
<tr><td>인적자원</td><td colspan="4">인력 현황 : 3명(도서관장 1명, 의무기록사 1명, 사서 1명)</td></tr>
<tr><td>설비</td><td colspan="4">• 업무용 PC : 1대
• 검색용 PC : 1대</td></tr>
</table>

도서관 소개

광명성애병원 도서실은 성애병원의 운영목적을 실현할 수 있도록 돕고 있으며, 이와 함께 광명성애병원 구성원의 교육 · 연구 · 진료를 지원하고 있다.

출처

광명성애병원
http://h.ksungae.co.kr
국가도서관 통계시스템
https://www.libsta.go.kr

광주기독병원 의학도서실

<table>
<tr><td>분류</td><td colspan="4">전문도서관(병원도서관)</td></tr>
<tr><td>주소</td><td colspan="4">(61661) 광주광역시 남구 양림로 37</td></tr>
<tr><td>전화번호</td><td colspan="4">062-650-5230</td></tr>
<tr><td>팩스</td><td colspan="4">062-671-7443</td></tr>
<tr><td>운영시간</td><td colspan="4">평일 09:00~17:00(동절기), 08:30~17:30(하절기), 토/일 및 공휴일 휴관</td></tr>
<tr><td rowspan="6">장서</td><td colspan="2">구분</td><td>장서 수</td><td>계</td></tr>
<tr><td colspan="2">단행본</td><td>4,000권</td><td rowspan="3">4,242권</td></tr>
<tr><td colspan="2">e-Book</td><td>42권</td></tr>
<tr><td colspan="2">제본잡지</td><td>200권</td></tr>
<tr><td rowspan="2">연속간행물</td><td>책자</td><td>29종</td><td rowspan="2">71종</td></tr>
<tr><td>전자</td><td>42종</td></tr>
<tr><td>인적자원</td><td colspan="4">인력 현황 : 2명(계장 2명)</td></tr>
<tr><td>시설</td><td colspan="4">전체면적 : 479㎡</td></tr>
<tr><td>설비</td><td colspan="4">• 업무용 PC : 1대
• 검색용 PC : 2대</td></tr>
</table>

도서관 소개

광주기독병원의 의학정보서비스 제공을 담당하고 있는 광주기독병원 의학정보실은 5,000여 권의 장서를 소장하고 있으며, 광주기독병원 구성원들의 교육·연구·진료를 돕기 위하여 최선의 노력을 다하고 있다.

출처

광주기독병원
 http://www.kch.or.kr
국가도서관 통계시스템
 https://www.libsta.go.kr

국군수도병원 의학도서실

분류	전문도서관(병원도서관)			
주소	(13574) 경기도 성남시 분당구 새마을로 177번길 81			
전화번호	031-725-6448			
팩스	031-706-0987			
운영시간	평일 08:30~17:30, 토/일 및 공휴일 휴관			
장서	구분		장서 수	계
	단행본	국내	884권	5,752권
		국외	1,665권	
	제본잡지		3,203권	
	연속간행물	책자	80종	82종
		전자	2종	
인적자원	인력 현황 : 3명(소령 1명, 6급 1명, 연구원 1명)			
시설	전체면적 : 225㎡			
설비	• 업무용 PC : 3대		• 검색용 PC : 3대	

도서관 소개

군 최상위병원인 국군수도병원의 의학정보서비스를 담당하고 있는 국군수도병원 의학도서실은 국군수도병원 3층에 위치해 있다. 국군수도병원 의학도서실은 5,800여 권의 장서를 소장하고 있으며, 국군수도병원 구성원의 교육·연구·진료를 지원하고 있다.

[국군수도병원 북을북을 작은도서관]

또한 국군수도병원 방문자, 환자, 보호자를 위하여 본관 7층에 작은도서관인 '북을북을 작은도서관'을 별도로 설치하여 운영하고 있으며, 외래환자는 이용을 제한하고 있다.

출처

국군수도병원

http://afmd.md.go.kr

국가도서관 통계시스템

https://www.libsta.go.kr

국립경찰병원 의학도서실

<table>
<tr><td>분류</td><td colspan="2">전문도서관(병원도서관)</td><td>개관년도</td><td>1980</td></tr>
<tr><td>주소</td><td colspan="4">(05715) 서울특별시 송파구 송이로 123</td></tr>
<tr><td>전화번호</td><td colspan="4">02-3400-1126</td></tr>
<tr><td>팩스</td><td colspan="4">02-3400-1111</td></tr>
<tr><td>운영시간</td><td colspan="4">평일 08:30~17:00, 토요일 08:00~13:00, 일요일 및 공휴일 휴관</td></tr>
<tr><td rowspan="6">장서</td><td colspan="2">구분</td><td>장서 수</td><td>계</td></tr>
<tr><td rowspan="2">단행본</td><td>국내</td><td>573권</td><td rowspan="3">7,254권</td></tr>
<tr><td>국외</td><td>394권</td></tr>
<tr><td colspan="2">제본잡지</td><td>6,287권</td></tr>
<tr><td rowspan="2">연속간행물</td><td>책자</td><td>52종</td><td rowspan="2">5,024종</td></tr>
<tr><td>전자</td><td>4,972종</td></tr>
<tr><td>인적자원</td><td colspan="4">인력 현황 : 1명(사서 1명)</td></tr>
<tr><td>시설</td><td colspan="4">전체면적 : 96㎡</td></tr>
<tr><td>설비</td><td colspan="4">• 업무용 PC : 2대
• 검색용 PC : 6대</td></tr>
</table>

도서관 소개

국립경찰병원 의학도서실은 1980년에 개관하였으며, 경찰병원의 의학정보서비스를 담당하고 있다. 7,300여 권의 장서와 5,000여 종의 연속간행물을 소장하고 있으며, 국립경찰병원 구성원의 교육 · 연구 · 진료를 돕고 있다.

출처

국립경찰병원
https://www.nph.go.kr
국가도서관 통계시스템
https://www.libsta.go.kr

국립암센터 도서관

분류	전문도서관(병원도서관)
주소	(10408) 경기도 고양시 일산동구 일산로 323
홈페이지	http://ncc.re.kr/main.ncc?uri=library_index
전화번호	031-920-1947
팩스	031-920-1959
운영시간	평일 08:00~17:00, 토/일 및 공휴일 휴관
인적자원	인력 현황 : 1명(사무직 1명)
시설	전체면적 : 150㎡
설비	• 업무용 PC : 1대 • 검색용 PC : 9대

도서관 소개

국립암센터는 암연구 수행 및 지원, 암환자 진료, 국가암관리사업지원, 암전문가 교육훈련 등을 통해 대한민국 국민의 암부담을 줄이기 위해 노력하는 기관으로 국립암센터 산하에 연구소와 병원을 두고 있다.

국립암센터 도서관은 국립암센터의 교육·연구·진료 및 사업 수행을 도우며 다양한 정보서비스를 제공하고 있다.

교육

국립암센터 도서관은 원활한 학술자료검색 및 활용을 통해 연구와 진료에 도움이 되고자, 학술정보검색 이용자교육을 진행하고 있으며, 이용자교육은 연구진 및 의료진 등 관심 있는 직원을 대상으로 한다.

교육명	교육 내용
UpToDate 이용교육	• 해당 DataBase 이용교육 • 최신의학(암)분야 동향 안내 • UpToDate 이용에 대한 Q&A
Embase 이용교육	해당 DataBase 소개와 이용 안내
Ovid SP 이용교육	• OvidSP 업데이트 소식 및 이용 안내 • Medline 이용 안내 • Ovid 이용 관련 Q&A
EndNote 이용교육	• 논문작성 이용 안내 • EndNote X6(최신버전) 사용 안내
Cochrane Library 이용교육	• 해당 DataBase 소개와 이용 안내 • 근거중심의학 개념 및 활용 안내 • Pubmed 이용교육

출처

국립암센터
http://www.ncc.re.kr

국가도서관 통계시스템
https://www.libsta.go.kr

국립재활원 도서실

<table>
<tr><td>분류</td><td colspan="11">전문도서관(병원도서관)</td></tr>
<tr><td>주소</td><td colspan="11">(01022) 서울특별시 강북구 삼각산로 58 국립재활원 재활연구소 306호</td></tr>
<tr><td>홈페이지</td><td colspan="11">http://nrc.egentouch.com</td></tr>
<tr><td>전화번호</td><td colspan="11">02-901-1647</td></tr>
<tr><td>팩스</td><td colspan="11">02-901-1910</td></tr>
<tr><td>운영시간</td><td colspan="11">평일 08:30~17:30, 토/일 및 공휴일 휴관</td></tr>
<tr><td>이용대상</td><td colspan="11">• 국립재활원 직원 및 교육훈련생
• 한국의학도서관협회 회원(회원증 소지자에 한함)
• 기타 국립재활원 재활연구소 주무과장이 허가한 자</td></tr>
<tr><td rowspan="4">장서</td><td>구분</td><td>총류</td><td>철학</td><td>종교</td><td>사회 과학</td><td>어학</td><td>순수 과학</td><td>기술 과학</td><td>예술</td><td>문학</td><td>역사</td></tr>
<tr><td>장서 수</td><td>169</td><td>85</td><td>30</td><td>846</td><td>4</td><td>21</td><td>850</td><td>53</td><td>242</td><td>18</td></tr>
<tr><td>총계</td><td colspan="10">2,319권</td></tr>
<tr><td colspan="11">[구독DB]
• Rehabilitation & Sports Medicine Source(RSMS) : 재활의학, 물리치료학분야의 주요 저널을 제공하는 저널 데이터베이스로 약 200종의 저널 제공
• Rehabilitation Reference Center(RRC) : 물리치료, 작업치료, 정형외과학, 재활교육 등과 관련된 다양한 실무정보를 제공하는 재활의학 임상정보 데이터베이스</td></tr>
<tr><td>인적자원</td><td colspan="11">인력 현황 : 1명(연구원 1명)</td></tr>
<tr><td>시설</td><td colspan="11">전체면적 : 140㎡</td></tr>
<tr><td>설비</td><td colspan="11">• 업무용 PC : 1대
• 검색용 PC : 1대</td></tr>
</table>

도서관 소개

국립재활원 재활연구소 건강보건연구과에 소속되어 있는 국립재활원 도서실은 '재활의 미래를 선도하는 세계적인 재활전문기관'이라는 기관의 비전을 실현할 수 있도록 관련 정보서비스를 제공하고 있다.

제공서비스

■ **논문 원문복사서비스**

국립재활원 도서실에서 소장하고 있지 않은 자료는 상호대차를 통하여 타도서관(KERIS/한국의학도서관협회)에 신청하여 제공한다.

출처

국립재활원

http://www.nrc.go.kr

국가도서관 통계시스템

https://www.libsta.go.kr

국립정신건강센터 의학정보실

분류	전문도서관(병원도서관)	
주소	(04933) 서울특별시 광진구 용마산로 127 국립정신건강센터 5층 5239호	
홈페이지	http://lib.ncmh.go.kr	
전화번호	02-2204-0340	
팩스	02-2204-0397	
운영시간	평일 08:30~17:30, 토/일 및 공휴일 휴관	
이용대상	국립정신건강센터 직원	
장서	구분	장서 수
	단행본	4,150권
	e-Book DB	6종
	전자저널 통합DB	5종
	개별 DB(구독)	2종
분류체계	DDC	
인적자원	인력 현황 : 2명(도서관장 1명, 의학사서 1명)	
시설	• 전체면적 : 88㎡ • 좌석 : 12석	
설비	• 검색용 PC : 2대 • 스캐너, 복사기, 프린터, Fax	

도서관 소개

1962년에 개원한 국립정신병원을 모체로 설립된 국립정신건강센터의 정신건강교육과 소속인 국립정신건강센터 의학정보실은 소속부서의 업무인 국가정신건강사업 수행과 국민 정신건강 향상을 위해 필요한 교육을 제공하고 있다. 또한 전문인력을 양성하고 교육프로그램을 개발·보급하는 업무를 수행하고 있으며, 국립정신건강센터의 구성원에게 정신의학 및 보건 관련 학술정보를 제공하고 있다.

국립정신건강센터 의학정보실에서는 의학정보실자료 및 시설 이용에 대한 문의, Medline, 전자저널 등 전자정보원 검색교육, 저널 상호대차서비스, 정신의학 및 정신보건분야 주제전문서비스, 기타 의학정보에 관한 문의 등의 참고봉사서비스를 제공한다.

제공서비스

국립정신건강센터 의학정보실에서는 논문지원서비스로 EndNoteX7 프로그램과 이에 대한 사용방법을 제공하고 있다.

출처

국립정신건강센터
  http://www.ncmh.go.kr
국립정신건강센터 의학정보실
  http://lib.ncmh.go.kr
국가도서관 통계시스템
  https://www.libsta.go.kr

국립중앙의료원 의학정보실

분류	전문도서관(병원도서관)	개관년도	1973
주소	(04564) 서울특별시 중구 을지로 245		
홈페이지	http://lib.nmc.or.kr		
전화번호	02-2260-7055		
팩스	02-2262-4866		
운영시간	평일 08:30~17:30, 토/일 및 공휴일 휴관		
이용대상	• 국립중앙의료원 전 직원 • 국립중앙의료원 동문 • 한국의학도서관협회 회원기관 소속직원		
장서	• 의학관계 학술지 : 1,000여 종 • 임상단행본 : 5,000여 권		
인적자원	인력 현황 : 1명(사서 1명)		
시설	전체면적 : 46㎡ 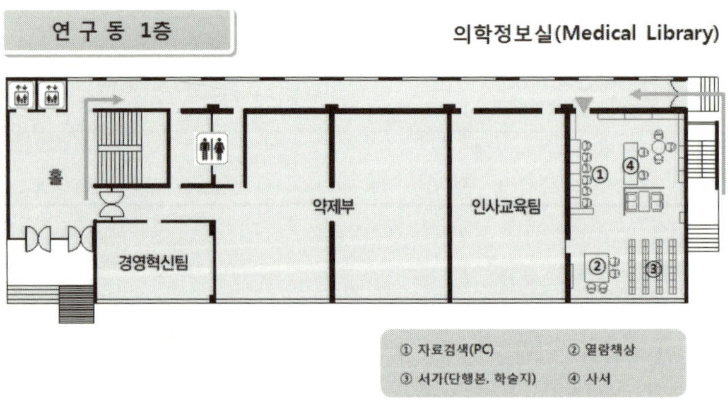		
설비	검색용 PC : 4대		

도서관 소개

국립중앙의료원 의학정보실은 임상진료와 의료진의 교육·훈련·연구를 지원하는 부서로서, 최신 의학정보를 제공하기 위해 1,000여 종의 의학 관련 학술지와 5,000여 권의 임상단행본을 소장하고 있으며, 웹기반을 통한 의학 관련 학술서지DB, 원문DB, 소장목록 등을 인터넷을 통해 제공하고 있다.

제공서비스

■ 논문작성가이드

논문작성기초, 원고작성과 투고규정, 투고학술지 선정, 참고정보 등 논문작성을 위한 가이드를 제공하고 있다.

■ 유용한 사이트

국립중앙의료원 의학정보실은 관련 분야의 유용

한 사이트 링크를 의과 · 치과 · 간호학 · 해외대학, 의학도서관, 의학 관련 기관/협회, 국내외 병원, 의약학정보/통계사전, 출판사/의학신문, 의학검색 사이트 등으로 구분하여 제공하고 있다.

■ 그 외

그 외에도 NMC 발간물, SPSS Statistics, EndNote 등을 제공하고 있다.

출처

국립중앙의료원
https://www.nmc.or.kr

국립중앙의료원 의학정보실
http://lib.nmc.or.kr

국가도서관 통계시스템
https://www.libsta.go.kr

국민건강보험 일산병원 의학도서실

<table>
<tr><td>분류</td><td colspan="2">전문도서관(병원도서관)</td><td>개관년도</td><td>2000</td></tr>
<tr><td>주소</td><td colspan="4">(10444) 경기도 고양시 일산동구 일산로 100</td></tr>
<tr><td>홈페이지</td><td colspan="4">http://www.medicalinfo.or.kr</td></tr>
<tr><td>전화번호</td><td colspan="4">031-900-3396</td></tr>
<tr><td>팩스</td><td colspan="4">0303-3448-7107</td></tr>
<tr><td>운영시간</td><td colspan="4">평일 08:30~17:30, 토/일 및 공휴일 휴관</td></tr>
<tr><td>이용대상</td><td colspan="4">• 병원직원 및 파견직원
• 국민건강보험공단 임・직원
• 한국의학도서관협회에서 인정한 자
• 일산병원 주관부서장의 승인을 얻은 자</td></tr>
<tr><td rowspan="5">장서</td><td>구분</td><td>장서 수(단위: 건)</td><td colspan="2">계(단위: 건)</td></tr>
<tr><td>도서</td><td>7,114(39.3%)</td><td colspan="2" rowspan="4">18,075</td></tr>
<tr><td>CD</td><td>300(1.7%)</td></tr>
<tr><td>도서[연속간행물]</td><td>8,303(45.9%)</td></tr>
<tr><td>제본도서</td><td>2,368(13.1%)</td></tr>
<tr><td>인적자원</td><td colspan="4">인력 현황 : 1명(사서 1명)</td></tr>
<tr><td>시설</td><td colspan="4">전체면적 : 160㎡</td></tr>
<tr><td>설비</td><td colspan="4">• 업무용 PC : 1대
• 검색용 PC : 1대</td></tr>
</table>

도서관 소개

우리나라 최초의 보험자병원인 국민건강보험 일산병원의 의학도서실은 공공의료와 국민건강을 책임지는 의료진의 학술지원을 담당하고 있다. 2000년에 개실하였으며 2013년에는 의학도서실 조직이 국민건강보험 일산병원 연구실로 편입되었다.

출처

국민건강보험 일산병원 의학도서실
http://www.medicalinfo.or.kr
국가도서관 통계시스템
https://www.libsta.go.kr

김안과병원 의학도서실

<table>
<tr><td>분류</td><td colspan="5">전문도서관(병원도서관)</td></tr>
<tr><td>주소</td><td colspan="5">(07301) 서울특별시 영등포구 영신로 136</td></tr>
<tr><td>전화번호</td><td colspan="5">02-2639-7813</td></tr>
<tr><td>팩스</td><td colspan="5">02-2633-3976</td></tr>
<tr><td rowspan="6">장서</td><td colspan="2">구분</td><td>장서 수</td><td>계</td></tr>
<tr><td rowspan="2">단행본</td><td>국내</td><td>344권</td><td rowspan="3">1,479권</td></tr>
<tr><td>국외</td><td>591권</td></tr>
<tr><td colspan="2">제본잡지</td><td>544권</td></tr>
<tr><td rowspan="2">연속간행물</td><td>책자</td><td>16종</td><td rowspan="2">17종</td></tr>
<tr><td>전자</td><td>1종</td></tr>
<tr><td>인적자원</td><td colspan="5">인력 현황 : 2명(사서 1명, 직원 1명)</td></tr>
<tr><td>시설</td><td colspan="5">전체면적 : 42㎡</td></tr>
<tr><td>설비</td><td colspan="5">업무용 PC : 1대</td></tr>
</table>

도서관 소개

김안과병원 의학도서실은 1962년에 개원하여 동아시아 최대 시설을 갖추고 있는 안과전문병원 김안과병원의 의학정보서비스를 담당하고 있으며, 김안과병원 구성원의 교육 · 연구 · 진료를 지원한다.

출처

김안과병원
　http://www.kimeye.com
국가도서관 통계시스템
　https://www.libsta.go.kr

김원묵기념 봉생병원 도서관

분류	전문도서관(병원도서관)	개관년도	1986
주소	(48775) 부산광역시 동구 중앙대로 401		
홈페이지	http://bongseng.egentouch.com		
전화번호	051-664-4017		
팩스	051-664-4019		
운영시간	평일 08:30~17:30, 토/일 및 공휴일 휴관		
이용대상	• 김원묵기념 봉생병원 직원 • 한국의학도서관협회 회원(회원증 소지자에 한함)		
장서	• 의학도서, 일반도서, 제본잡지 등 보유 • 국내외 의학학술지 구독		
인적자원	인력 현황 : 1명(사서 1명)		
시설	전체면적 : 55㎡		
설비	업무용 PC : 1대		
주요 서비스	• 정보검색서비스 • 최신정보주지서비스	• 연구논문작성 지원서비스 • 직장독서회	
이용자교육	이용자교육서비스		

도서관 소개

1986년에 개관한 김원묵기념 봉생병원 도서관은 1995년 전문사서의 부임으로 업무를 체계화·전문화하였다. 1996년 한국의학도서관협회에 가입하여 상호대차업무를 실시하고 있으며 지역 공공도서관의 연계를 통해 매달 100여 권의 일반도서를 대출해 직원들의 정서함양에 기여하고 있다. 또한 김원묵기념 봉생병원 도서관은 진료와 연구 및 교육의 효율적인 지원과 정보서비스의 질을 향상시키기 위해 노력하고 있다.

제공서비스

김원묵기념 봉생병원 도서관은 크게 소장/비소장자료 원문서비스, 이용자교육서비스, 최신정보주지서비스, 연구논문지원서비스 등의 서비스를 제공하고 있다.

구분	내용
소장자료 원문서비스	도서실이 소장하고 있는 프린트자료는 복사해서, 온라인자료는 프린트해서 제공
비소장자료 원문서비스	도서실이 소장하지 않은 자료는 한국의학도서관협회 소속 도서관에 신청하여 제공
이용자 교육서비스	전자저널, DB, PubMed, RISS, NDSL 이용교육 실시
최신정보 주지서비스	이용자가 원하는 관심분야의 키워드를 설정하면 새로운 저널이 도착할 때마다 이메일로 정보를 알려주는 신착자료 알림서비스
연구논문 작성지원 서비스	국내외 논문을 학회나 출판사에 제출하기 전에 학술지별 투고규정에 맞게 인용표기 및 참고문헌 형식, Figuer, Table 양식을 수정해 주는 서비스
직장독서회	직원들의 정서함양을 위하여 부산시립중앙도서관에서 매달 100여 권의 교양도서를 대출하여 직원들에게 제공

출처

김원묵기념 봉생병원 도서관
http://bongseng.egentouch.com
국가도서관 통계시스템
https://www.libsta.go.kr

김포우리병원 의학도서실

분류	전문도서관(병원도서관)					개관년도	2007			
주소	(10099) 경기도 김포시 감암로 11 본관 3층									
홈페이지	http://gwhospital.egentouch.com									
전화번호	031-999-1928									
팩스	031-999-1899									
운영시간	매주 월, 수, 금 13:50~16:00, 화, 목, 토, 일 및 공휴일 휴관									
이용대상	• 김포우리병원 직원 • 김포우리병원 환자 및 보호자									
장서	구분	총류	철학	종교	사회 과학	어학	순수 과학	기술 과학	예술	문학	역사
	장서 수	21	97	106	103	20	59	142	96	586	127
	총계	1,400권									
분류체계	KDC									

도서관 소개

[김포우리병원]

김포우리병원 의학도서실은 직원에게 의학전문정보서비스를 제공하고, 환자 및 보호자의 안정 및 정서함양에 기여하고 있다. 또한 질환중심의 전문센터 강화라는 김포우리병원의 비전을 실현하기 위하여 다양한 정보서비스를 제공하고 있다.

출처

김포우리병원
https://www.gwhospital.co.kr:9003
김포우리병원 의학도서실
http://gwhospital.egentouch.com
국가도서관 통계시스템
https://www.libsta.go.kr

대구파티마병원 의학도서관

<table>
<tr><td>분류</td><td colspan="3">전문도서관(병원도서관)</td><td>개관년도</td><td>1967</td></tr>
<tr><td>주소</td><td colspan="5">(41199) 대구광역시 동구 아양로 99</td></tr>
<tr><td>홈페이지</td><td colspan="5">http://fatima.egentouch.com</td></tr>
<tr><td>전화번호</td><td colspan="5">053-940-7067</td></tr>
<tr><td>팩스</td><td colspan="5">053-940-8004</td></tr>
<tr><td>운영시간</td><td colspan="5">평일 08:30~17:30, 토요일 08:30~12:00, 일요일 및 공휴일 휴관</td></tr>
<tr><td>이용대상</td><td colspan="5">• 대구파티마병원 전 직원 • 한국의학도서관협회 회원
• 도서실장의 승인을 얻은 자
• 기타 각 교육기관의 도서관 및 자료실에서 발급한 협조전 소지자</td></tr>
<tr><td rowspan="8">장서</td><td colspan="2">구분</td><td>장서 수</td><td colspan="2">계</td></tr>
<tr><td rowspan="2">단행본</td><td>국내</td><td>421권</td><td colspan="2" rowspan="4">17,961권</td></tr>
<tr><td>국외</td><td>1,987권</td></tr>
<tr><td colspan="2">e-Book</td><td>1,142권</td></tr>
<tr><td colspan="2">제본잡지</td><td>14,411권</td></tr>
<tr><td rowspan="2">연속간행물</td><td>책자</td><td>207종</td><td colspan="2" rowspan="2">1,021종</td></tr>
<tr><td>전자</td><td>814종</td></tr>
<tr></tr>
<tr><td>분류체계</td><td colspan="5">• 의학단행본 : NLMC • 일반단행본 : KDC</td></tr>
<tr><td>인적자원</td><td colspan="5">인력 현황 : 3명(도서실장 1명, 사원 1명, 직원 1명)</td></tr>
<tr><td>시설</td><td colspan="5">• 전체면적 : 307㎡
• 구성(단층구조) : 문헌검색실, 사서실, 열람실, 복사실, 역사자료전시실</td></tr>
<tr><td>설비</td><td colspan="5">• PC : 총 7대(6대 : 문헌검색실, 1대 : 열람실)
• 좌석 : 총 25석(7석 : 문헌검색실, 18석 : 열람실)</td></tr>
<tr><td>주요 서비스</td><td colspan="5">• 메일링서비스 : 전자정보원에 소장하고 있지 않은 자료를 도서관직원만의 경로로 논문(PDF)을 E-mail로 발송하는 서비스
• 상호대차서비스 : 도서관에 소장되어 있지 않은 자료를 각 회원기관과 서로 필요한 문헌을 의뢰하여 주고받는 서비스</td></tr>
</table>

도서관 소개

1967년에 병원도서실로 신설된 대구파티마병원 의학도서관은 1980년에 사서가 부임하면서 독립 부서로 승격하였으며 현재 파티마의학연구소와 함께 독립 부서로 위치하고 있다.

대구파티마병원 의학도서관은 "섬김과 돌봄으로 생명존중의 전인치유를!"이라는 대구파티마병원의 가치 실현을 위하여 노력하고 있으며 교양도서를 바자회에 기증하는 등 병원의 구성원과 환자, 보호자의 정서함양에도 기여하고 있다.

출처

대구파티마병원 의학도서관
http://fatima.egentouch.com
국가도서관 통계시스템
https://www.libsta.go.kr

대동병원 의학도서실

분류	전문도서관(병원도서관)
주소	(47737) 부산광역시 동래구 충렬대로 187
전화번호	051-550-9384
팩스	051-554-1615
운영시간	평일 09:00~17:30, 토요일 09:00~12:30, 일요일 및 공휴일 휴관
인적자원	인력 현황 : 1명(과장 1명)
시설	전체면적 : 61㎡
설비	업무용 PC : 1대

도서관 소개

대동병원 10층에 위치한 대동병원 의학도서실은 "동남권역 선도병원, 정도경영 신뢰병원, 고객만족 우선병원"이라는 대동병원의 비전을 실현하기 위하여 대동병원 구성원에게 의학정보서비스를 제공하고 있으며, 대동병원 구성원의 교육·연구·진료를 지원하고 있다.

출처

대동병원

http://www.ddh.co.kr

국가도서관 통계시스템

https://www.libsta.go.kr

대진의료재단 분당제생병원 의학도서실

<table>
<tr><td>분류</td><td colspan="3">전문도서관(병원도서관)</td><td>개관년도</td><td>1998</td></tr>
<tr><td>주소</td><td colspan="5">(13590) 경기도 성남시 분당구 서현로 180번길 20</td></tr>
<tr><td>홈페이지</td><td colspan="5">http://cafe.daum.net/medlib0457</td></tr>
<tr><td>전화번호</td><td colspan="5">031-779-0457</td></tr>
<tr><td>팩스</td><td colspan="5">031-779-0459</td></tr>
<tr><td>운영시간</td><td colspan="5">평일 08:30~17:30, 토/일 및 공휴일 휴관</td></tr>
<tr><td>이용대상</td><td colspan="5">• 재단 및 병원직원(직원증을 지참한 자)
• 한국의학도서관협회 회원(회원증 소지자에 한함) • 병원장의 승인을 얻은 자</td></tr>
<tr><td rowspan="7">장서</td><td colspan="2">구분</td><td>장서 수</td><td colspan="2">계</td></tr>
<tr><td rowspan="2">단행본</td><td>국내</td><td>1,005권</td><td colspan="2" rowspan="4">8,016권</td></tr>
<tr><td>국외</td><td>809권</td></tr>
<tr><td colspan="2">e-Book</td><td>1,177권</td></tr>
<tr><td colspan="2">제본잡지</td><td>5,025권</td></tr>
<tr><td colspan="2">연속간행물</td><td>4,282종</td><td colspan="2">4,282종</td></tr>
<tr><td colspan="2">학술DB</td><td>16종</td><td colspan="2">16종</td></tr>
<tr><td>분류체계</td><td colspan="5">• DDC • KDC(한의학)</td></tr>
<tr><td>인적자원</td><td colspan="5">인력 현황 : 1명(사서 1명)</td></tr>
<tr><td>시설</td><td colspan="5">전체면적 : 205㎡</td></tr>
<tr><td>주요 서비스</td><td colspan="5">• 긴급도서구입 • 원문복사 및 상호대차</td></tr>
</table>

도서관 소개

대진의료재단 분당제생병원의 진료지원부서 중 하나인 의학도서실은 조직도상 교육연구부에 속해있다. 대진의료재단 분당제생병원 의학도서실은 재단 및 병원 구성원의 교육·연구·진료를 지원하고 있으며, 병원의 외래 보호자 및 병동 환자들에게 잡지를 구입하여 배부 및 대여하고 있다.

제공서비스

■ **긴급도서구입**

'긴급도서구입'서비스는 특정 부서가 업무 특성상 긴급도서가 필요하여 구입할 때 도서실의 협의를 얻어 구입한 뒤 제공하는 서비스로, 도서구입 창구가 일원화되어 있는 대진의료재단 분당제생병원의 기관 특성상 자체적으로 도서를 구입할 수 없으므로 제공되는 서비스이다. 대진의료재단 분당제생병원 의학도서실에서는 필요한 도서의 구입 협의뿐만 아니라 장기대출서비스도 제공한다.

출처

대진의료재단 분당제생병원

http://www.dmc.or.kr

국가도서관 통계시스템

https://www.libsta.go.kr

동강병원 도서실

<table>
<tr><td>분류</td><td colspan="4">전문도서관(병원도서관)</td></tr>
<tr><td>주소</td><td colspan="4">(44455) 울산광역시 중구 태화로 239 서관 2층 도서실</td></tr>
<tr><td>홈페이지</td><td colspan="4">https://www.dkmc.or.kr/medical/dkmcpart/library/medical01.php</td></tr>
<tr><td>전화번호</td><td colspan="4">052-241-1163</td></tr>
<tr><td>팩스</td><td colspan="4">052-241-1180</td></tr>
<tr><td>운영시간</td><td colspan="4">평일 08:30~17:30, 토/일 및 공휴일 휴관</td></tr>
<tr><td rowspan="3">장서</td><td colspan="2">구분</td><td>장서 수</td><td>계</td></tr>
<tr><td rowspan="2">연속간행물</td><td>책자</td><td>2종</td><td rowspan="2">22종</td></tr>
<tr><td>전자</td><td>20종</td></tr>
<tr><td>인적자원</td><td colspan="4">인력 현황 : 2명(사서 2명)</td></tr>
<tr><td>시설</td><td colspan="4">전체면적 : 60㎡</td></tr>
<tr><td>주요 서비스</td><td colspan="4">Reference서비스</td></tr>
</table>

도서관 소개

동강병원 도서실은 동강병원의 의학정보서비스를 담당하고 있으며, 동강병원 구성원의 교육·연구·진료를 지원하고 최신의 의학정보서비스를 제공하고 있다.

제공서비스

▪ 참고정보서비스

본 도서관에 소장되어 있지 않은 자료가 필요할 경우, 상호대차서비스를 통해 다른 도서관이나 협력기관에 의뢰하여 해당 자료를 제공하는 서비스이다.

▪ 의학 관련 사이트

동강병원 도서실에서는 의학 관련 사이트 링크를 제공하고 있다. 크게 의과대학, 의학도서관, 출판사/서점, 병원, 국내 의학 관련 웹진 등으로 구분하여 링크를 제공하고 있다.

출처

동강병원

https://www.dkmc.or.kr

국가도서관 통계시스템

https://www.libsta.go.kr

동국대학교 일산병원 의학도서실

<table>
<tr><td>분류</td><td colspan="4">전문도서관(병원도서관)</td></tr>
<tr><td>주소</td><td colspan="4">(10326) 경기도 고양시 일산동구 동국로 27</td></tr>
<tr><td>홈페이지</td><td colspan="4">http://www.dumc.or.kr/cm/goMain.jsp?cm_id=medlib</td></tr>
<tr><td>전화번호</td><td colspan="4">031-961-7088</td></tr>
<tr><td>팩스</td><td colspan="4">031-961-7089</td></tr>
<tr><td>운영시간</td><td colspan="4">평일 08:30~17:30, 토/일 및 공휴일 휴관</td></tr>
<tr><td rowspan="6">장서</td><td colspan="2">구분</td><td>장서 수</td><td>계</td></tr>
<tr><td rowspan="2">단행본</td><td>국내</td><td>200권</td><td rowspan="3">6,910권</td></tr>
<tr><td>국외</td><td>150권</td></tr>
<tr><td colspan="2">제본잡지</td><td>6,560권</td></tr>
<tr><td colspan="2">연속간행물</td><td>140종</td><td>140종</td></tr>
<tr><td>인적자원</td><td colspan="4">인력 현황 : 2명(교육수련부장 1명, 사서 1명)</td></tr>
<tr><td>시설</td><td colspan="4">전체면적 : 79㎡</td></tr>
<tr><td>설비</td><td colspan="2">• 업무용 PC : 2대</td><td colspan="2">• 검색용 PC : 4대</td></tr>
<tr><td>주요 서비스</td><td colspan="4">논문제공</td></tr>
</table>

도서관 소개

동국대학교 일산병원 의학도서실은 동국대학교 의료원의 전공 선발, 평가, 복리후생, 교육 및 연구지원 등의 업무를 통하여 미래 의료를 선도할 젊은 의사들의 교육 · 연구 · 진료를 지원하는 교육수련부에 소속되어 있다.

[동국대학교 일산병원 의학도서실]

동국대학교 일산병원 의학도서실은 논문 제공 및 최신정보 안내 등의 의학정보서비스를 통하여 기관의 인재양성에 기여하고 교육수련부의 업무 수행을 돕고 있다.

출처

동국대학교 일산병원
http://www.dumc.or.kr
동국대학교 일산병원 의학도서실
http://www.dumc.or.kr/cm/goMain.jsp?cm_id=medlib
국가도서관 통계시스템
https://www.libsta.go.kr

동남권원자력의학원 의학도서실

분류	전문도서관(병원도서관)	개관년도	2011
주소	(46033) 부산광역시 기장군 장안읍 좌동길 40 8층(의사연구실 내)		
홈페이지	http://dirams.egentouch.com		
전화번호	051-720-5387		
팩스	051-720-5914		
운영시간	평일 08:30~17:30, 토/일 및 공휴일 휴관		
이용대상	동남권원자력의학원 소속 의사, 간호사, 연구원 및 직원		
장서	총 3,661건 보유		
분류체계	NLMC, DDC		
인적자원	인력 현황 : 1명(사서 1명)		
시설	• 전체면적 : 52㎡ • 좌석 : 6석		
설비	• 검색용 PC : 1대 • 복합기(프린터, 복사기, 팩스, 스캐너) • 컬러 프린터		
주요 서비스	• 원문복사 • 이동식 도서관		

도서관 소개

동남권원자력의학원 의학도서실은 동남권원자력의학원의 교육·연구·학습을 지원하기 위해 2011년 개관하였다. 동남권원자력의학원 의학도서실은 자료 부족문제를 해결하기 위해 의학 관련 도서의 구입과 기증을 바탕으로 자료의 양을 증가시키고 있으며, 한국의학도서관협회, 한국교육학술연구정보원의 기관 가입을 통하여 의학 및 전주제분야에 대한 자료 제공에 힘쓰고 있다.

제공서비스

■ 이동식 도서관

동남권원자력의학원 의학도서실은 이용대상이 소속 의사, 간호사, 연구원 및 직원으로 한정되어 있으므로 동남권원자력의학원에 입원한 환자 및 보호자는 의학도서실의 자료를 이용할 수 없었다. 이에 동남권원자력원 의학도서실에서는 병동에 입원한 환자와 보호자의 정서함양을 위하여 주 1회 소독된 책을 제공하는 '이동식 도서관'서비스를 운영하고 있다. 부족한 도서는 직원들의 기증을 통하여 보충하고 있으며 1인당 2권을 14일간 대출하는 형태로 운영된다.

■ 원문복사서비스

의학도서실에 소장되어 있지 않은 자료는 국내외 협력도서관이나 문헌제공기관에 의뢰하여 원문을 이용자에게 제공하고 있다.

■ 국내외 학회 일정

동남권원자력의학원 의학도서실은 연구자들의 국내외 학회 일정 확인에 도움을 주고자 각 학회의 링크를 제공하여, 연구자의 연구 및 활동에 기여하고 있다.

■ 그 외 서비스

그 외에도 동남권원자력의학원 소속원들을 위한 학술논문출판과정에 대한 이해, 의학 관련 영화상영, Medline Complete 이용자교육 등 다양한 프로그램과 교육을 진행하고 있다.

출처

동남권원자력의학원 의학도서실

http://dirams.egentouch.com

국가도서관 통계시스템

https://www.libsta.go.kr

동수원병원 의학도서실

<table>
<tr><td>분류</td><td colspan="4">전문도서관(병원도서관)</td></tr>
<tr><td>주소</td><td colspan="4">(16494) 경기도 수원시 팔달구 중부대로 165</td></tr>
<tr><td>홈페이지</td><td colspan="4">https://dswhosp.co.kr:7468/support/books.php</td></tr>
<tr><td>전화번호</td><td colspan="4">031-210-0147</td></tr>
<tr><td>팩스</td><td colspan="4">031-211-5145</td></tr>
<tr><td>운영시간</td><td colspan="4">평일 10:00~17:00, 토요일 10:00~12:00, 일요일 및 공휴일 휴관</td></tr>
<tr><td rowspan="4">장서</td><td colspan="2">구분</td><td>장서 수</td><td>계</td></tr>
<tr><td rowspan="2">단행본</td><td>국내</td><td>1,224권</td><td rowspan="2">1,733권</td></tr>
<tr><td>국외</td><td>509권</td></tr>
<tr><td colspan="2">연속간행물</td><td>165종</td><td>165종</td></tr>
<tr><td>분류체계</td><td colspan="4">KDC</td></tr>
<tr><td>인적자원</td><td colspan="4">인력 현황 : 2명(관장 1명, 사원 1명)</td></tr>
<tr><td>시설</td><td colspan="4">전체면적 : 95㎡</td></tr>
<tr><td>설비</td><td colspan="4">업무용 PC : 1대</td></tr>
</table>

도서관 소개

동수원병원 의학도서실은 "지역사회의 건강을 책임지는 환자중심의 병원"이라는 병원의 미션을 실현하고, 동수원병원 구성원의 교육 · 연구 · 진료를 지원하고 있다. 또한 동수원병원 의학도서실 이용자에게 양질의 서비스환경을 제공하기 위해 노력하고 있다.

출처

동수원병원
https://dswhosp.co.kr:7468
국가도서관 통계시스템
https://www.libsta.go.kr

메리놀병원 의학도서실

분류	전문도서관(병원도서관)
주소	(48972) 부산광역시 중구 중구로 121 메리놀병원 별관 지하 1층
홈페이지	http://maryknoll.co.kr/08_library/library01_1.php
전화번호	051-461-2543
팩스	051-461-2742
운영시간	평일 08:30~17:30, 토요일 08:30~12:30, 일요일 및 공휴일 휴관
이용대상	• 메리놀병원 의사 및 직원 • 파견근무 중인 각급 직원 및 학생 • 한국의학도서관협회 회원(회원증 소지자에 한함)
장서	• 단행본 : 15권 • 연속간행물 : 103종
인적자원	인력 현황 : 2명(도서실장 1명, 사서 1명)
시설	전체면적 : 21㎡
설비	검색용 PC : 1대
주요 서비스	원문신청서비스

도서관 소개

메리놀병원 의학도서실은 메리놀병원의 별관 지하 1층에 위치해 있으며 개가제로 운영되고 있다. 의학정보서비스를 담당하고 있으며, 메리놀병원 구성원의 교육·연구·진료를 지원하고 있다.

출처

메리놀병원
http://maryknoll.co.kr
국가도서관 통계시스템
https://www.libsta.go.kr

명지병원 임상의학도서관

분류	전문도서관(병원도서관)	개관년도	2004
주소	(10475) 경기도 고양시 덕양구 화수로 14번길 55 명지병원		
홈페이지	http://www.mjh.or.kr/clinicalmedicine		
전화번호	031-810-5103		
팩스	031-810-5109		
운영시간	평일 09:00~17:00		
인적자원	인력 현황 : 2명(관장 1명, 사서 1명)		
시설	전체면적 : 41㎡		
설비	• 업무용 PC : 1대 • 검색용 PC : 12대		

도서관 소개

명지병원 임상의학도서관은 1987년에 설립된 명지병원의 부속 기관 중 하나로 2004년에 개관하였으며, 명지병원 구성원들의 교육 · 연구 · 진료를 지원하고 있다.

출처

명지병원 임상의학도서관

http://www.mjh.or.kr/clinicalmedicine

국가도서관 통계시스템

https://www.libsta.go.kr

미즈메디병원 의학도서실

<table>
<tr><td>분류</td><td colspan="4">전문도서관(병원도서관)</td></tr>
<tr><td>주소</td><td colspan="4">(07639) 서울특별시 강서구 강서로 295</td></tr>
<tr><td>전화번호</td><td colspan="4">02-2007-1726</td></tr>
<tr><td>팩스</td><td colspan="4">02-2007-1746</td></tr>
<tr><td>운영시간</td><td colspan="4">평일 08:30~17:30, 토/일 및 공휴일 휴관</td></tr>
<tr><td rowspan="7">장서</td><td colspan="2">구분</td><td>장서 수</td><td>계</td></tr>
<tr><td rowspan="2">단행본</td><td>국내</td><td>3,678권</td><td rowspan="3">4,171권</td></tr>
<tr><td>국외</td><td>313권</td></tr>
<tr><td colspan="2">제본잡지</td><td>180권</td></tr>
<tr><td rowspan="2">연속간행물</td><td>책자</td><td>8종</td><td rowspan="2">22종</td></tr>
<tr><td>전자</td><td>14종</td></tr>
<tr><td colspan="2">학술DB</td><td>2종</td><td>2종</td></tr>
<tr><td>인적자원</td><td colspan="4">인력 현황 : 1명(사서 1명)</td></tr>
<tr><td>시설</td><td colspan="4">전체면적 : 115㎡</td></tr>
<tr><td>설비</td><td colspan="2">• 업무용 PC : 1대</td><td colspan="2">• 검색용 PC : 2대</td></tr>
</table>

도서관 소개

미즈메디병원은 '새로운 기술과 지식의 무한 탐구로 연구와 진료에 있어서 세계적인 여성전문병원으로 도약'을 미션으로 1991년 개원하였다. 미즈메디병원 의학도서실은 미즈메디병원의 미션과 비전의 실현을 위하여 미즈메디병원 구성원의 교육 · 연구 · 진료를 지원하고 있다.

[미즈메디병원 의학도서실]

출처

미즈메디병원

https://www.mizmedi.com

국가도서관 통계시스템

https://www.libsta.go.kr

부산보훈병원 의학도서실

<table>
<tr><td>분류</td><td colspan="5">전문도서관(병원도서관)</td></tr>
<tr><td>주소</td><td colspan="5">(46996) 부산광역시 사상구 백양대로 420</td></tr>
<tr><td>전화번호</td><td colspan="5">051-601-6338</td></tr>
<tr><td>팩스</td><td colspan="5">051-601-6339</td></tr>
<tr><td>운영시간</td><td colspan="5">평일 09:00~17:00, 토/일 및 공휴일 휴관</td></tr>
<tr><td rowspan="7">장서</td><td colspan="2">구분</td><td>장서 수</td><td>계</td></tr>
<tr><td rowspan="2">단행본</td><td>국내</td><td>482권</td><td rowspan="3">837권</td></tr>
<tr><td>국외</td><td>215권</td></tr>
<tr><td colspan="2">제본잡지</td><td>140권</td></tr>
<tr><td rowspan="2">연속간행물</td><td>책자</td><td>73종</td><td rowspan="2">1,942종</td></tr>
<tr><td>전자</td><td>1,869종</td></tr>
<tr><td colspan="2">학술DB</td><td>4종</td><td>4종</td></tr>
<tr><td>인적자원</td><td colspan="5">인력 현황 : 3명(과장 1명, 사원 2명)</td></tr>
<tr><td>시설</td><td colspan="5">전체면적 : 75㎡</td></tr>
<tr><td>설비</td><td colspan="5">• 업무용 PC : 3대
• 검색용 PC : 1대</td></tr>
</table>

도서관 소개

부산보훈병원은 1984년 개원하여 국가유공자와 지역주민의 보건향상을 목적으로 운영되고 있으며 부산지역의 중심적인 종합의료기관으로 자리 잡고 있다.

부산보훈병원 의학도서실은 세계의 수준 높은 의학자료를 보유하여 더 좋은 의료서비스를 제공하기 위해 노력하고 있다. 또한 중앙보훈병원과 자료를 공유하여 보다 효율적으로 장서를 관리하고 도서실을 운영하고 있다.

출처

부산보훈병원
http://busan.bohun.or.kr
중앙보훈병원 의학도서실
http://library.bohun.or.kr
국가도서관 통계시스템
https://www.libsta.go.kr

부산성모병원 그레고리오 의학도서관

분류	전문도서관(병원도서관)		개관년도	2006
주소	(48575) 부산광역시 남구 용호로 232번길 25-14			
전화번호	051-933-7578			
팩스	051-932-8611			
운영시간	평일 08:00~17:00, 토/일 및 공휴일 휴관			
장서	구분		장서 수	계
	단행본	국내	196권	2,812권
		국외	263권	
	제본잡지		2,353권	
	연속간행물		34종	34종
인적자원	인력 현황 : 1명(사서 1명)			
시설	전체면적 : 229㎡			
설비	• 업무용 PC : 1대 • 검색용 PC : 7대			

도서관 소개

부산가톨릭병원은 지역사회에 대한 의료복지 향상에 기여하고 진료사업, 의술 향상을 위한 교육 연구 및 사회공헌활동을 통한 하느님 나라 전파를 목적으로 한다는 설립이념하에 2006년 개관하였다.

부산성모병원 그레고리오 의학도서관은 진료부 내 의학도서팀에서 운영 및 관리를 담당하고 있으며, 부산성모병원 구성원의 교육·연구·진료를 지원하는 것을 목적으로 한다.

출처

부산성모병원

https://www.bsm.or.kr

국가도서관 통계시스템

https://www.libsta.go.kr

부산의료원 의학도서실

분류	전문도서관(병원도서관)	개관년도	2005
주소	(47527) 부산광역시 연제구 월드컵대로 359		
전화번호	051-607-2812		
팩스	051-607-2929		
운영시간	평일 09:00~17:00, 토/일 및 공휴일 휴관		
인적자원	인력 현황 : 1명(담당자 1명)		
시설	전체면적 : 120㎡		
설비	업무용 PC : 1대		

도서관 소개

1876년에 설립된 대한민국 최초의 서양식 병원인 '관립제생의원'을 전신으로 하는 부산의료원은 '수준 높은 의료를 통한 모두의 건강하고 행복한 삶'을 미션으로 운영되고 있다.

부산의료원 의학도서실은 부산의료원의 미션 및 비전의 실현을 위하여 의학정보서비스를 제공하고 있으며 부산의료원 구성원의 교육·연구·진료를 지원하고 있다.

출처

부산의료원

https://www.busanmc.or.kr

국가도서관 통계시스템

https://www.libsta.go.kr

분당서울대학교병원 의학자료정보센터

<table>
<tr><td>분류</td><td colspan="4">전문도서관(병원도서관)</td></tr>
<tr><td>주소</td><td colspan="4">(13620) 경기도 성남시 분당구 구미로 173번길 82 분당서울대학교병원 의학자료정보실</td></tr>
<tr><td>홈페이지</td><td colspan="4">https://medi.snubh.org</td></tr>
<tr><td>전화번호</td><td colspan="4">031-787-1234~5</td></tr>
<tr><td>팩스</td><td colspan="4">031-787-4044</td></tr>
<tr><td>운영시간</td><td colspan="4">평일 09:00~18:00, 토/일 및 공휴일 휴관</td></tr>
<tr><td rowspan="5">장서</td><td colspan="2">구분</td><td>장서 수</td><td>계</td></tr>
<tr><td rowspan="2">단행본</td><td>국내</td><td>265권</td><td rowspan="3">7,258권</td></tr>
<tr><td>국외</td><td>2,390권</td></tr>
<tr><td colspan="2">e-Book</td><td>4,603권</td></tr>
<tr><td colspan="2">연속간행물</td><td>135종</td><td>135종</td></tr>
<tr><td>인적자원</td><td colspan="4">인력 현황 : 3명(정보센터장 1명, 사서 1명, 직원 1명)</td></tr>
<tr><td>시설</td><td colspan="4">전체면적 : 207㎡</td></tr>
<tr><td>설비</td><td colspan="4">• 업무용 PC : 5대
• 검색용 PC : 7대</td></tr>
<tr><td>이용자교육</td><td colspan="4">이용자교육</td></tr>
</table>

도서관 소개

분당서울대학교병원은 '세계 의료의 표준을 선도하는 국민의 병원'이라는 비전과 "세계 최고의 교육 · 연구 · 진료를 통하여 인류가 건강하고 행복한 삶을 누릴 수 있도록 한다"를 미션으로 운영되고 있다.

분당서울대학교병원 의학자료정보센터는 기관의 미션 및 비전 실현을 위해 의학정보서비스를 제공하고 있다. 또한 서울대학교 의학(중앙)도서관과 연계하여 자료를 공유하여 보다 효율적으로 장서를 관리하고, 병원 구성원의 교육 · 연구 · 진료를 지원하기 위하여 노력하고 있다.

출처

분당서울대학교병원
 https://www.snubh.org
분당서울대학교병원 의학자료정보센터
 https://medi.snubh.org
국가도서관 통계시스템
 https://www.libsta.go.kr

삼성서울병원 의학정보팀

<table>
<tr><td>분류</td><td colspan="2">전문도서관(병원도서관)</td><td>개관년도</td><td>1995</td></tr>
<tr><td>주소</td><td colspan="4">(06351) 서울특별시 강남구 일원로 81</td></tr>
<tr><td>홈페이지</td><td colspan="4">http://library.samsunghospital.com</td></tr>
<tr><td>전화번호</td><td colspan="4">02-3410-3939, 3923</td></tr>
<tr><td>팩스</td><td colspan="4">02-3410-3929</td></tr>
<tr><td rowspan="3">운영시간</td><td>구분</td><td>월~금요일</td><td>토요일</td><td>휴무일</td></tr>
<tr><td>열람</td><td>08:30~22:00</td><td>09:00~13:00</td><td rowspan="2">일요일, 공휴일</td></tr>
<tr><td>멀티미디어자료제작</td><td>08:30~17:00</td><td>휴무</td></tr>
<tr><td>이용대상</td><td colspan="4">• 병원 임직원
• 삼성의료원 산하 임직원/성균관대학교 의과대학 교직원 및 학생/삼성그룹 임직원
• 한국의학도서관협회 회원(회원증 소지자에 한함)
• 각 기관 도서관의 ‘열람의뢰서’ 소지자
• 병원동문 및 지역사회 의료인</td></tr>
<tr><td rowspan="2">장서</td><td>구분</td><td>단행본</td><td colspan="2">의학관계 학술지</td></tr>
<tr><td>장서 수</td><td>30,000여 권</td><td colspan="2">1,800여 종</td></tr>
<tr><td>분류체계</td><td colspan="2">• 의학자료 : NLMC</td><td colspan="2">• 비의학자료 : LCC</td></tr>
<tr><td>인적자원</td><td colspan="4">인력 현황 : 22명(팀장 1명, 파트장 3명, 수석 2명, 책임 6명, 선임 1명, 사원 9명)</td></tr>
<tr><td>시설</td><td colspan="4">전체면적 : 1,140㎡
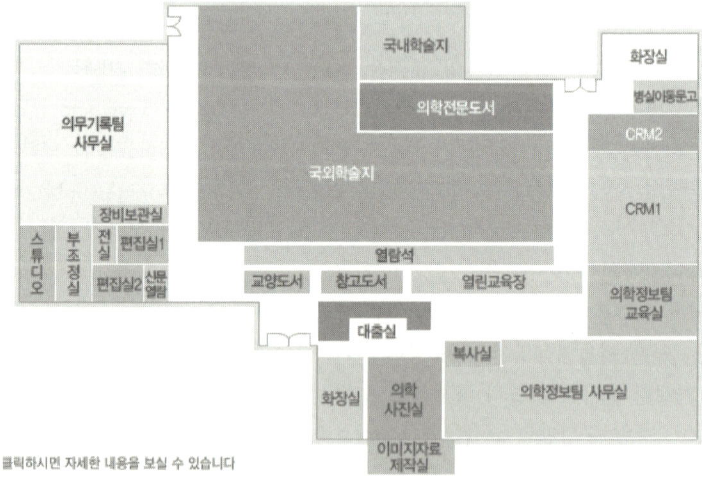
</td></tr>
</table>

도서관 소개

삼성서울병원 별관 지하 3층에 위치한 의학정보팀은 국제적 수준의 전문자료를 확보하고 선진의학정보시스템을 구축하여, 최신의학정보를 효율적이고 신속, 정확하게 제공하는 의학전문 정보센터로서 삼성서울병원의 진료, 연구, 교육의 발전을 돕기 위하여 1995년 2월에 개관하였다.

삼성서울병원 의학정보팀은 의학정보컨텐츠파트, 의학정보서비스파트, 멀티미디어파트로 조직되었으며, 전통적인 도서관서비스뿐만 아니라 의학의 학문적 특성을 고려한 수준 높은 멀티미디어 자료를 제작하여 교육 및 학술연구를 지원한다. 또한 의학비디오, 사진자료를 비롯한 멀티미디어 자료를 제작하여 대내외적으로 제공하고 있다.

제공서비스

▪ 정보조사

정보조사는 정보나 지식을 원하는 이용자에게 전문사서가 직접 상담하고 관련 정보를 검색하여 제공함으로써 이용자의 정보요구를 최대한 충족시키는 서비스로 특정 주제 정보제공, 최신정보 제공, 정기적인 정보제공 등으로 정보제공 유형을 나눌 수 있다. 또한 중장기 연구프로젝트나 논문작성 등 원내 의료진의 연구활동 시작에서 종료시점까지 연구활동 수행과 관련한 전반적인 정보조사 및 논문작성지원을 제공하는 '연구정보 상담서비스'를 운영하여 보다 신속하고 체계적으로 정보를 제공하고 있다.

▪ 연구논문지원

삼성서울병원 의학정보팀에서 제공하는 연구논문지원서비스는 크게 네 가지가 있다. '논문 형식 수정서비스'는 논문 전체포맷과 세부 내용을 검토하여 논문 투고규정에 위배된 부분을 확인하여 수정하는 서비스이며, '게재 저널 상담서비스'는 타깃 저널 선정이 어려울 때 JCR 2014, Web of Science를 활용하여 해당 주제가 실릴만한 후보군 저널 리스트를 제공하는 서비스이다. 'Bibliographic Tool 지원'은 EndNote로 논문작성 시 투고하려는 학술지 규정에 맞추기 번거롭고 까다로운 인용·참조 부분을 작성, 수정하고 개별 Journal output style도 자체 제작 및 제공하는 서비스이다. 마지막으로 'Figure 제작편집 및 변환'서비스는 별도로 첨부하는 Figure를 포토샵을 이용하여 저널에서 요구하는 형식에 맞게 원본을 변환하는 서비스이다.

▪ 멀티미디어자료 제작

삼성서울병원 의학정보팀 조직 중 멀티미디어파트에서 담당하는 멀티미디어자료 제작서비스는 학술 및 연구, 진료에 쓰이는 각종 멀티미디어자료를 제공하는 서비스로 동영상자료 제작, 의학사진, 이미지자료 제작, 메디컬 일러스트 등의 세부서비스로 나누어진다.

교육

삼성서울병원 의학정보팀에서 제공하는 이용자 교육은 내용에 따라 나누어진다. 의학정보팀에 대한 전반적인 소개와 각종 서비스, 이용방법 등을 교육하는 '이용안내교육', 정보검색법을 1:1 혹은 단체/그룹으로 교육받는 '정보검색교육', 의학정보팀 전산화시스템인 의학정보시스템 이용법을 교육하는 '의학정보시스템', 논문작성지원 소프트웨어인 EndNote의 이용법 및 논문작성에 관하여 교육하는 'EndNote 이용법', 효과적인 발표작성을 위해 파워포인트 이용법 및 학회 포스터제작에 관한 교육을 실시하는 'PowerPoint 이용법'으로 구분된다.

출처

삼성서울병원 의학정보팀
http://library.samsunghospital.com
국가도서관 통계시스템
https://www.libsta.go.kr

삼성창원병원 의학정보실

<table>
<tr><td>분류</td><td colspan="5">전문도서관(병원도서관)</td></tr>
<tr><td>주소</td><td colspan="5">(51353) 경상남도 창원시 마산회원구 팔용로 158</td></tr>
<tr><td>홈페이지</td><td colspan="5">https://smc.skku.edu</td></tr>
<tr><td>전화번호</td><td colspan="5">055-233-8043</td></tr>
<tr><td>팩스</td><td colspan="5">055-233-8070</td></tr>
<tr><td>운영시간</td><td colspan="5">• 평일 08:30~17:30
• 토요일 08:30~12:30
• 일요일 및 공휴일 휴관</td></tr>
<tr><td rowspan="7">장서</td><td colspan="2">구분</td><td>장서 수</td><td>계</td></tr>
<tr><td rowspan="2">단행본</td><td>국내</td><td>2,592권</td><td rowspan="3">3,376권</td></tr>
<tr><td>국외</td><td>597권</td></tr>
<tr><td colspan="2">제본잡지</td><td>187권</td></tr>
<tr><td rowspan="2">연속간행물</td><td>책자</td><td>116종</td><td rowspan="2">2,638종</td></tr>
<tr><td>전자</td><td>2,522종</td></tr>
<tr><td colspan="2">학술DB</td><td>9종</td><td>9종</td></tr>
<tr><td>인적자원</td><td colspan="5">인력 현황 : 1명(사원 1명)</td></tr>
<tr><td>시설</td><td colspan="5">전체면적 : 59㎡</td></tr>
<tr><td>설비</td><td colspan="5">• 업무용 PC : 1대
• 검색용 PC : 4대</td></tr>
</table>

도서관 소개

1981년에 개원한 삼성창원병원의 의학정보서비스를 담당하고 있는 삼성창원병원 의학정보실은 삼성창원병원의 비전인 '동남권역 선도병원', 사명인 "우리는 생명존중의 정신으로 최상의 진료, 교육, 연구를 실천하여 인류건강, 인재육성, 의학발전에 기여한다"를 실현시키기 위해 노력하고 있으며, 삼성창원병원 구성원의 교육 · 연구 · 진료를 지원하고 있다.

출처

삼성창원병원

http://smc.skku.edu

국가도서관 통계시스템

https://www.libsta.go.kr

삼육부산병원 도서실

분류	전문도서관(병원도서관)
주소	(49230) 부산광역시 서구 대티로 170
전화번호	051-600-7783
팩스	051-242-0407
운영시간	• 평일 08:45~17:00 • 토요일 휴관 • 일요일 및 공휴일 08:45~17:15
장서	• 제본잡지 : 343권 • 연속간행물 : 40종
인적자원	인력 현황 : 1명(팀장 1명)
설비	• 업무용 PC : 1대 • 검색용 PC : 1대

도서관 소개

1915년에 개설된 삼육부산병원의 의학정보를 담당하고 있는 삼육부산병원 도서실은 '생각만 해도 기분 좋은 병원, 가장 치료받고 싶은 병원'이라는 비전과 "최상의 진료 선교 교육을 통하여 세상에 그리스도의 빛을 발한다"라는 기관의 미션을 실현하기 위해 노력하고 있으며, 삼육부산병원 구성원의 교육 · 연구 · 진료를 지원하고 있다.

출처

삼육부산병원

http://www.symcb.co.kr

국가도서관 통계시스템

https://www.libsta.go.kr

삼육서울병원 도서실

<table>
<tr><td>분류</td><td colspan="4">전문도서관(병원도서관)</td></tr>
<tr><td>주소</td><td colspan="4">(02500) 서울특별시 동대문구 망우로 82 삼육서울병원</td></tr>
<tr><td>전화번호</td><td colspan="4">02-2210-3639</td></tr>
<tr><td>팩스</td><td colspan="4">02-2249-0403</td></tr>
<tr><td>운영시간</td><td colspan="4">• 평일 08:00~17:00(목요일 08:00~12:00)
• 토요일 휴관
• 일요일 및 공휴일 09:00~17:00</td></tr>
<tr><td rowspan="6">장서</td><td colspan="2">구분</td><td>장서 수</td><td>계</td></tr>
<tr><td rowspan="2">단행본</td><td>국내</td><td>1,242권</td><td rowspan="4">14,009권</td></tr>
<tr><td>국외</td><td>2,518권</td></tr>
<tr><td colspan="2">e-Book</td><td>1,000권</td></tr>
<tr><td colspan="2">제본잡지</td><td>9,249권</td></tr>
<tr><td colspan="2">연속간행물</td><td>231종</td><td>231종</td></tr>
<tr><td>인적자원</td><td colspan="4">인력 현황 : 1명(직원 1명)</td></tr>
<tr><td>시설</td><td colspan="4">전체면적 : 180㎡</td></tr>
<tr><td>설비</td><td colspan="4">• 업무용 PC : 1대
• 검색용 PC : 1대</td></tr>
</table>

도서관 소개

삼육서울병원의 의학정보를 담당하고 있는 삼육서울병원 도서실은 '생각만 해도 기분 좋은 병원, 가장 치료받고 싶은 병원'이라는 비전과 "최상의 진료 선교 교육을 통하여 세상에 그리스도의 빛을 발한다"라는 기관의 미션을 실현하기 위해 노력하고 있으며 삼육서울병원 구성원의 교육·연구·진료를 지원하고 있다.

출처

삼육서울병원

http://www.symcs.co.kr

국가도서관 통계시스템

https://www.libsta.go.kr

서울의료원 의학도서실

<table>
<tr><td>분류</td><td colspan="3">전문도서관(병원도서관)</td><td>개관년도</td><td>1982</td></tr>
<tr><td>주소</td><td colspan="5">(02053) 서울특별시 중랑구 신내로 156</td></tr>
<tr><td>홈페이지</td><td colspan="5">http://seoulmc.futurenuri.co.kr</td></tr>
<tr><td>전화번호</td><td colspan="5">02-2276-8505</td></tr>
<tr><td>팩스</td><td colspan="5">02-2276-8509</td></tr>
<tr><td>운영시간</td><td colspan="5">평일 08:30~17:30, 토/일 및 공휴일 휴관</td></tr>
<tr><td>이용대상</td><td colspan="5">• 서울의료원 전 직원
• 서울의료원 동문
• 한국의학도서관협회 회원기관 소속직원
• 의과대학 실습생 및 파견의사
• 간호 실습학생
• 기타 병원장이 열람을 인정하는 경우</td></tr>
<tr><td rowspan="7">장서</td><td colspan="2">구분</td><td>장서 수</td><td colspan="2">계</td></tr>
<tr><td rowspan="2">단행본</td><td>국내</td><td>2,103권</td><td colspan="2" rowspan="3">16,174권</td></tr>
<tr><td>국외</td><td>401권</td></tr>
<tr><td colspan="2">제본잡지</td><td>13,670권</td></tr>
<tr><td rowspan="2">연속간행물</td><td>책자</td><td>199종</td><td colspan="2" rowspan="2">3,160종</td></tr>
<tr><td>전자</td><td>2,961종</td></tr>
<tr><td colspan="2">학술DB</td><td>4종</td><td colspan="2">4종</td></tr>
<tr><td>분류체계</td><td colspan="5">KDC</td></tr>
<tr><td>인적자원</td><td colspan="5">인력 현황 : 1명(사서 1명)</td></tr>
<tr><td>시설</td><td colspan="5">전체면적 : 211㎡</td></tr>
<tr><td>설비</td><td colspan="5">• 업무용 PC : 1대
• 검색용 PC : 4대</td></tr>
<tr><td>주요 서비스</td><td colspan="5">원문복사 및 상호대차</td></tr>
</table>

도서관 소개

'진료와 의학연구를 통하여 시민의 보건향상을 도모하고 공공의료의 질 향상과 보건의료사업발전에 기여'를 목적으로 1977년에 설립된 서울의료원의 의학정보서비스를 담당하고 있는 서울의료원 의학도서실은 기관의 미션 및 비전을 실현하기 위하여 노력하고 있으며, 서울의료원 구성원 및 의학도서실 이용자들의 교육·연구·진료를 지원하고, 이용자의 정서함양을 위하여 노력하고 있다.

출처

서울의료원
https://www.seoulmc.or.kr
서울의료원 의학도서실
http://seoulmc.futurenuri.co.kr
국가도서관 통계시스템
https://www.libsta.go.kr

서울특별시보라매병원 도서실

<table>
<tr><td>분류</td><td colspan="4">전문도서관(병원도서관)</td></tr>
<tr><td>주소</td><td colspan="4">(07061) 서울특별시 동작구 보라매로 5길 20</td></tr>
<tr><td>전화번호</td><td colspan="4">02-870-3861</td></tr>
<tr><td>팩스</td><td colspan="4">02-870-3863</td></tr>
<tr><td>운영시간</td><td colspan="4">평일 09:00~18:00, 토/일 및 공휴일 휴관</td></tr>
<tr><td rowspan="4">장서</td><td colspan="2">구분</td><td>장서 수</td><td>계</td></tr>
<tr><td rowspan="2">단행본</td><td>국내</td><td>300권</td><td rowspan="3">2,650권</td></tr>
<tr><td>국외</td><td>350권</td></tr>
<tr><td colspan="2">제본잡지</td><td>2,000권</td></tr>
<tr><td>인적자원</td><td colspan="4">인력 현황 : 5명(주사보 1명, 사무원 4명)</td></tr>
<tr><td>설비</td><td colspan="4">• 업무용 PC : 3대
• 검색용 PC : 2대</td></tr>
</table>

도서관 소개

서울특별시보라매병원은 1955년 6월에 서울시민의 보건의료 및 의료구호활동을 목적으로 설립되었다. 1991년 현재의 위치에 자리 잡았으며 양질의 의료 제공을 위해 서울대학교병원과 위·수탁 계약을 맺어 '서울대학교병원운영 서울특별시보라매병원'이라는 명칭을 갖게 되었다.

서울특별시보라매병원 도서실은 기관의 운영목적 실현을 위하여 노력하고 있으며 서울특별시보라매병원 구성원의 교육·연구·진료를 지원하고 있다.

출처

서울특별시보라매병원

https://www.brmh.org

국가도서관 통계시스템

https://www.libsta.go.kr

성가롤로병원 의학도서실

<table>
<tr><td>분류</td><td colspan="4">전문도서관(병원도서관)</td></tr>
<tr><td>주소</td><td colspan="4">(57931) 전라남도 순천시 순광로 221</td></tr>
<tr><td>전화번호</td><td colspan="4">061-720-2000</td></tr>
<tr><td>팩스</td><td colspan="4">061-720-6000</td></tr>
<tr><td>운영시간</td><td colspan="4">평일 08:30~17:30, 토/일 및 공휴일 휴관</td></tr>
<tr><td rowspan="5">장서</td><td colspan="2">구분</td><td>장서 수</td><td>계</td></tr>
<tr><td rowspan="2">단행본</td><td>국내</td><td>2,665권</td><td rowspan="3">5,620권</td></tr>
<tr><td>국외</td><td>2,805권</td></tr>
<tr><td colspan="2">제본잡지</td><td>150권</td></tr>
<tr><td colspan="2">연속간행물</td><td>125종</td><td>125종</td></tr>
<tr><td>인적자원</td><td colspan="4">인력 현황 : 3명(도서실장 1명, 팀장 1명, 사원 1명)</td></tr>
<tr><td>시설</td><td colspan="4">전체면적 : 154㎡</td></tr>
<tr><td>설비</td><td colspan="4">• 업무용 PC : 1대
• 검색용 PC : 1대</td></tr>
</table>

도서관 소개

성가롤로병원 의학도서실은 '믿음과 희망을 주는 호남 최고의 병원'이라는 기관의 비전 및 핵심가치를 실현하기 위하여 노력하고 있으며, 성가롤로병원 구성원의 교육 · 연구 · 진료를 지원하고 있다.

출처

성가롤로병원

http://www.stcarollo.or.kr

국가도서관 통계시스템

https://www.libsta.go.kr

성애병원 의학도서실

분류	전문도서관(병원도서관)
주소	(07354) 서울특별시 영등포구 여의대방로 53길 22
전화번호	02-840-7295~6
팩스	02-840-7755
운영시간	평일 09:00~17:00, 토/일 및 공휴일 휴관
장서	• 의학도서 : 1,200여 권 • 의학도서 e-Book : 1,200권 • e-Journal : 700여 종 • 교양도서 : 600여 권
인적자원	인력 현황 : 2명(도서관장 1명, 사서 1명)
시설	전체면적 : 89㎡
설비	• 업무용 PC : 1대 • 검색용 PC : 1대

도서관 소개

[성애병원 의학도서실]

성애병원의 진료지원부서 중 하나인 교육수련부 소속의 성애병원 의학도서실은 인류의 건강을 위해 헌신하며 교육과 연구 및 진료를 하는 성애의료인에게 최적의 의료정보서비스를 제공하는 의학도서실 역할을 수행하고 있다. 또한 성애병원의 비전에 맞추어 최상의 정보서비스를 제공하고 있으며, 소장하고 있는 교양도서로 지역사회와 함께하는 순회문고를 운영하고 있다.

출처

성애병원
http://h.sungae.co.kr

국가도서관 통계시스템
https://www.libsta.go.kr

세종병원 의학도서실

분류	전문도서관(병원도서관)
주소	(14754) 경기도 부천시 호현로 489번길 28
홈페이지	http://library.sejongh.co.kr
전화번호	032-340-1812
팩스	032-340-1236
운영시간	평일 08:30~17:30, 토요일 08:30~12:30, 일요일 및 공휴일 휴관
이용대상	• 세종병원 의사 및 직원 • 파견근무 중인 각급 직원과 학생 • 한국의학도서관협회 회원(회원증 소지자에 한함)
인적자원	인력 현황 : 3명(주임사서 1명, 사서 2명)
설비	• 업무용 PC : 3대 • 검색용 PC : 3대
주요 서비스	• 원문제공서비스 • 연구논문작성 지원서비스 • 시청각자료 제작서비스

도서관 소개

'아시아 최고의 심뇌혈관센터'를 비전으로 삼고 있는 세종병원의 의학정보서비스를 담당하고 있는 세종병원 의학도서실은 별관 지하 3층에 위치해 있으며, 개가제로 운영되고 있다. 세종병원 의학도서실은 기관의 미션 및 비전을 실현하기 위해 노력하고 있으며 세종병원 구성원의 교육·연구·진료를 지원하고 있다.

제공서비스

▪ 연구논문작성 지원서비스

세종병원 의학도서실의 '연구논문작성 지원서비스'는 연구논문을 게재할 학술지 선정에서부터 논문 송부에 이르기까지, 연구논문작성과 관련된 모든 정보를 제공하는 서비스다. 세부서비스 내용으로는 투고규정 제공 및 논문 편집, 참고문헌 검증 서비스, 이미지 및 도표 제작서비스 등이 있다.

▪ 시청각자료 제작서비스

'시청각자료 제작서비스'는 연구논문에 삽입되는 이미지, 간단한 동영상 구연을 위한 프레젠테이션 자료 및 포스터 제작을 지원하는 서비스로, 세종병원 구성원의 연구를 지원하기 위해 제공되고 있다.

출처

세종병원 의학도서실
http://library.sejongh.co.kr
국가도서관 통계시스템
https://www.libsta.go.kr

순천향대학교병원 의학도서관

<table>
<tr><td>분류</td><td colspan="4">전문도서관(병원도서관)</td></tr>
<tr><td>주소</td><td colspan="4">(04401) 서울특별시 용산구 대사관로 59 순천향대학교병원 의학도서관</td></tr>
<tr><td>홈페이지</td><td colspan="4">http://www.schmc.ac.kr/seoul/kor/library/index.do</td></tr>
<tr><td>전화번호</td><td colspan="4">02-709-9797</td></tr>
<tr><td>팩스</td><td colspan="4">02-795-2538</td></tr>
<tr><td>운영시간</td><td colspan="4">• 자료실 : 평일 08:00~17:00, 토요일 08:00~12:00, 일요일 및 공휴일 휴관
• 열람실 : 평일 08:00~17:00, 토요일 08:00~12:00, 일요일 및 공휴일 휴관
• 복사실 : 평일 08:00~17:00, 토/일 및 공휴일 휴무</td></tr>
<tr><td>이용대상</td><td colspan="4">• 순천향대학병원 산하 전 직원 및 의과대학 학생
• 한국의학도서관협회 회원(회원증 소지자에 한함)
• 병원장이 인정하는 외부인</td></tr>
<tr><td rowspan="9">장서</td><td colspan="2">구분</td><td>장서 수</td><td>계</td></tr>
<tr><td rowspan="2">단행본</td><td>국내</td><td>1,416권</td><td rowspan="4">30,679권</td></tr>
<tr><td>국외</td><td>3,660권</td></tr>
<tr><td colspan="2">e-Book</td><td>1,146권</td></tr>
<tr><td colspan="2">제본잡지</td><td>24,457권</td></tr>
<tr><td rowspan="2">연속간행물</td><td>책자</td><td>152종</td><td rowspan="2">194종</td></tr>
<tr><td>전자</td><td>42종</td></tr>
<tr><td colspan="2">학술DB</td><td>22종</td><td>22종</td></tr>
<tr><td>분류체계</td><td colspan="4">• 의학도서 : NLMC • 교양도서 : KDC</td></tr>
<tr><td>인적자원</td><td colspan="4">인력 현황 : 3명(팀장 1명, 사서 2명)</td></tr>
<tr><td>시설</td><td colspan="4">전체면적 : 505㎡</td></tr>
<tr><td>설비</td><td colspan="4">• 업무용 PC : 3대
• 검색용 PC : 23대</td></tr>
<tr><td>주요 서비스</td><td colspan="4">• 최신정보주지서비스 • SR 검색지원
• 게재학술지 추천</td></tr>
<tr><td>이용자교육</td><td colspan="4">이용교육</td></tr>
</table>

도서관 소개

순천향대학교병원에서 의학정보를 제공하고 있는 의학도서관은 다양한 연구지원서비스를 통하여 순천향대학교병원 구성원의 교육·연구·진료를 지원하고 있으며, 교양도서를 활용하여 구성원의 정서함양에 기여하고 있다.

출처

순천향대학교병원 의학도서관

http://www.schmc.ac.kr/seoul/kor/library/index.do

국가도서관 통계시스템

https://www.libsta.go.kr

순천향대학교부천병원 의학도서관

분류	전문도서관(병원도서관)	개관년도	2001
주소	(14584) 경기도 부천시 원미구 중동 1174 순천향대학교 부천병원		
홈페이지	https://www.schmc.ac.kr/bucheon/kor/library/main.do		
전화번호	032-621-5591~2		
팩스	032-621-5595		
운영시간	• 열람실 : 평일 08:00~24:00, 토요일 08:00~24:00, 일요일 및 공휴일 휴관 • 참고정보실 : 평일 08:00~17:00, 토/일 및 공휴일 휴관		
이용대상	• 순천향대학병원 산하 전 직원 및 의과대학 학생 • 한국의학도서관협회 회원(회원증 소지자에 한함) • 병원장이 인정하는 외부인		
장서	• 단행본 : 1,098권 • 제본잡지 : 1,781권 • 연속간행물 : 40종 • 학술DB : 15종		
분류체계	• 의학도서 : NLMC	• 교양도서 : KDC	
인적자원	인력 현황 : 3명(사서 2명, 사무원 1명)		
시설	전체면적 : 228㎡		
설비	• 업무용 PC : 4대	• 검색용 PC : 6대	
주요 서비스	• 동문/협력병원서비스 • SR & MA 검색	• 연구논문작성지원 • 연구논문분석	
이용자교육	이용교육		

도서관 소개

2001년에 개관한 순천향대학교부천병원 의학도서관은 별관인 연구동 지하 3층에 위치해 있으며, 이용자에게 필요한 자료와 최신의학정보를 구비하여 제공함으로써 순천향대학교부천병원 구성원의 진료 및 학술연구 등을 지원하고 있다.

제공서비스

▪ SR & MA 검색

SR & MA 검색서비스는 연구논문작성지원의 일환으로 제공되는 서비스로, 특정 연구질문에 대답하기 위해 정해진 선정기준에 맞는 모든 근거를 수집하여 분석하는 연구방법인 Systematic Review, 체계적 문헌고찰에서 선정된 일차 연구에서의 근거가 양적으로 합성이 가능한 경우 이를 통계적으로 합성하는 연구방법인 Meta-analysis를 제공한다.

출처

순천향대학교부천병원 의학도서관
https://www.schmc.ac.kr/bucheon/kor/library/main.do

국가도서관 통계시스템
https://www.libsta.go.kr

순천향대학교천안병원 의학도서실

<table>
<tr><td>분류</td><td colspan="5">전문도서관(병원도서관)</td></tr>
<tr><td>주소</td><td colspan="5">(31151) 충청남도 천안시 동남구 순천향 6길 31 순천향대학교 천안병원 의학도서실</td></tr>
<tr><td>홈페이지</td><td colspan="5">https://www.schmc.ac.kr/cheonan/kor/library/index.do</td></tr>
<tr><td>전화번호</td><td colspan="5">041-570-3609, 3610</td></tr>
<tr><td>팩스</td><td colspan="5">041-570-3697</td></tr>
<tr><td>운영시간</td><td colspan="5">• 자료실 : 평일 08:30~17:30, 토/일 및 공휴일 휴무
• 열람실 : 24시간 개방, 연중무휴</td></tr>
<tr><td>이용대상</td><td colspan="5">• 순천향대학병원 산하 전 직원 및 의과대학 학생
• 한국의학도서관협회 회원(회원증 소지자에 한함)
• 병원장이 인정하는 외부인</td></tr>
<tr><td rowspan="9">장서</td><td colspan="2">구분</td><td>장서 수</td><td>계</td></tr>
<tr><td rowspan="2">단행본</td><td>국내</td><td>5,495권</td><td rowspan="4">60,531권</td></tr>
<tr><td>국외</td><td>26,628권</td></tr>
<tr><td colspan="2">e-Book</td><td>1,100권</td></tr>
<tr><td colspan="2">제본잡지</td><td>27,308권</td></tr>
<tr><td rowspan="2">연속간행물</td><td>책자</td><td>181종</td><td rowspan="2">3,443권</td></tr>
<tr><td>전자</td><td>3,262종</td></tr>
<tr><td colspan="2">학술DB</td><td>15종</td><td>15종</td></tr>
<tr><td>분류체계</td><td colspan="5">• 의학도서 : NLMC
• 교양도서 : KDC</td></tr>
<tr><td>인적자원</td><td colspan="5">인력 현황 : 2명(실장 1명, 사서 1명)</td></tr>
<tr><td>시설</td><td colspan="5">전체면적 : 461㎡</td></tr>
<tr><td>설비</td><td colspan="5">• 업무용 PC : 4대
• 검색용 PC : 20대</td></tr>
<tr><td>주요 서비스</td><td colspan="5">• 상호대차 및 원문복사
• 최신정보주지서비스</td></tr>
<tr><td>이용자교육</td><td colspan="5">이용교육</td></tr>
</table>

도서관 소개

순천향대학교천안병원에서 의학정보서비스를 담당하고 있는 의학도서관은 다양한 연구지원서비스를 통하여 순천향대학교천안병원 구성원의 교육·연구·진료를 지원하고 있으며, 교양도서를 활용하여 구성원의 정서함양에 기여하고 있다.

출처

순천향대학교천안병원 의학도서관
https://www.schmc.ac.kr/cheonan/kor/library/index.do

국가도서관 통계시스템
https://www.libsta.go.kr

안동성소병원 의학도서실

분류	전문도서관(병원도서관)
주소	(36690) 경상북도 안동시 서동문로 99
전화번호	054-850-8212
팩스	054-850-8210
운영시간	평일 09:00~20:00, 토요일 09:00~13:00, 일요일 및 공휴일 휴관
인적자원	인력 현황 : 1명(직원 1명)
시설	전체면적 : 75㎡
주요 서비스	원문복사 및 상호대차

도서관 소개

안동성소병원의 의학도서실은 안동성소병원 구성원의 교육·연구·진료를 지원하고 있으며 병원의 경영전략 및 미션과 비전의 실현을 위하여 노력하고 있다.

출처

안동성소병원
http://www.sungso.com
국가도서관 통계시스템
https://www.libsta.go.kr

안양샘병원 의학정보실

분류	전문도서관(병원도서관)			
주소	(14030) 경기도 안양시 만안구 삼덕로 9			
전화번호	031-467-9718			
팩스	031-449-0151			
운영시간	평일 08:30~17:30, 토요일 08:30~13:00, 일요일 및 공휴일 휴관			
장서	구분		장서 수	계
	단행본	국내	100권	400권
		국외	300권	
	연속간행물		221종	221종
인적자원	인력 현황 : 1명(사원 1명)			
시설	전체면적 : 45㎡			
설비	• 업무용 PC : 1대 • 검색용 PC : 3대			

도서관 소개

안양샘병원 의학정보실은 안양샘병원의 의학정보 서비스를 담당하고 있으며 "샘병원 공동체는 전인적인 의료와 섬김으로 생명사랑을 실천하여 하나님 나라를 이 땅에 구현한다"라는 기관의 미션 실현을 돕고 샘병원 구성원의 교육 · 연구 · 진료를 지원하고 있다.

출처

안양샘병원

http://anyang.samhospital.com

국가도서관 통계시스템

https://www.libsta.go.kr

예수병원 의학도서실

<table>
<tr><td>분류</td><td colspan="3">전문도서관(병원도서관)</td><td>개관년도</td><td>1978</td></tr>
<tr><td>주소</td><td colspan="5">(54987) 전라북도 전주시 완산구 서원로 365</td></tr>
<tr><td>홈페이지</td><td colspan="5">http://www.jesushospital.com/ClinicHome/Index.asp?sClinicIDX=64</td></tr>
<tr><td>전화번호</td><td colspan="5">063-230-8127</td></tr>
<tr><td>팩스</td><td colspan="5">063-230-8129</td></tr>
<tr><td>운영시간</td><td colspan="5">평일 08:00~17:00, 토/일 및 공휴일 휴관</td></tr>
<tr><td rowspan="9">장서</td><td colspan="2">구분</td><td>장서 수</td><td colspan="2">계</td></tr>
<tr><td rowspan="2">단행본</td><td>국내</td><td>800권</td><td colspan="2" rowspan="4">25,181권</td></tr>
<tr><td>국외</td><td>11,650권</td></tr>
<tr><td colspan="2">e-Book</td><td>1권</td></tr>
<tr><td colspan="2">제본잡지</td><td>12,730권</td></tr>
<tr><td rowspan="2">연속간행물</td><td>책자</td><td>229권</td><td colspan="2" rowspan="2">265종</td></tr>
<tr><td>전자</td><td>36종</td></tr>
<tr><td colspan="2">학술DB</td><td>3종</td><td colspan="2">3종</td></tr>
<tr><td colspan="5"></td></tr>
<tr><td>인적자원</td><td colspan="5">인력 현황 : 1명(사서 1명)</td></tr>
<tr><td>시설</td><td colspan="5">전체면적 : 49㎡</td></tr>
<tr><td>설비</td><td colspan="5">• 업무용 PC : 1대
• 검색용 PC : 1대</td></tr>
</table>

도서관 소개

예수병원 의학도서실은 1978년 지역의료인의 연구와 진료에 도움을 주기 위해 미국 정부의 원조하에 설립되었다. 최신의 의료정보를 지원하기 위해 전자저널과 전자책, 기타 인쇄 도서 등을 보유하고 있으며, 한국의학도서관협회에 가입하여 여러 의과대학의 병원도서관 간의 긴밀한 협조로 전국의 의료정보를 신속하게 교환하고 이용자에게 제공하고 있다.

또한 각 의국에서 구입한 도서를 관리하고 의학정보를 활성화할 수 있는 기기를 구비하여 이용하도록 하고 있다.

출처

예수병원

http://jesushospital.com

국가도서관 통계시스템

https://www.libsta.go.kr

용인정신병원 의학도서실

<table>
<tr><td>분류</td><td colspan="2">전문도서관(병원도서관)</td><td>개관년도</td><td>1971</td></tr>
<tr><td>주소</td><td colspan="4">(17089) 경기도 용인시 기흥구 중부대로 940 용인정신병원 신관 3층 정신의학연구소 의학전문도서관</td></tr>
<tr><td>홈페이지</td><td colspan="4">http://yonginmh.egentouch.com</td></tr>
<tr><td>전화번호</td><td colspan="4">031-288-0273</td></tr>
<tr><td>팩스</td><td colspan="4">031-288-0184</td></tr>
<tr><td>운영시간</td><td colspan="4">평일 09:00~17:00, 토/일 및 공휴일 휴관</td></tr>
<tr><td>이용대상</td><td colspan="4">용인정신병원 전 직원</td></tr>
<tr><td rowspan="6">장서</td><td colspan="2">구분</td><td>장서 수</td><td>계</td></tr>
<tr><td rowspan="2">단행본</td><td>국내</td><td>7,235권</td><td rowspan="3">12,062권</td></tr>
<tr><td>국외</td><td>3,020권</td></tr>
<tr><td colspan="2">제본잡지</td><td>1,807권</td></tr>
<tr><td colspan="2">연속간행물</td><td>47종</td><td>47종</td></tr>
<tr><td colspan="2">학술DB</td><td>2종</td><td>2종</td></tr>
<tr><td>분류체계</td><td colspan="4">• 의학도서 : NLMC • 교양도서 : KDC</td></tr>
<tr><td>인적자원</td><td colspan="4">인력 현황 : 2명(도서관장 1명, 사서 1명)</td></tr>
<tr><td>시설</td><td colspan="4">전체면적 : 260㎡</td></tr>
<tr><td>설비</td><td colspan="4">• 업무용 PC : 1대 • 검색용 PC : 1대
• 팩스 • 스캐너 • 복사기 및 프린터</td></tr>
<tr><td>주요 서비스</td><td colspan="4">상호대차 및 원문제공</td></tr>
</table>

도서관 소개

[용인정신병원 의학도서관]

용인정신병원 의학도서관은 용인정신병원의 정신의학 발전을 위해 1971년에 설립되었으며, 의학전문 학술정보와 자료에 대한 서지 및 소장사항의 통합검색, 그 외에 다양한 콘텐츠를 제공한다. 또한 용인정신병원에서 추구하는 비전을 실현할 수 있는 의학전문도서관에 기반을 둔 정보센터로서 그 기능과 역할을 수행하는 것을 운영 목적으로 한다.

출처

용인정신병원 의학도서관

http://yonginmh.egentouch.com

국가도서관 통계시스템

https://www.libsta.go.kr

울산대학교병원 의학도서실

<table>
<tr><td>분류</td><td colspan="3">전문도서관(병원도서관)</td></tr>
<tr><td>주소</td><td colspan="3">(44033) 울산광역시 동구 방어진순환도로 877</td></tr>
<tr><td>홈페이지</td><td colspan="3">https://aml.amc.seoul.kr/UML</td></tr>
<tr><td>전화번호</td><td colspan="3">052-250-7015</td></tr>
<tr><td>팩스</td><td colspan="3">052-250-8071</td></tr>
<tr><td>운영시간</td><td colspan="3">평일 08:30~17:30, 토/일 및 공휴일 휴관</td></tr>
<tr><td>이용대상</td><td colspan="3">• 울산대학교병원 직원
• 울산대학교 학생 및 직원
• 아산재단 산하 병원직원
• 한국의학도서관협회 회원(회원증 소지자에 한함)
• 울산광역시의사협회 회원(개원의, 협력병원 등)
• 기타 의학도서관장이 인정하는 외부인사</td></tr>
<tr><td rowspan="5">장서</td><td>구분</td><td>장서 수</td><td>계</td></tr>
<tr><td>단행본 국내</td><td>566권</td><td rowspan="2">972권</td></tr>
<tr><td>단행본 국외</td><td>406권</td></tr>
<tr><td>연속간행물</td><td>1,389종</td><td>1,389종</td></tr>
<tr><td>학술DB</td><td>49종</td><td>49종</td></tr>
<tr><td>부류체계</td><td colspan="3">DDC</td></tr>
<tr><td>인적자원</td><td colspan="3">인력 현황 : 2명(과장 1명, 사서 1명)</td></tr>
<tr><td>시설</td><td colspan="3">전체면적 : 71㎡</td></tr>
<tr><td>설비</td><td colspan="3">• 업무용 PC : 2대
• 검색용 PC : 4대</td></tr>
<tr><td>주요 서비스</td><td colspan="3">• 문헌복사 및 대출서비스
• 상호대차</td></tr>
</table>

도서관 소개

울산대학교병원 의학도서실은 울산대학교병원 직원, 울산대학교 학생 및 직원, 아산재단 산하 병원 및 직원, 울산광역시의사협회 회원 등 다양한 이용자층을 대상으로 의학정보서비스를 제공하고 있다. 또한 울산대학교병원 구성원의 교육·연구·진료를 지원하며 다양한 의학정보를 수집하고 보존하여 제공한다.

제공서비스

■ **문헌복사 및 대출서비스**

울산대학교병원 의학도서실의 문헌복사 및 대출서비스는 울산시의사회협회 회원을 대상으로 제공되는 서비스이다. 울산대학교병원에서 소장하고 있는 저널의 경우 두 가지 방법(우편·직접방문)으로 제공하고 있으며, 도서의 경우 신청자 혹은 대리인이 직접 방문하여 수령하여야 한다.

■ **Proxy서비스**

울산대학교 아산의학도서관의 유효한 자원 이용의 편의를 위해 의학도서관에서는 Proxy Server를 통해 원외에서도 전자저널을 이용할 수 있는 서비스를 제공하고 있다.

출처

울산대학교병원 의학도서실
https://aml.amc.seoul.kr/UML
국가도서관 통계시스템
https://www.libsta.go.kr

을지병원 의학도서실

<table>
<tr><td>분류</td><td colspan="2">전문도서관(병원도서관)</td><td>개관년도</td><td>1995</td></tr>
<tr><td>주소</td><td colspan="4">(01830) 서울특별시 노원구 한글비석로 68</td></tr>
<tr><td>홈페이지</td><td colspan="4">http://lib.eulji.ac.kr/EMC</td></tr>
<tr><td>전화번호</td><td colspan="4">02-970-8445</td></tr>
<tr><td>팩스</td><td colspan="4">02-970-8003</td></tr>
<tr><td>운영시간</td><td colspan="4">평일 08:30~17:30, 토/일 및 공휴일 휴관</td></tr>
<tr><td>이용대상</td><td colspan="4">• 을지병원 및 재단 산하 기관의 직원과 재학생
• 한국의학도서관협회 회원(회원증 소지자에 한함) 및 열람의뢰증 제시자</td></tr>
<tr><td rowspan="7">장서</td><td colspan="2">구분</td><td>장서 수</td><td>계</td></tr>
<tr><td rowspan="2">단행본</td><td>국내</td><td>4,801권</td><td rowspan="4">10,688권</td></tr>
<tr><td>국외</td><td>1,955권</td></tr>
<tr><td colspan="2">e-Book</td><td>1,072권</td></tr>
<tr><td colspan="2">제본잡지</td><td>2,860권</td></tr>
<tr><td colspan="2">연속간행물</td><td>9종</td><td>9종</td></tr>
<tr><td colspan="2">학술DB</td><td>3종</td><td>3종</td></tr>
<tr><td>분류체계</td><td colspan="4">• 의학도서 : NLMC　　• 교양도서 : KDC</td></tr>
<tr><td>인적자원</td><td colspan="4">인력 현황 : 2명(사서 2명)</td></tr>
<tr><td>시설</td><td colspan="4">전체면적 : 382㎡</td></tr>
<tr><td>설비</td><td colspan="4">• 업무용 PC : 2대　　• 검색용 PC : 5대</td></tr>
<tr><td>주요 서비스</td><td colspan="4">• 자료복사 및 스캔서비스　• 원문복사신청　• 연구논문지원
• 주제검색　• SDI서비스</td></tr>
<tr><td>이용자교육</td><td colspan="4">• 온라인 이용자교육　　• 이용교육</td></tr>
</table>

도서관 소개

1995년에 개실된 을지병원 의학도서실은 10,000여 권의 장서를 소장하고 있으며, 을지병원 구성원에게 의학정보서비스를 제공하는 기관이다. 또한 을지병원 의학도서실은 이용자의 의학정보 이용을 돕고 을지병원 구성원의 교육·연구·진료를 지원하고 있다.

제공서비스

■ 연구논문지원서비스

을지병원 의학도서실에서는 보다 신속한 논문발표가 가능하도록 학술 연구논문 편집과정을 지원하고 있다. 을지병원 의학도서실의 사서는 이용자가 서비스를 신청할 경우 각 저널의 투고규정을 검토하여 이용자가 논문을 제출하려는 학회에 맞게 원고의 본문, 초록, 키워드, SI 단위 및 약어 점검, 맞춤법 점검, Figure 및 Table 양식, 참고문헌 형식 등을 확인한 뒤 수정한다.

출처

을지병원 의학도서실
http://lib.eulji.ac.kr/EMC
국가도서관 통계시스템
https://www.libsta.go.kr

의료법인 한전의료재단 한일병원 의학도서실

<table>
<tr><td>분류</td><td colspan="4">전문도서관(병원도서관)</td></tr>
<tr><td>주소</td><td colspan="4">(01450) 서울시 도봉구 우이천로 308 건강증진센터 3층</td></tr>
<tr><td>전화번호</td><td colspan="4">02-901-3820</td></tr>
<tr><td>팩스</td><td colspan="4">02-901-3819</td></tr>
<tr><td>운영시간</td><td colspan="4">평일 08:30~17:30, 토/일 및 공휴일 휴관</td></tr>
<tr><td rowspan="7">장서</td><td colspan="2">구분</td><td>장서 수</td><td>계</td></tr>
<tr><td rowspan="2">단행본</td><td>국내</td><td>1,012권</td><td rowspan="4">8,062권</td></tr>
<tr><td>국외</td><td>180권</td></tr>
<tr><td colspan="2">e-Book</td><td>1,350권</td></tr>
<tr><td colspan="2">제본잡지</td><td>5,520권</td></tr>
<tr><td colspan="2">연속간행물</td><td>8종</td><td>8종</td></tr>
<tr><td colspan="2">학술DB</td><td>3종</td><td>3종</td></tr>
<tr><td>시설</td><td colspan="4">전체면적 : 115㎡</td></tr>
<tr><td>설비</td><td colspan="4">• 업무용 PC : 1대
• 검색용 PC : 1대</td></tr>
</table>

도서관 소개

의료법인 한전의료재단 한일병원 의학도서실은 조직도상 교육연구부의 교육연구팀에 소속되어 있으며, 한일병원 구성원의 교육·연구·진료를 담당하고 기관의 미션 및 비전을 달성하기 위해 노력하고 있다.

출처

의료법인 한전의료재단 한일병원

https://www.kepcomedi.co.kr

국가도서관 통계시스템

https://www.libsta.go.kr

인제대학교 상계백병원 의학도서실

<table>
<tr><td>분류</td><td colspan="3">전문도서관(병원도서관)</td><td>개관년도</td><td>1990</td></tr>
<tr><td>주소</td><td colspan="5">(01763) 서울특별시 노원구 동일로 1353 성일빌딩 5층</td></tr>
<tr><td>홈페이지</td><td colspan="5">http://sgp.futurenuri.co.kr</td></tr>
<tr><td>전화번호</td><td colspan="5">02-950-1384~5</td></tr>
<tr><td>팩스</td><td colspan="5">02-950-1386</td></tr>
<tr><td>운영시간</td><td colspan="5">평일 08:00~17:00, 토/일 및 공휴일 휴관</td></tr>
<tr><td>이용대상</td><td colspan="5">• 인제대학교 상계백병원의 교직원
• 의료원 산하 교직원
• 인제대학교 교직원 및 학생
• 기타 열람 허가를 받은 자</td></tr>
<tr><td rowspan="9">장서</td><td colspan="2">구분</td><td>장서 수</td><td colspan="2">계</td></tr>
<tr><td rowspan="2">단행본</td><td>국내</td><td>1,824권</td><td colspan="2" rowspan="4">24,774권</td></tr>
<tr><td>국외</td><td>1,750권</td></tr>
<tr><td colspan="2">e-Book</td><td>10,000권</td></tr>
<tr><td colspan="2">제본잡지</td><td>11,200권</td></tr>
<tr><td rowspan="2">연속간행물</td><td>책자</td><td>97종</td><td colspan="2" rowspan="2">9,972종</td></tr>
<tr><td>전자</td><td>9,875종</td></tr>
<tr><td colspan="2">학술DB</td><td>15종</td><td colspan="2">15종</td></tr>
<tr><td colspan="5"></td></tr>
<tr><td>분류체계</td><td colspan="3">• 의학도서 : NLMC</td><td colspan="2">• 교양도서 : KDC</td></tr>
<tr><td>인적자원</td><td colspan="5">인력 현황 : 2명(실장 1명, 대리 1명)</td></tr>
<tr><td>시설</td><td colspan="3">• 전체면적 : 115㎡</td><td colspan="2">• 좌석 : 12석</td></tr>
<tr><td>설비</td><td colspan="5">• 검색용 PC : 3대
• 스캐너, 복사기, 프린터</td></tr>
<tr><td>주요 서비스</td><td colspan="5">• 원문복사 및 상호대차
• SDI서비스</td></tr>
<tr><td>이용자교육</td><td colspan="5">이용자교육</td></tr>
</table>

도서관 소개

인제대학교 상계백병원 의학도서실은 1990년 1월 설립되어 인제대학교 상계백병원의 설립목적을 달성하고, 교수, 수련의, 간호사, 의료기사, 일반직 등 교직원과 인제대학교 의과대학 실습학생, 간호대학 실습학생 등을 대상으로 학술연구활동 및 연구 수행을 위한 의학정보를 제공하고 있다.

출처

인제대학교 상계백병원 의학도서실
http://sgp.futurenuri.co.kr
국가도서관 통계시스템
https://www.libsta.go.kr

인제대학교 서울백병원 의학도서실

<table>
<tr><th>분류</th><td colspan="4">전문도서관(병원도서관)</td></tr>
<tr><th>주소</th><td colspan="4">(04551) 서울특별시 중구 마른내로 9 본관 14층</td></tr>
<tr><th>홈페이지</th><td colspan="4">http://spaik.futurenuri.co.kr</td></tr>
<tr><th>전화번호</th><td colspan="4">02-2270-0905</td></tr>
<tr><th>팩스</th><td colspan="4">02-2270-0931</td></tr>
<tr><th>운영시간</th><td colspan="4">평일 09:00~17:00, 토/일 및 공휴일 휴관</td></tr>
<tr><th>이용대상</th><td colspan="4">• 인제대학교 서울백병원 교직원
• 인제대학교 교직원 및 실습학생
• 병원장의 인가를 받은 외부인사
• 법인 및 백중앙의료원 산하 기관 교직원
• 한국의학도서관협회 출입증 소지자</td></tr>
<tr><th rowspan="9">장서</th><th colspan="2">구분</th><th>장서 수</th><th>계</th></tr>
<tr><td rowspan="2">단행본</td><td>국내</td><td>1,076권</td><td rowspan="4">5,548권</td></tr>
<tr><td>국외</td><td>173권</td></tr>
<tr><td colspan="2">e-Book</td><td>4,280권</td></tr>
<tr><td colspan="2">제본잡지</td><td>19권</td></tr>
<tr><td rowspan="2">연속간행물</td><td>책자</td><td>80종</td><td rowspan="2">13,576종</td></tr>
<tr><td>전자</td><td>13,496종</td></tr>
<tr><td colspan="2">학술DB</td><td>17종</td><td>17종</td></tr>
<tr><th>분류체계</th><td colspan="4">• 의학도서 : NLMC
• 교양도서 : DDC</td></tr>
<tr><th>인적자원</th><td colspan="4">인력 현황 : 1명(사서 1명)</td></tr>
<tr><th>시설</th><td colspan="4">• 전체면적 : 23㎡
• 좌석 : 6석</td></tr>
<tr><th>설비</th><td colspan="4">• 업무용 PC : 1대
• 검색용 PC : 2대</td></tr>
<tr><th>주요 서비스</th><td colspan="4">• 원문복사 및 상호대차
• SDI서비스</td></tr>
<tr><th>이용자교육</th><td colspan="4">이용자교육</td></tr>
</table>

도서관 소개

인제대학교 서울백병원 의학도서실은 인제대학교 서울백병원의 설립목적을 달성하고, 교수, 수련의, 간호사, 의료기사, 일반직 등 교직원과 인제대학교 의과대학 실습학생, 간호대학 실습학생을 대상으로 학술연구활동 및 연구 수행을 위한 의학정보를 제공하고 있다.

출처

인제대학교 서울백병원 의학도서실

http://spaik.futurenuri.co.kr

국가도서관 통계시스템

https://www.libsta.go.kr

인제대학교 일산백병원 의학도서실

<table>
<tr><td>분류</td><td colspan="4">전문도서관(병원도서관)</td></tr>
<tr><td>주소</td><td colspan="4">(10380) 경기도 고양시 일산서구 주화로 170 연구동 7층</td></tr>
<tr><td>홈페이지</td><td colspan="4">http://iph.futurenuri.co.kr</td></tr>
<tr><td>전화번호</td><td colspan="4">031-910-7430</td></tr>
<tr><td>운영시간</td><td colspan="4">평일 09:00~18:00, 토/일 및 공휴일 휴관</td></tr>
<tr><td>이용대상</td><td colspan="4">• 인제대학교 일산백병원 교직원 및 수련의
• 의료원 산하 교직원 및 수련의
• 인제대학교 학생
• 병원장이 인정하는 외부인사</td></tr>
<tr><td rowspan="8">장서</td><td colspan="2">구분</td><td>장서 수</td><td>계</td></tr>
<tr><td rowspan="2">단행본</td><td>국내</td><td>1,855권</td><td rowspan="3">45,842권</td></tr>
<tr><td>국외</td><td>521권</td></tr>
<tr><td colspan="2">e-Book</td><td>43,466권</td></tr>
<tr><td rowspan="2">연속간행물</td><td>책자</td><td>148종</td><td rowspan="2">14,384종</td></tr>
<tr><td>전자</td><td>14,236종</td></tr>
<tr><td colspan="2">학술DB</td><td>31종</td><td>31종</td></tr>
<tr><td colspan="4"></td></tr>
<tr><td>분류체계</td><td colspan="4">• 의학도서 : NLMC
• 교양도서 : KDC</td></tr>
<tr><td>인적자원</td><td colspan="4">인력 현황 : 1명(사서 1명)</td></tr>
<tr><td>시설</td><td colspan="4">• 전체면적 : 87㎡
• 좌석 : 15석</td></tr>
<tr><td>설비</td><td colspan="4">• 업무용 PC : 2대
• 검색용 PC : 4대</td></tr>
<tr><td>주요 서비스</td><td colspan="4">• 원문복사 및 상호대차
• SDI서비스</td></tr>
<tr><td>이용자교육</td><td colspan="4">이용자교육</td></tr>
</table>

도서관 소개

인제대학교 일산백병원 의학도서실은 인제대학교 일산백병원의 설립목적을 달성하고 교수, 수련의, 간호사, 의료기사, 일반직 등 교직원과 인제대학교 의과대학 실습학생, 간호대학 실습학생을 대상으로 학술연구활동 및 연구 수행을 위한 의학정보를 제공하고 있다.

출처

인제대학교 일산백병원 의학도서실
http://iph.futurenuri.co.kr
국가도서관 통계시스템
https://www.libsta.go.kr

인제대학교 해운대백병원 의학도서실

<table>
<tr><td>분류</td><td colspan="4">전문도서관(병원도서관)</td></tr>
<tr><td>주소</td><td colspan="4">(48408) 부산광역시 해운대구 해운대로 875</td></tr>
<tr><td>홈페이지</td><td colspan="4">http://hlib.futurenuri.co.kr</td></tr>
<tr><td>전화번호</td><td colspan="4">051-797-1691</td></tr>
<tr><td>팩스</td><td colspan="4">051-797-1694</td></tr>
<tr><td>운영시간</td><td colspan="4">평일 08:00~17:00, 토/일 및 공휴일 휴관</td></tr>
<tr><td>이용대상</td><td colspan="4">• 인제대학교 해운대백병원 교직원 및 수련의
• 의료원 산하 교직원 및 수련의
• 인제대학교 해운대백병원 실습 중인 의과대 학생
• 병원장이 인정하는 외부인사
• 한국의학도서관협회 회원(회원증 소지자에 한함)</td></tr>
<tr><td rowspan="6">장서</td><td colspan="2">구분</td><td>장서 수</td><td>계</td></tr>
<tr><td rowspan="2">단행본</td><td>국내</td><td>300권</td><td rowspan="3">14,200권</td></tr>
<tr><td>국외</td><td>900권</td></tr>
<tr><td colspan="2">e-Book</td><td>13,000권</td></tr>
<tr><td colspan="2">연속간행물</td><td>10,400종</td><td>10,400종</td></tr>
<tr><td colspan="2">학술DB</td><td>4종</td><td>4종</td></tr>
<tr><td>분류체계</td><td colspan="4">• 의학도서 : NLMC
• 교양도서 : KDC</td></tr>
<tr><td>인적자원</td><td colspan="4">인력 현황 : 1명(사서 1명)</td></tr>
<tr><td>시설</td><td colspan="4">전체면적 : 118㎡</td></tr>
<tr><td>설비</td><td colspan="4">• 업무용 PC : 2대 • 검색용 PC : 6대
• 스캐너(컬러) • 복사기(흑백)</td></tr>
<tr><td>주요 서비스</td><td colspan="4">• 원문복사 및 상호대차
• SDI서비스</td></tr>
<tr><td>이용자교육</td><td colspan="4">이용자교육</td></tr>
</table>

도서관 소개

인제대학교 해운대백병원 의학도서실은 인제대학교 해운대백병원의 설립목적을 달성하고 교수, 수련의, 간호사, 의료기사, 일반직 등 교직원과 인제대학교 의과대학 실습학생, 간호대학 실습학생을 대상으로 학술연구활동 및 연구 수행을 위한 의학정보를 제공하고 있다.

출처

인제대학교 해운대백병원 의학도서실
http://hlib.futurenuri.co.kr
국가도서관 통계시스템
https://www.libsta.go.kr

일신기독병원 도서실

분류	전문도서관(병원도서관)			
주소	(48724) 부산광역시 동구 정공단로 27 행정관 1층			
전화번호	051-630-0338			
팩스	051-630-0342			
운영시간	평일 08:30~17:00, 토요일 08:30~13:00, 일요일 및 공휴일 휴관			
장서	구분		장서 수	계
	단행본	국내	1,800권	6,650권
		국외	1,350권	
	제본잡지		3,500권	
	연속간행물		25종	25종
인적자원	인력 현황 : 1명(사서 1명)			
시설	전체면적 : 90㎡			
설비	• 업무용 PC : 2대 • 검색용 PC : 1대			

도서관 소개

1952년 일신부인병원으로 설립되어 산부인과 진료개시를 시작한 일산기독병원은 여성, 산모, 갓난아기의 건강을 전문분야로 삼고 있다.

일신부인병원 도서실은 일신부인병원 구성원의 교육·연구·진료를 지원하고 있으며, 기관의 설립목적을 수행하고 미션 및 비전을 달성하기 위하여 노력하고 있다.

출처

일신기독병원

http://www.ilsin.or.kr

국가도서관 통계시스템

https://www.libsta.go.kr

제일병원 의학도서실

<table>
<tr><td>분류</td><td colspan="2">전문도서관(병원도서관)</td><td>개관년도</td><td>1987</td></tr>
<tr><td>주소</td><td colspan="4">(04619) 서울특별시 중구 서애로 1길 17</td></tr>
<tr><td>홈페이지</td><td colspan="4">https://www.cheilmc.co.kr/library/introduction/libr_aa1.jsp</td></tr>
<tr><td>전화번호</td><td colspan="4">02-2000-7408</td></tr>
<tr><td>팩스</td><td colspan="4">02-2264-1490</td></tr>
<tr><td>운영시간</td><td colspan="4">평일 08:00~17:00, 토/일 및 공휴일 휴관</td></tr>
<tr><td>이용대상</td><td colspan="4">• 제일병원 직원
• 한국의학도서관협회 회원(회원증 소지자에 한함)
• 협력병원 의료진
• 타도서관 열람증 소지자
• 외부 이용자(자료 열람 및 복사에 한하여 이용가능)</td></tr>
<tr><td rowspan="6">장서</td><td colspan="2">구분</td><td>장서 수</td><td>계</td></tr>
<tr><td rowspan="2">단행본</td><td>국내</td><td>1,000권</td><td rowspan="3">3,200권</td></tr>
<tr><td>국외</td><td>1,000권</td></tr>
<tr><td colspan="2">e-Book</td><td>1,200권</td></tr>
<tr><td colspan="2">연속간행물</td><td>1,300종</td><td>1,300종</td></tr>
<tr><td colspan="2">학술DB</td><td>3종</td><td>3종</td></tr>
<tr><td>인적자원</td><td colspan="4">인력 현황 : 1명(사서 1명)</td></tr>
<tr><td>시설</td><td colspan="4">전체면적 : 65㎡</td></tr>
</table>

도서관 소개

제일병원 의학도서실은 1987년부터 국내외 최신 의학정보를 체계적으로 수집·정리하여 21세기 초인류 여성전문병원으로의 도약을 위한 의료진의 교육·연구·진료활동을 적극적으로 지원하고 있다. 제일병원 본관 지하 2층에 위치하고 있으며 개가제로 운영되고 있다.

출처

제일병원
https://www.cheilmc.co.kr

제일병원 의학도서실
https://www.cheilmc.co.kr/library/introduction/libr_aa1.jsp

국가도서관 통계시스템
https://www.libsta.go.kr

제주한라병원 도서실

<table>
<tr><td>분류</td><td colspan="4">전문도서관(병원도서관)</td></tr>
<tr><td>주소</td><td colspan="4">(63127) 제주특별자치도 제주시 도령로 65</td></tr>
<tr><td>홈페이지</td><td colspan="4">http://www.hallahosp.co.kr</td></tr>
<tr><td>전화번호</td><td colspan="4">064-740-5317</td></tr>
<tr><td>팩스</td><td colspan="4">064-740-5680</td></tr>
<tr><td>운영시간</td><td colspan="4">평일 09:00~18:00, 토/일 및 공휴일 휴관</td></tr>
<tr><td rowspan="5">장서</td><td colspan="2">구분</td><td>장서 수</td><td>계</td></tr>
<tr><td rowspan="2">단행본</td><td>국내</td><td>500권</td><td rowspan="3">1,150권</td></tr>
<tr><td>국외</td><td>350권</td></tr>
<tr><td colspan="2">제본잡지</td><td>300권</td></tr>
<tr><td colspan="2">연속간행물</td><td>50종</td><td>50종</td></tr>
<tr><td>인적자원</td><td colspan="4">인력 현황 : 2명(교육연구부장 1명, 계장 1명)</td></tr>
<tr><td>시설</td><td colspan="4">전체면적 : 34㎡</td></tr>
<tr><td>설비</td><td colspan="4">• 업무용 PC : 1대
• 검색용 PC : 1대</td></tr>
</table>

도서관 소개

제주도에서 종합병원으로 가장 오랜 역사를 가진 제주한라병원의 도서실은 약 900권의 장서를 소장하고 있으며, 의학정보서비스를 통해 제주한라병원 구성원의 교육·연구·진료를 지원하고 있다.

출처

제주한라병원

http://www.hallahosp.co.kr

국가도서관 통계시스템

https://www.libsta.go.kr

좋은강안병원 의학도서실

<table>
<tr><td>분류</td><td colspan="4">전문도서관(병원도서관)</td></tr>
<tr><td>주소</td><td colspan="4">(48265) 부산광역시 수영구 수영로 493</td></tr>
<tr><td>전화번호</td><td colspan="4">051-610-9199</td></tr>
<tr><td>팩스</td><td colspan="4">051-610-9774</td></tr>
<tr><td>운영시간</td><td colspan="4">평일 08:30~17:00, 토요일 08:30~13:00, 일요일 및 공휴일 휴관</td></tr>
<tr><td rowspan="4">장서</td><td colspan="2">구분</td><td>장서 수</td><td>계</td></tr>
<tr><td rowspan="2">단행본</td><td>국내</td><td>32권</td><td rowspan="2">187권</td></tr>
<tr><td>국외</td><td>155권</td></tr>
<tr><td colspan="2">연속간행물</td><td>117종</td><td>117종</td></tr>
<tr><td>인적자원</td><td colspan="4">인력 현황 : 1명(사서 1명)</td></tr>
<tr><td>시설</td><td colspan="4">전체면적 : 41㎡</td></tr>
<tr><td>설비</td><td colspan="4">• 업무용 PC : 1대
• 검색용 PC : 1대</td></tr>
</table>

도서관 소개

좋은강안병원의 의학도서실은 좋은강안병원 구성원의 교육 · 연구 · 진료를 지원하며 최신의학정보를 제공하기 위해 노력하고 있다.

출처

좋은강안병원
http://www.gang-an.or.kr
국가도서관 통계시스템
https://www.libsta.go.kr

좋은문화병원 의학도서실

<table>
<tr><td>분류</td><td colspan="4">전문도서관(병원도서관)</td></tr>
<tr><td>주소</td><td colspan="4">(48735) 부산광역시 동구 범일로 119</td></tr>
<tr><td>전화번호</td><td colspan="4">051-644-2002</td></tr>
<tr><td>팩스</td><td colspan="4">051-633-8552</td></tr>
<tr><td>운영시간</td><td colspan="4">평일 09:00~18:00, 토요일 09:00~13:00, 일요일 및 공휴일 휴관</td></tr>
<tr><td rowspan="4">장서</td><td colspan="2">구분</td><td>장서 수</td><td>계</td></tr>
<tr><td rowspan="2">단행본</td><td>국내</td><td>22권</td><td rowspan="2">110권</td></tr>
<tr><td>국외</td><td>88권</td></tr>
<tr><td colspan="2">연속간행물</td><td>141종</td><td>141종</td></tr>
<tr><td>인적자원</td><td colspan="4">인력 현황 : 1명(사서 1명)</td></tr>
<tr><td>시설</td><td colspan="4">전체면적 : 12㎡</td></tr>
<tr><td>설비</td><td colspan="4">• 업무용 PC : 1대
• 검색용 PC : 1대</td></tr>
</table>

도서관 소개

은성의료재단 산하 병원 중 하나인 좋은문화병원의 의학도서실은 조직도상 진료지원부에 소속되어 있으며, 좋은문화병원 구성원의 교육 · 연구 · 진료를 지원하며 최신의학정보를 제공하기 위해 노력하고 있다.

출처

좋은문화병원
http://www.moonhwa.or.kr
국가도서관 통계시스템
https://www.libsta.go.kr

좋은삼선병원 의학도서실

<table>
<tr><td>분류</td><td colspan="4">전문도서관(병원도서관)</td></tr>
<tr><td>주소</td><td colspan="4">(47007) 부산광역시 사상구 가야대로 326</td></tr>
<tr><td>전화번호</td><td colspan="4">051-322-0900</td></tr>
<tr><td>팩스</td><td colspan="4">051-316-9295</td></tr>
<tr><td>운영시간</td><td colspan="4">평일 09:00~17:00, 토요일 09:00~13:00, 일요일 및 공휴일 휴관</td></tr>
<tr><td rowspan="5">장서</td><td colspan="2">구분</td><td>장서 수</td><td>계</td></tr>
<tr><td rowspan="2">단행본</td><td>국내</td><td>100권</td><td rowspan="2">300권</td></tr>
<tr><td>국외</td><td>200권</td></tr>
<tr><td colspan="2">연속간행물</td><td>200종</td><td>200종</td></tr>
<tr><td colspan="2">학술DB</td><td>1종</td><td>1종</td></tr>
<tr><td>인적자원</td><td colspan="4">인력 현황 : 1명(사서 1명)</td></tr>
<tr><td>시설</td><td colspan="4">전체면적 : 47㎡</td></tr>
<tr><td>설비</td><td colspan="4">업무용 PC : 1대</td></tr>
</table>

도서관 소개

은성의료재단 산하 병원 중 하나인 좋은삼선병원의 의학도서실은 조직도상 진료지원부에 소속되어 있으며, 좋은문화병원 구성원의 교육 · 연구 · 진료를 지원하며 최신의학정보를 제공하기 위해 노력하고 있다.

출처

좋은삼선병원

http://www.samsun.or.kr

국가도서관 통계시스템

https://www.libsta.go.kr

중앙대학교병원 의학정보실

<table>
<tr><td>분류</td><td colspan="4">전문도서관(병원도서관)</td></tr>
<tr><td>주소</td><td colspan="4">(06973) 서울특별시 동작구 흑석로 102 중앙관 지하 2층</td></tr>
<tr><td>홈페이지</td><td colspan="4">https://ch.caumc.or.kr/medical/dept/S2/s2_01.asp?dept_code=S2&dept_gubn=&cat_no=02010100&img_no=12</td></tr>
<tr><td>전화번호</td><td colspan="4">02-6299-2796</td></tr>
<tr><td>팩스</td><td colspan="4">02-6298-1376</td></tr>
<tr><td>운영시간</td><td colspan="4">평일 08:30~17:30, 토/일 및 공휴일 휴관</td></tr>
<tr><td>이용대상</td><td colspan="4">• 중앙대학교병원 교직원
• 한국의학도서관협회 회원(회원증 소지자에 한함)</td></tr>
<tr><td rowspan="7">장서</td><td colspan="2">구분</td><td>장서 수</td><td>계</td></tr>
<tr><td rowspan="2">단행본</td><td>국내</td><td>130권</td><td rowspan="3">1,401권</td></tr>
<tr><td>국외</td><td>71권</td></tr>
<tr><td colspan="2">제본잡지</td><td>1,200권</td></tr>
<tr><td rowspan="2">연속간행물</td><td>책자</td><td>40종</td><td rowspan="2">80종</td></tr>
<tr><td>전자</td><td>40종</td></tr>
<tr><td colspan="2">학술DB</td><td>5종</td><td>5종</td></tr>
<tr><td>인적자원</td><td colspan="4">인력 현황 : 1명(사서 1명)</td></tr>
<tr><td>시설</td><td colspan="4">전체면적 : 37㎡</td></tr>
<tr><td>설비</td><td colspan="4">• 업무용 PC : 1대
• 검색용 PC : 4대</td></tr>
<tr><td>주요 서비스</td><td colspan="4">상호대차</td></tr>
</table>

도서관 소개

중앙대학교병원 중앙관 지하 2층에 위치한 의학정보실은 중앙대학교병원 교직원을 비롯한 이용자에게 필요한 자료와 정보를 제공함으로써, 진료 및 학술연구 등을 지원하고 있다.

출처

중앙대학교병원 의학정보실

https://ch.caumc.or.kr/medical/dept/S2/s2_01.asp?dept_code=S2&dept_gubn=&cat_no=02010100&img_no=12

국가도서관 통계시스템

https://www.libsta.go.kr

중앙보훈병원 의학도서실

<table>
<tr><td>분류</td><td colspan="5">전문도서관(병원도서관)</td></tr>
<tr><td>주소</td><td colspan="5">(05368) 서울특별시 강동구 진황도로 61길 53</td></tr>
<tr><td>홈페이지</td><td colspan="5">http://library.bohun.or.kr</td></tr>
<tr><td>전화번호</td><td colspan="5">02-2225-1784</td></tr>
<tr><td>팩스</td><td colspan="5">02-2225-1656</td></tr>
<tr><td>운영시간</td><td colspan="5">평일 08:30~17:30, 토/일 및 공휴일 휴관</td></tr>
<tr><td rowspan="7">장서</td><td colspan="2">구분</td><td>장서 수</td><td colspan="2">계</td></tr>
<tr><td rowspan="2">단행본</td><td>국내</td><td>1,407권</td><td colspan="2" rowspan="3">11,006권</td></tr>
<tr><td>국외</td><td>299권</td></tr>
<tr><td colspan="2">제본잡지</td><td>9,300권</td></tr>
<tr><td rowspan="2">연속간행물</td><td>책자</td><td>123종</td><td colspan="2" rowspan="2">147종</td></tr>
<tr><td>전자</td><td>24종</td></tr>
<tr><td colspan="2">학술DB</td><td>6종</td><td colspan="2">6종</td></tr>
<tr><td>인적자원</td><td colspan="5">인력 현황 : 1명(사서 1명)</td></tr>
<tr><td>시설</td><td colspan="5">전체면적 : 94㎡</td></tr>
<tr><td>설비</td><td colspan="5">• 업무용 PC : 1대
• 검색용 PC : 2대</td></tr>
<tr><td>주요 서비스</td><td colspan="5">원문복사 및 상호대차</td></tr>
</table>

도서관 소개

중앙보훈병원은 국가와 민족을 위하여 희생한 국가유공자 및 보훈가족에 대한 진료와 의학적 · 정신적 재활을 도모하고, 지역주민 등 국민보건향상을 위해 설립된 공공의료기관이다.

중앙보훈병원 의학도서실은 세계의 수준 높은 의학자료를 보유하여 더 좋은 의료서비스를 제공하기 위해 노력하고 있으며 보훈병원 구성원의 교육 · 연구 · 진료를 지원하고 있다.

출처

중앙보훈병원
http://seoul.bohun.or.kr

중앙보훈병원 의학도서실
http://library.bohun.or.kr

국가도서관 통계시스템
https://www.libsta.go.kr

차의과대학교 분당차병원 의학도서실

분류	전문도서관(병원도서관)	개관년도	1995
주소	(13496) 경기도 성남시 분당구 야탑로 59		
전화번호	031-780-5040		
팩스	031-780-5045		
운영시간	평일 08:30~20:00, 토/일 및 공휴일 휴관		
이용대상	• 차의과학대학교 분당차병원 임직원 • 재단 내 산하기관 임직원 • 기타 도서실장이 허가한 자	• 차의과학대학교 교직원 및 학생 • 외부인 중 한국의학도서관협회 회원증 소지자	
장서	• 장서 : 3,000여 권 • 전자자료 – DB : 10여 종 – e-Journal : 8,000여 종 – e-Book : 1,000여 종		
인적자원	인력 현황 : 3명(도서위원장 1명, 사서 1명, 직원 1명)		
시설	전체면적 : 99㎡		
설비	• 업무용 PC : 2대 • 검색용 PC : 5대		
주요 서비스	• 원문제공	• 정보검색	
이용자교육	이용교육		

도서관 소개

차의과학대학교 분당차병원 의학도서실은 1995년 임상교원 및 의료진의 학술활동 및 전공의의 의학교육을 지원하는 것을 목적으로 개설되었다.

현재 차의과학대학교 의학전문대학원생, 차병원그룹 전 직원이 차의과학대학교 분당차병원 의학도서실을 통하여 최신정보를 이용하고 있으며 자기계발 및 지식함양에 이바지하고 있다.

제공서비스

▪ 정보검색

차의과학대학교 분당차병원 의학도서실에서는 분당차병원 소속 임직원에게 '정보검색'서비스를 제공하고 있다.

정보검색서비스는 주제검색, 학술지정보 제공, 논문 형식 수정, 논문 피인용도 조사, 국내외 학회일정 제공 등의 세부서비스로 구성되어 있으며, 신청을 원하는 이용자는 직접 또는 이메일로 신청한 뒤 서비스를 제공받을 수 있다.

출처

차의과학대학교 분당차병원 의학도서실

https://bundang.chamc.co.kr/MedicalInfo/ChaInfo.aspx?menuCode=2086

국가도서관 통계시스템

https://www.libsta.go.kr

창원파티마병원 의학도서실

<table>
<tr><td>분류</td><td colspan="3">전문도서관(병원도서관)</td><td>개관년도</td><td>2002</td></tr>
<tr><td>주소</td><td colspan="5">(51394) 경상남도 창원시 의창구 창의대로 45</td></tr>
<tr><td>홈페이지</td><td colspan="5">http://fatimahosp.egentouch.com</td></tr>
<tr><td>전화번호</td><td colspan="5">055-270-1011</td></tr>
<tr><td>팩스</td><td colspan="5">055-270-1012</td></tr>
<tr><td>운영시간</td><td colspan="5">평일 08:30~17:30, 토요일 08:30~12:00, 일요일 및 공휴일 휴관</td></tr>
<tr><td>이용대상</td><td colspan="5">• 창원파티마병원 전 직원
• 한국의학도서관협회 회원(회원증 소지자에 한함)
• 기타 의뢰자</td></tr>
<tr><td rowspan="6">장서</td><td colspan="2">구분</td><td colspan="2">장서 수</td><td>계</td></tr>
<tr><td rowspan="2">단행본</td><td>국내</td><td colspan="2">849권</td><td rowspan="3">8,128권</td></tr>
<tr><td>국외</td><td colspan="2">983권</td></tr>
<tr><td colspan="2">제본잡지</td><td colspan="2">6,296권</td></tr>
<tr><td rowspan="2">연속간행물</td><td>책자</td><td colspan="2">45종</td><td rowspan="2">58종</td></tr>
<tr><td>전자</td><td colspan="2">13종</td></tr>
<tr><td>인적자원</td><td colspan="5">인력 현황 : 1명(사서 1명)</td></tr>
<tr><td>시설</td><td colspan="5">• 전체면적 : 120㎡
• 좌석 : 26석</td></tr>
<tr><td>설비</td><td colspan="5">• 검색용 PC : 2대
• 스캐너
• 복사기
• 프린트기
• 열람석(학술지 열람석, 칸막이 열람석)</td></tr>
<tr><td>주요 서비스</td><td colspan="5">• 상호대차
• 메일링서비스</td></tr>
</table>

도서관 소개

2002년 설립된 창원파티마병원 의학도서실은 창원파티마병원 지하 2층에 위치해 있으며, 창원파티마병원 구성원과 한국의학도서관협회 회원, 기타 의뢰자를 대상으로 의학정보서비스를 제공하고 있다. 또한 창원파티마병원 의학도서실은 창원파티마병원 구성원의 교육 · 연구 · 진료를 지원하고 있다.

출처

창원파티마병원 의학도서실
http://fatimahosp.egentouch.com
국가도서관 통계시스템
https://www.libsta.go.kr

청주성모병원 도서실

<table>
<tr><td>분류</td><td colspan="5">전문도서관(병원도서관)</td></tr>
<tr><td>주소</td><td colspan="5">(28323) 충청북도 청주시 청원구 주성로 173-19번지</td></tr>
<tr><td>전화번호</td><td colspan="5">043-219-8849</td></tr>
<tr><td>팩스</td><td colspan="5">043-219-8473</td></tr>
<tr><td>운영시간</td><td colspan="5">평일 08:30~17:30, 토요일 08:30~12:30, 일요일 및 공휴일 휴관</td></tr>
<tr><td rowspan="6">장서</td><td colspan="2">구분</td><td>장서 수</td><td colspan="2">계</td></tr>
<tr><td rowspan="2">단행본</td><td>국내</td><td>350권</td><td colspan="2" rowspan="3">910권</td></tr>
<tr><td>국외</td><td>500권</td></tr>
<tr><td colspan="2">제본잡지</td><td>60권</td></tr>
<tr><td rowspan="2">연속간행물</td><td>책자</td><td>87종</td><td colspan="2" rowspan="2">94종</td></tr>
<tr><td>전자</td><td>7종</td></tr>
<tr><td>인적자원</td><td colspan="5">인력 현황 : 3명(관장 1명, 사서 1명, 직원 1명)</td></tr>
<tr><td>시설</td><td colspan="5">전체면적 : 79㎡</td></tr>
<tr><td>설비</td><td colspan="5">• 업무용 PC : 1대
• 검색용 PC : 1대</td></tr>
</table>

도서관 소개

청주성모병원 도서실은 약 900권의 장서를 소장하고 있으며, 청주성모병원 구성원의 교육·연구·진료를 지원하고 기관의 사명과 비전을 달성하기 위하여 노력하고 있다.

출처

청주성모병원

https://www.ccmc.or.kr

국가도서관 통계시스템

https://www.libsta.go.kr

포항성모병원 의학도서실

<table>
<tr><td>분류</td><td colspan="4">전문도서관(병원도서관)</td></tr>
<tr><td>주소</td><td colspan="4">(37661) 경상북도 포항시 남구 대잠동길 17</td></tr>
<tr><td>전화번호</td><td colspan="4">054-260-8017</td></tr>
<tr><td>운영시간</td><td colspan="4">평일 08:30~17:30, 토/일 및 공휴일 휴관</td></tr>
<tr><td rowspan="7">장서</td><td colspan="2">구분</td><td>장서 수</td><td>계</td></tr>
<tr><td rowspan="2">단행본</td><td>국내</td><td>1,563권</td><td rowspan="3">1,860권</td></tr>
<tr><td>국외</td><td>197권</td></tr>
<tr><td colspan="2">제본잡지</td><td>100권</td></tr>
<tr><td rowspan="2">연속간행물</td><td>책자</td><td>218종</td><td rowspan="2">247종</td></tr>
<tr><td>전자</td><td>29종</td></tr>
<tr><td colspan="2">학술DB</td><td>2종</td><td>2종</td></tr>
<tr><td>인적자원</td><td colspan="4">인력 현황 : 1명(사서 1명)</td></tr>
<tr><td>시설</td><td colspan="4">전체면적 : 206㎡</td></tr>
<tr><td>설비</td><td colspan="4">• 업무용 PC : 1대
• 검색용 PC : 1대</td></tr>
</table>

도서관 소개

1977년에 동해안 지역주민과 산업근로자들의 건강 증진 및 질병 예방을 위해 설립된 포항성모병원 마리아관에 위치한 의학도서실은 포항성모병원 구성원의 교육 · 연구 · 진료를 지원하고 있으며 기관의 발전을 위하여 노력하고 있다.

출처

포항성모병원
https://www.pohangsmh.co.kr
국가도서관 통계시스템
https://www.libsta.go.kr

한국원자력의학원 도서실

<table>
<tr><td>분류</td><td colspan="4">전문도서관(병원도서관)</td></tr>
<tr><td>주소</td><td colspan="4">(01812) 서울특별시 노원구 노원로 75 제3연구동 1층 104호</td></tr>
<tr><td>홈페이지</td><td colspan="4">http://kiramslib.futurenuri.co.kr</td></tr>
<tr><td>전화번호</td><td colspan="4">02-970-2071</td></tr>
<tr><td>팩스</td><td colspan="4">02-970-2402</td></tr>
<tr><td>운영시간</td><td colspan="4">평일 08:30~17:30, 토/일 및 공휴일 휴관</td></tr>
<tr><td>이용대상</td><td colspan="4">• 한국원자력의학원 소속 의사, 연구원 및 직원
• 한국의학도서관협회 회원(회원증 소지자에 한함)</td></tr>
<tr><td rowspan="6">장서</td><td colspan="2">구분</td><td>장서 수</td><td>계</td></tr>
<tr><td rowspan="2">단행본</td><td>국내</td><td>2,033권</td><td rowspan="3">4,375권</td></tr>
<tr><td>국외</td><td>2,078권</td></tr>
<tr><td colspan="2">제본잡지</td><td>264권</td></tr>
<tr><td colspan="2">연속간행물</td><td>6,712종</td><td>6,712종</td></tr>
<tr><td colspan="2">학술DB</td><td>7종</td><td>7종</td></tr>
<tr><td>분류체계</td><td colspan="4">DDC</td></tr>
<tr><td>인적자원</td><td colspan="4">인력 현황 : 2명(교육수련부장 1명, 사서 1명)</td></tr>
<tr><td>시설</td><td colspan="4">전체면적 : 215㎡</td></tr>
<tr><td>설비</td><td colspan="4">• 업무용 PC : 2대
• 검색용 PC : 1대</td></tr>
<tr><td>주요 서비스</td><td colspan="4">• 원문복사
• SDI서비스</td></tr>
</table>

도서관 소개

1963년 방사선의학연구소로 출범한 한국원자력의학원은 방사선의 의학적 이용 연구를 바탕으로 국가 과학기술발전 및 국민건강증진에 이바지하고 있다.

한국원자력의학원 도서실은 기관의 목적 달성 및 발전을 위하여 노력하고 있으며 한국원자력의학원 구성원에게 도서관서비스를 제공하고 있다.

출처

한국원자력의학원 도서실
http://kiramslib.futurenuri.co.kr
국가도서관 통계시스템
https://www.libsta.go.kr

한림대학교 강남성심병원 의학도서관

<table>
<tr><td>분류</td><td colspan="3">전문도서관(병원도서관)</td></tr>
<tr><td>주소</td><td colspan="3">(07441) 서울특별시 영등포구 신길로 1 현대상가 B1</td></tr>
<tr><td>홈페이지</td><td colspan="3">https://dl.hallym.or.kr/kn</td></tr>
<tr><td>전화번호</td><td colspan="3">02-829-5091</td></tr>
<tr><td>팩스</td><td colspan="3">02-846-9789</td></tr>
<tr><td>운영시간</td><td colspan="3">평일 08:00~17:30, 토요일 08:00~13:30(격주), 일요일 및 공휴일 휴관</td></tr>
<tr><td rowspan="4">장서</td><td>구분</td><td>장서 수</td><td>계</td></tr>
<tr><td>단행본</td><td>1,229권</td><td rowspan="2">2,371권</td></tr>
<tr><td>e-Book</td><td>1,142권</td></tr>
<tr><td>연속간행물</td><td>10,499종</td><td>10,499종</td></tr>
<tr><td>인적자원</td><td colspan="3">인력 현황 : 1명(사서 1명)</td></tr>
<tr><td>시설</td><td colspan="3">전체면적 : 14㎡</td></tr>
<tr><td>설비</td><td colspan="3">• 업무용 PC : 1대
• 검색용 PC : 2대</td></tr>
</table>

도서관 소개

한림대학교 강남성심병원 의학도서관은 1980년 설립된 한림대학교 강남성심병원의 의학정보센터로서 기능하고 있으며, 한림대학교 의료원들과의 교류·협력을 통해 정보를 효율적으로 수집 및 제공하고 있다.

출처

한림대학교강남성심병원 의학도서관

http://dl.hallym.or.kr/kn

국가도서관 통계시스템

https://www.libsta.go.kr

한림대학교 동탄성심병원 의학도서관

<table>
<tr><td>분류</td><td colspan="4">전문도서관(병원도서관)</td></tr>
<tr><td>주소</td><td colspan="4">(18450) 경기도 화성시 큰재봉길 7</td></tr>
<tr><td>홈페이지</td><td colspan="4">http://dl.hallym.or.kr/dt</td></tr>
<tr><td>전화번호</td><td colspan="4">031-8086-2160</td></tr>
<tr><td>팩스</td><td colspan="4">031-8086-2164</td></tr>
<tr><td>운영시간</td><td colspan="4">평일 08:30~17:30, 토요일 08:30~13:30, 일요일 및 공휴일 휴관</td></tr>
<tr><td rowspan="6">장서</td><td colspan="2">구분</td><td>장서 수</td><td>계</td></tr>
<tr><td rowspan="2">단행본</td><td>국내</td><td>2,058권</td><td rowspan="4">9,742권</td></tr>
<tr><td>국외</td><td>84권</td></tr>
<tr><td colspan="2">e-Book</td><td>50권</td></tr>
<tr><td colspan="2">제본잡지</td><td>7,550권</td></tr>
<tr><td colspan="2">연속간행물</td><td>8종</td><td>8종</td></tr>
<tr><td>인적자원</td><td colspan="4">인력 현황 : 1명(사서 1명)</td></tr>
<tr><td>시설</td><td colspan="4">전체면적 : 131㎡</td></tr>
<tr><td>설비</td><td colspan="4">• 업무용 PC : 2대
• 검색용 PC : 3대</td></tr>
<tr><td>주요 서비스</td><td colspan="4">원문복사 및 상호대차</td></tr>
</table>

도서관 소개

한림대학교 동탄성심병원 의학도서관은 한림대학교 동탄성심병원의 의학정보센터로서 기능하고 있으며, 한림대학교 의료원들과의 교류·협력을 통해 정보를 효율적으로 수집 및 제공하고 있다. 또한 원문복사, 상호대차 등의 서비스를 통하여 한림대학교 동탄성심병원 구성원의 교육·연구·진료를 지원하고 있다.

출처

한림대학교동탄성심병원 의학도서관
http://dl.hallym.or.kr/dt
국가도서관 통계시스템
https://www.libsta.go.kr

한림대학교 성심병원 의학도서관

<table>
<tr><td>분류</td><td colspan="4">전문도서관(병원도서관)</td></tr>
<tr><td>주소</td><td colspan="4">(14068) 경기도 안양시 동안구 관평로 170번길 22</td></tr>
<tr><td>홈페이지</td><td colspan="4">http://dl.hallym.or.kr/hl</td></tr>
<tr><td>전화번호</td><td colspan="4">031-380-4085</td></tr>
<tr><td>팩스</td><td colspan="4">031-380-4086</td></tr>
<tr><td>운영시간</td><td colspan="4">평일 08:30~17:30, 토요일 08:30~13:30, 일요일 및 공휴일 휴관</td></tr>
<tr><td rowspan="6">장서</td><td colspan="2">구분</td><td>장서 수</td><td>계</td></tr>
<tr><td rowspan="2">단행본</td><td>국내</td><td>1,350권</td><td rowspan="3">6,657권</td></tr>
<tr><td>국외</td><td>982권</td></tr>
<tr><td colspan="2">제본잡지</td><td>4,325권</td></tr>
<tr><td rowspan="2">연속간행물</td><td>책자</td><td>170종</td><td rowspan="2">172종</td></tr>
<tr><td>전자</td><td>2종</td></tr>
<tr><td>인적자원</td><td colspan="4">인력 현황 : 3명(사서 1명, 직원 2명)</td></tr>
<tr><td>시설</td><td colspan="4">전체면적 : 180㎡</td></tr>
<tr><td>설비</td><td colspan="4">• 업무용 PC : 3대
• 검색용 PC : 2대</td></tr>
<tr><td>주요 서비스</td><td colspan="4">원문복사 및 상호대차</td></tr>
</table>

도서관 소개

한림대학교 성심병원 의학도서관은 한림대학교 성심병원의 의학정보센터로서 기능하고 있으며, 한림대학교의료원들과의 교류 · 협력을 통해 정보를 효율적으로 수집 및 제공하고 있다. 또한 원문복사, 상호대차 등의 서비스를 통하여 한림대학교 성심병원 구성원의 교육 · 연구 · 진료를 지원하고 있다.

출처

한림대학교 성심병원 의학도서관
http://dl.hallym.or.kr/hl
국가도서관 통계시스템
https://www.libsta.go.kr

한림대학교 춘천성심병원 의학도서관

<table>
<tr><td>분류</td><td colspan="4">전문도서관(병원도서관)</td></tr>
<tr><td>주소</td><td colspan="4">(24253) 강원도 춘천시 삭주로 77</td></tr>
<tr><td>홈페이지</td><td colspan="4">http://dl.hallym.or.kr/cc</td></tr>
<tr><td>전화번호</td><td colspan="4">033-240-5128</td></tr>
<tr><td>팩스</td><td colspan="4">033-256-6244</td></tr>
<tr><td>운영시간</td><td colspan="4">평일 08:00~17:30, 토/일 및 공휴일 휴관</td></tr>
<tr><td rowspan="8">장서</td><td colspan="2">구분</td><td>장서 수</td><td>계</td></tr>
<tr><td rowspan="2">단행본</td><td>국내</td><td>1,624권</td><td rowspan="4">3,331권</td></tr>
<tr><td>국외</td><td>28권</td></tr>
<tr><td colspan="2">e-Book</td><td>1,178권</td></tr>
<tr><td colspan="2">제본잡지</td><td>501권</td></tr>
<tr><td rowspan="2">연속간행물</td><td>책자</td><td>146종</td><td rowspan="2">2,514종</td></tr>
<tr><td>전자</td><td>2,368종</td></tr>
<tr><td colspan="4" style="display:none"></td></tr>
<tr><td>인적자원</td><td colspan="4">인력 현황 : 1명(사서 1명)</td></tr>
<tr><td>설비</td><td colspan="4">• 업무용 PC : 1대
• 검색용 PC : 4대</td></tr>
<tr><td>주요 서비스</td><td colspan="4">원문복사 및 상호대차</td></tr>
</table>

도서관 소개

한림대학교 춘천성심병원 의학도서관은 한림대학교 춘천성심병원의 의학정보센터로서 기능하고 있으며 한림대학교 의료원들과의 교류·협력을 통해 정보를 효율적으로 수집 및 제공하고 있다. 또한 원문복사, 상호대차 등의 서비스를 통하여 한림대학교 춘천성심병원 구성원의 교육·연구·진료를 지원하고 있다.

출처

한림대학교 춘천성심병원 의학도서관
  http://dl.hallym.or.kr/cc
국가도서관 통계시스템
  https://www.libsta.go.kr

한림대학교 한강성심병원 의학도서관

분류	전문도서관(병원도서관)
주소	(07247) 서울특별시 영등포구 버드나루로 7길 12
홈페이지	http://dl.hallym.or.kr/hg
전화번호	02-2639-5114
팩스	02-2633-7571
주요 서비스	원문복사 및 상호대차

도서관 소개

1971년 개원하여 한림대학교의료원 산하 병원의 모체가 된 한림대학교 한강성심병원 의학도서관은 한림대학교 한강성심병원의 의학정보센터로써 기능하고 있으며, 한림대학교 의료원들과의 교류·협력을 통해 정보를 효율적으로 수집 및 제공하고 있다. 또한 원문복사, 상호대차 등의 서비스를 통하여 한림대학교 한강성심병원 구성원의 교육·연구·진료를 지원하고 있다.

출처

한림대학교 한강성심병원 의학도서관
http://dl.hallym.or.kr/hg
국가도서관 통계시스템
https://www.libsta.go.kr

한양대학교 구리병원 의학학술정보실

분류	전문도서관(병원도서관)			
주소	(11923) 경기도 구리시 경춘로 153			
전화번호	031-560-2768, 2769			
팩스	031-565-2249			
운영시간	평일 08:30~17:30, 토/일 및 공휴일 휴관			
장서	구분		장서 수	계
	단행본	국내	420권	658종
		국외	238권	
	연속간행물	책자	234종	263종
		전자	29종	
	학술DB		15종	15종
인적자원	인력 현황 : 1명(사서 1명)			
시설	전체면적 : 69㎡			
설비	• 업무용 PC : 1대 • 검색용 PC : 12대			
주요 서비스	원문복사 및 상호대차			

도서관 소개

한양대학교 백남학술정보관의 분관 중 하나인 의학학술정보관에서 별도로 운영하고 있는 한양대학교 구리병원 의학학술정보실(또는 구리자료실)은 한양대학교 구리병원 이용자의 편의성, 자료의 접근성, 서비스 이용의 신속성을 목적으로 운영되고 있다.

출처

한양대학교 백남학술정보관
https://lib.hanyang.ac.kr
국가도서관 통계시스템
https://www.libsta.go.kr

화순전남대학교병원 의학도서실

분류	전문도서관(병원도서관)
주소	(58128) 전라남도 화순군 화순읍 서양로 322
홈페이지	http://www.cnumlib.or.kr
전화번호	061-379-7579
팩스	061-379-7584
운영시간	평일 09:00~18:00, 토/일 및 공휴일 휴관
이용대상	• 화순전남대학교병원 및 전남대학교병원의 겸직교원 및 직원 • 전남대학교 의, 치, 간호대학 및 대학원 재학생, 연구원 • 한국의학도서관협회 회원(회원증 소지자에 한함) • 원장의 허가를 얻은 자
장서	(아래 표 참조)
인적자원	인력 현황 : 3명(실장 1명, 사서 1명, 직원 1명)
시설	전체면적 : 392㎡
설비	• 업무용 PC : 2대 • 검색용 PC : 12대
주요 서비스	원문복사 및 상호대차
이용자교육	학술정보 활용교육

장서

구분		장서 수	계
단행본	국내	1,520권	6,318권
	국외	2,606권	
e-Book		1,250권	
제본잡지		942권	
연속간행물	책자	198종	1,446종
	전자	1,248종	
학술DB		4종	4종

도서관 소개

화순전남대학교병원은 의학, 치의학분야의 연구와 진료, 그리고 교육업무를 수행하는 대학병원이다. 화순전남대학교병원 의학도서실은 화순전남대학교병원 및 전남대학교병원, 전남대학교 구성원에게 의학정보서비스를 제공하고 있으며 화순전남대학교병원의 설립목적을 수행하기 위해 노력하고 있다.

출처

화순전남대학교병원
https://www.cnuhh.com
화순전남대학교병원 의학도서실
http://www.cnumlib.or.kr
국가도서관 통계시스템
https://www.libsta.go.kr

Chapter 04

연구소 내 의학전문도서관

건강보험심사평가원 도서관

분류	연구소도서관
주소	(26465) 강원도 원주시 혁신로 60
전화번호	033-739-0909
운영시간	평일 09:00~17:30, 토/일 및 공휴일 휴관
장서	• 연속간행물 : 38종 • 학술DB : 11종
인적자원	인력 현황 : 1명(주임 1명)
시설	전체면적 : 99㎡

도서관 소개

건강보험심사평가원은 요양기관의 진료비 심사, 요양급여의 적정성 평가, 의약품 치료재료의 관리 및 보험수가 개발 등 건강보험을 포함한 보건의료 정책 개발업무를 수행하고 지원하는 공공기관이다.

건강보험심사평가원의 도서관은 원주 본원에 위치해 있으며 요양기관의 진료비 심사와 요양급여의 적정성 평가 및 의료행위관리/치료재료관리/의약품유통관리 등의 업무를 지원하고 있다.

출처

건강보험심사평가원

https://www.hira.or.kr

국가도서관 통계시스템

https://www.libsta.go.kr

국제백신연구소 정보센터

분류	연구소도서관			개관년도	1997
주소	(08826) 서울특별시 관악구 관악로 1 서울대학교 연구공원 내 국제백신연구소				
전화번호	02-881-1108				
팩스	02-881-1212				
운영시간	평일 09:00~17:00, 토/일 및 공휴일 휴관				
장서	구분		장서 수	계	
	단행본	국내	115권	3,355권	
		국외	2,059권		
	제본잡지		1,181권		
	연속간행물	책자	8종	33종	
		전자	25종		
인적자원	인력 현황 : 1명(사서 1명)				
시설	전체면적 : 248㎡				
설비	• 업무용 PC : 2대 • 검색용 PC : 2대				

도서관 소개

국제기구 중 유일하게 대한민국에 본부를 두고 있는 국제백신연구소는 개발도상국가의 전염성질환을 줄이기 위해 백신을 개발하는 연구기관이다. 국제백신연구소 정보센터는 기관의 연구활동을 지원하기 위한 의학 관련 단행본, 학술지 등 각종 자료들을 소장하고 있다. 현재 국제백신연구소 정보센터는 현재 폐가제로 운영되고 있으므로 이용자는 사전에 전화로 자료 소장 여부 및 이용가능 여부를 확인해야 한다.

출처

서울대학교 중앙도서관
http://library.snu.ac.kr
국가도서관 통계시스템
https://www.libsta.go.kr

대한결핵협회 결핵연구원 도서관

<table>
<tr><td>분류</td><td colspan="3">연구소도서관</td><td>개관년도</td><td>1970</td></tr>
<tr><td>주소</td><td colspan="5">(28158) 충청북도 청주시 흥덕구 오송읍 오송생명 4로 168-5</td></tr>
<tr><td>홈페이지</td><td colspan="5">http://lib.tbnet.or.kr</td></tr>
<tr><td>전화번호</td><td colspan="5">043-249-4970</td></tr>
<tr><td>팩스</td><td colspan="5">043-249-4989</td></tr>
<tr><td>운영시간</td><td colspan="5">평일 09:00~18:00, 토/일 및 공휴일 휴관</td></tr>
<tr><td>이용대상</td><td colspan="5">• 대한결핵협회 직원
• 협력 및 관련 기관 외부인사
• 결핵 관련 자료를 이용하고자 하는 일반인</td></tr>
<tr><td rowspan="5">장서</td><td colspan="2">구분</td><td colspan="2">장서 수</td><td>계</td></tr>
<tr><td rowspan="2">단행본</td><td>국내</td><td colspan="2">600권</td><td rowspan="3">6,100권</td></tr>
<tr><td>국외</td><td colspan="2">2,300권</td></tr>
<tr><td colspan="2">제본잡지</td><td colspan="2">3,200권</td></tr>
<tr><td colspan="2">연속간행물</td><td colspan="2">50종</td><td>50종</td></tr>
<tr><td>인적자원</td><td colspan="5">인력 현황 : 1명(사서 1명)</td></tr>
<tr><td>시설</td><td colspan="5">전체면적 : 250㎡</td></tr>
<tr><td>설비</td><td colspan="5">업무용 PC : 1대</td></tr>
<tr><td>주요 서비스</td><td colspan="3">• 원문복사서비스</td><td colspan="2">• 참고정보서비스</td></tr>
<tr><td>이용자교육</td><td colspan="5">이용자교육</td></tr>
</table>

도서관 소개

[대한결핵협회 결핵연구원 도서관]

1970년 설립된 대한결핵협회 결핵연구원 도서관은 1989년, 2010년 두 번의 이전을 거쳐 현 위치에 자리하게 되었다. 대한결핵협회 결핵연구원 도서관은 120여 종의 국내외 결핵 관련 학술잡지, 2,500여 권의 단행본, 연구논문집, 자체 발간자료, 해외문헌 등을 소장하고 있으며 결핵 관련 자료의 이용을 원하는 이용자라면 누구나 이용할 수 있도록 완전 개가식으로 운영되고 있다.

출처

대한결핵협회 결핵연구원 전자도서관
http://lib.tbnet.or.kr

국가도서관 통계시스템
https://www.libsta.go.kr

대한의사협회 도서관

<table>
<tr><td>분류</td><td colspan="4">연구소도서관</td></tr>
<tr><td>주소</td><td colspan="4">(04373) 서울특별시 용산구 청파로 40 삼구빌딩 7층 의료정책연구소</td></tr>
<tr><td>전화번호</td><td colspan="4">02-6350-6663</td></tr>
<tr><td>팩스</td><td colspan="4">02-795-2900</td></tr>
<tr><td>운영시간</td><td colspan="4">평일 09:00~18:00, 토/일 및 공휴일 휴관</td></tr>
<tr><td rowspan="6">장서</td><td colspan="2">구분</td><td>장서 수</td><td>계</td></tr>
<tr><td rowspan="2">단행본</td><td>국내</td><td>2,000권</td><td rowspan="2">2,100권</td></tr>
<tr><td>국외</td><td>100권</td></tr>
<tr><td rowspan="2">연속간행물</td><td>책자</td><td>20종</td><td rowspan="2">22종</td></tr>
<tr><td>전자</td><td>2종</td></tr>
<tr><td colspan="2">학술DB</td><td>1종</td><td>1종</td></tr>
<tr><td>인적자원</td><td colspan="4">인력 현황 : 2명(사서 1명, 팀장 1명)</td></tr>
<tr><td>시설</td><td colspan="4">전체면적 : 25㎡</td></tr>
<tr><td>설비</td><td colspan="4">업무용 PC : 1대</td></tr>
</table>

도서관 소개

1908년 의사연구회로 시작된 대한의사협회는 의료정책 수립 및 연구, 공익활동, 연구 및 학술활동 지원, 대회원활동, 발간사업 등을 수행하는 기관이다.

대한의사협회 도서관은 대한의사협회의 주요 활동을 지원하고 의료정보를 수집 및 제공하고 있다.

출처

대한의사협회

https://www.kma.org

국가도서관 통계시스템

https://www.libsta.go.kr

산업안전보건연구원 도서관

<table>
<tr><td>분류</td><td colspan="4">연구소도서관</td></tr>
<tr><td>주소</td><td colspan="4">(44429) 울산광역시 중구 종가로 400</td></tr>
<tr><td>전화번호</td><td colspan="4">052-703-0396</td></tr>
<tr><td>팩스</td><td colspan="4">052-703-0329</td></tr>
<tr><td>운영시간</td><td colspan="4">평일 09:00~18:00, 토/일 및 공휴일 휴관</td></tr>
<tr><td rowspan="8">장서</td><td colspan="2">구분</td><td>장서 수</td><td>계</td></tr>
<tr><td rowspan="2">단행본</td><td>국내</td><td>38,085권</td><td rowspan="4">48,968권</td></tr>
<tr><td>국외</td><td>9,357권</td></tr>
<tr><td colspan="2">e-Book</td><td>688권</td></tr>
<tr><td colspan="2">제본잡지</td><td>838권</td></tr>
<tr><td rowspan="2">연속간행물</td><td>구입</td><td>49종</td><td rowspan="2">111종</td></tr>
<tr><td>기증</td><td>62종</td></tr>
<tr><td>인적자원</td><td colspan="4">인력 현황 : 1명(사서 1명)</td></tr>
<tr><td>시설</td><td colspan="4">전체면적 : 332㎡</td></tr>
<tr><td>설비</td><td colspan="4">업무용 PC : 2대</td></tr>
</table>

도서관 소개

산업안전보건연구원은 1989년에 효율적인 산업재해예방사업을 수행하기 위해 사고와 직업병을 조사하고 연구할 기관의 필요성을 인식하여 설립되었다.

산업안전보건연구원은 산업재해예방에 관한 조사·연구·기술개발기능을 갖춘 전문연구기관으로 기능하고 있으며, 산업안전보건연구원 도서관은 기관의 연구 및 설립목적의 수행을 위하여 정보서비스를 제공하고 있다.

출처

산업안전보건연구원
 http://oshri.kosha.or.kr
국가도서관 통계시스템
 https://www.libsta.go.kr

식품의약품안전처 정보자료실

분류	연구소도서관			개관년도	2000
주소	(28159) 충청북도 청주시 흥덕구 오송읍 오송생명 2로 187 오송보건의료행정타운 식품의약품안전처				
전화번호	043-719-1227				
팩스	043-719-6100				
운영시간	평일 09:00~18:00, 토/일 및 공휴일 휴관				
장서	구분		장서 수	계	
	단행본	국내	9,000권	12,700권	
		국외	1,900권		
	제본잡지		1,800권		
	연속간행물	책자	84종	91종	
		전자	7종		
인적자원	인력 현황 : 1명(사서 1명)				
시설	전체면적 : 130㎡				
설비	• 업무용 PC : 3대 • 검색용 PC : 1대				

도서관 소개

식품의약품안전처는 식품의약품의 안전관리체계를 구축·운영하여 국민이 안전하고 건강한 삶을 영위할 수 있도록 하기 위하여 설립되었다.

식품의약품안전처의 정보자료실(도서관)은 기관이 설립목적을 수행하고 식품의약품안전처의 다양한 업무가 수행될 수 있도록 정보서비스를 제공하고 있다.

출처

식품의약품안전처

https://www.mfds.go.kr

국가도서관 통계시스템

https://www.libsta.go.kr

의과학연구정보센터

<table>
<tr><td>분류</td><td colspan="4">연구소도서관</td></tr>
<tr><td>주소</td><td colspan="4">(28644) 충청북도 청주시 서원구 충대로 1 충북대학교 산학협력관 N4 의학정보센터 301호</td></tr>
<tr><td>홈페이지</td><td colspan="4">http://www.medric.or.kr</td></tr>
<tr><td>전화번호</td><td colspan="4">043-261-3460</td></tr>
<tr><td>팩스</td><td colspan="4">043-261-3459</td></tr>
<tr><td>운영시간</td><td colspan="4">평일 09:00~18:00, 토/일 및 공휴일 휴관</td></tr>
<tr><td rowspan="8">장서</td><td colspan="2">구분</td><td>장서 수</td><td>계</td></tr>
<tr><td rowspan="2">단행본</td><td>국내</td><td>1,800권</td><td rowspan="4">2,695권</td></tr>
<tr><td>국외</td><td>600권</td></tr>
<tr><td colspan="2">e-Book</td><td>125권</td></tr>
<tr><td colspan="2">제본잡지</td><td>170권</td></tr>
<tr><td rowspan="2">연속간행물</td><td>책자</td><td>105종</td><td rowspan="2">110종</td></tr>
<tr><td>전자</td><td>5종</td></tr>
<tr><td colspan="4"></td></tr>
<tr><td>인적자원</td><td colspan="4">인력 현황 : 1명(사서 1명)</td></tr>
<tr><td>설비</td><td colspan="4">• 업무용 PC : 10대
• 검색용 PC : 2대</td></tr>
</table>

도서관 소개

의과학연구정보센터는 1997년에 연구정보의 활용과 관련된 기타 정보를 수집 · 제공함으로써 연구자의 연구환경을 보다 강화하고 의과학연구정보센터가 소속한 지역사회에 대해서도 중요 정보센터로서의 기능도 함께 추구하기 위하여 설립되었다. 또한 의과학연구정보센터는 의과학영역 연구정보의 생성과 가공부터 신속한 제공까지 수행함으로써 대한민국 의학연구분야의 기술수준을 향상시키고 건강한 의료 수행에 필요한 기반 연구기술을 강화하는 데 최종 목적을 두고 있다.

출처

의과학연구정보센터

http://www.medric.or.kr

국가도서관 통계시스템

https://www.libsta.go.kr

질병관리본부 국립의과학지식센터

분류	연구소도서관	개관년도	2014
주소	(28160) 충청북도 청주시 흥덕구 오송읍 오송생명 2로 202 국립의과학지식센터		
홈페이지	http://library.nih.go.kr		
전화번호	043-249-3026		
팩스	043-249-3034		
운영시간	평일 09:00~20:00, 토/일 및 공휴일 휴관		
인적자원	인력 현황 : 14명(과장 1명, 직원 13명)		
시설	전체면적 : 6,669㎡		

도서관 소개

[국립의과학지식센터]

2014년 개관한 국립의과학지식센터는 최고의 의과학도서관을 목표로 국내외 의과학지식 정보자원의 모든 것을 제공하는 기관이다.

국립의과학지식센터는 국내외 의과학 정보자원의 망라적 수집, 가공, 보존 및 제공, 의과학 연구성과물 통합관리 및 제공, 의과학연구 데이터의 수집, 보존 및 공유 인프라 구축, 의과학 최신정보 및 교육프로그램 제공 등의 기능을 수행하고 있다.

출처

질병관리본부 국립의과학지식센터

http://library.nih.go.kr

국가도서관 통계시스템

https://www.libsta.go.kr

한국과학기술정보연구원 자료실

<table>
<tr><td>분류</td><td colspan="5">연구소도서관</td></tr>
<tr><td>주소</td><td colspan="5">(34141) 대전광역시 유성구 대학로 245 별관 3층 자료실</td></tr>
<tr><td>홈페이지</td><td colspan="5">https://www.kisti.re.kr/</td></tr>
<tr><td>전화번호</td><td colspan="5">042-869-1872</td></tr>
<tr><td>팩스</td><td colspan="5">042-869-1669</td></tr>
<tr><td>운영시간</td><td colspan="5">평일 09:00~18:00, 토/일 및 공휴일 휴관</td></tr>
<tr><td rowspan="8">장서</td><td colspan="2">구분</td><td>장서 수</td><td>계</td></tr>
<tr><td rowspan="2">단행본</td><td>국내</td><td>45,000권</td><td rowspan="3">435,000권</td></tr>
<tr><td>국외</td><td>20,000권</td></tr>
<tr><td colspan="2">제본잡지</td><td>370,000권</td></tr>
<tr><td rowspan="2">연속간행물</td><td>책자</td><td>1,000종</td><td rowspan="2">1,005종</td></tr>
<tr><td>전자</td><td>5종</td></tr>
<tr><td colspan="2">학술DB</td><td>2종</td><td>2종</td></tr>
<tr><td>인적자원</td><td colspan="5">인력 현황 : 4명(책임연구원 1명, 선임연구원 1명, 연구원 2명)</td></tr>
<tr><td>시설</td><td colspan="5">전체면적 : 600㎡</td></tr>
<tr><td>설비</td><td colspan="5">• 업무용 PC : 5대
• 검색용 PC : 6대</td></tr>
</table>

도서관 소개

한국과학기술정보연구원은 국가 과학기술정보분야의 전문연구기관으로서 국가 과학기술 진흥과 산업의 발전에 기여하는 것을 임무로 삼고 있는 기관으로 국가 과학기술지식정보의 수집, 관리, 공동활용체제 구축, 국가 초고성능 컴퓨팅 인프라 개발·운영, 국가 전략기술정보분석·지원체계 확립 등의 주요 기능을 수행하고 있다.

출처

한국과학기술정보연구원

https://www.kisti.re.kr

국가도서관 통계시스템

https://www.libsta.go.kr

한국보건의료연구원

<table>
<tr><td>분류</td><td colspan="4">연구소도서관</td></tr>
<tr><td>주소</td><td colspan="4">(04554) 서울특별시 중구 퇴계로 173 남산스퀘어 7층</td></tr>
<tr><td>홈페이지</td><td colspan="4">https://www.neca.re.kr</td></tr>
<tr><td>전화번호</td><td colspan="4">02-2174-2787</td></tr>
<tr><td>팩스</td><td colspan="4">02-747-4918</td></tr>
<tr><td>운영시간</td><td colspan="4">평일 09:00~18:00, 토/일 및 공휴일 휴관</td></tr>
<tr><td rowspan="4">장서</td><td colspan="2">구분</td><td>장서 수</td><td>계</td></tr>
<tr><td rowspan="2">단행본</td><td>국내</td><td>1,600권</td><td rowspan="2">6,600권</td></tr>
<tr><td>국외</td><td>5,000권</td></tr>
<tr><td colspan="2">연속간행물</td><td>5종</td><td>5종</td></tr>
<tr><td>인적자원</td><td colspan="4">인력 현황 : 1명(연구사 1명)</td></tr>
<tr><td>설비</td><td colspan="4">• 업무용 PC : 1대
• 검색용 PC : 1대</td></tr>
</table>

도서관 소개

한국보건의료연구원은 2008년 보건의료기술진흥법에 기초하여 보건의료 기술개발 및 보급을 목적으로 설립된 보건복지부의 산하 기관이다. '보건의료 근거창출을 선도하는 전문기관'을 비전으로, '과학적 근거 제시를 통한 의료자원의 효율적 이용과 국민의 건강 향상에 기여'를 미션으로 삼고 있으며 설립목적의 수행과 미션 및 비전의 달성을 위하여 노력하고 있다.

출처

한국보건의료연구원
https://www.neca.re.kr
국가도서관 통계시스템
https://www.libsta.go.kr

한국생명공학연구원 도서관

<table>
<tr><td>분류</td><td colspan="3">연구소도서관</td><td>개관년도</td><td>1990</td></tr>
<tr><td>주소</td><td colspan="5">(34141) 대전광역시 유성구 과학로 125</td></tr>
<tr><td>홈페이지</td><td colspan="5">https://library.kribb.re.kr</td></tr>
<tr><td>전화번호</td><td colspan="5">042-860-4763</td></tr>
<tr><td>팩스</td><td colspan="5">042-860-4762</td></tr>
<tr><td>운영시간</td><td colspan="5">평일 09:00~18:00, 토/일 및 공휴일 휴관</td></tr>
<tr><td>이용대상</td><td colspan="5">• 한국생명공학연구원
• 산학연 관련 기관 이용자</td></tr>
<tr><td rowspan="9">장서</td><td colspan="2">구분</td><td colspan="2">장서 수</td><td>계</td></tr>
<tr><td rowspan="2">단행본</td><td>국내</td><td colspan="2">6,000여 권</td><td rowspan="5">26,600여 권</td></tr>
<tr><td>국외</td><td colspan="2">8,000여 권</td></tr>
<tr><td colspan="2">e-Book</td><td colspan="2">6,300여 권</td></tr>
<tr><td rowspan="2">연구 보고서</td><td>자관</td><td colspan="2">2,500여 권</td></tr>
<tr><td>타기관</td><td colspan="2">3,800여 권</td></tr>
<tr><td colspan="2">제본잡지</td><td colspan="2">16,499권</td><td>16,499권</td></tr>
<tr><td colspan="2">연속간행물</td><td colspan="2">10,000여 종</td><td>10,000여 종</td></tr>
<tr><td colspan="2">학술DB</td><td colspan="2">7종</td><td>7종</td></tr>
<tr><td>인적자원</td><td colspan="5">인력 현황 : 3명(사서 3명)</td></tr>
<tr><td>시설</td><td colspan="5">전체면적 : 350㎡</td></tr>
<tr><td>설비</td><td colspan="3">• 업무용 PC : 8대</td><td colspan="2">• 검색용 PC : 4대</td></tr>
<tr><td>주요 서비스</td><td colspan="3">• 원문복사서비스</td><td colspan="2">• 상호대차서비스</td></tr>
</table>

도서관 소개

[한국생명공학연구원 도서관]

한국생명공학연구원 도서관은 첨단 생명과학을 전문분야로 삼고 있으며 첨단 생명과학 정보자료를 수집, 정리, 분석, 가공, 축적하여 연구원과 산학연 관련 기관 이용자에게 정보서비스를 제공하고 있다. 또한 모든 자료는 완전 개가제로 운영되고 있다.

출처

한국생명공학연구원 전자도서관
https://library.kribb.re.kr
국가도서관 통계시스템
https://www.libsta.go.kr

한국한의학연구원 자료정보실

<table>
<tr><td>분류</td><td colspan="2">연구소도서관</td><td>개관년도</td><td>1994</td></tr>
<tr><td>주소</td><td colspan="4">(34054) 대전광역시 유성구 유성대로 1673</td></tr>
<tr><td>홈페이지</td><td colspan="4">https://library.kiom.re.kr</td></tr>
<tr><td>전화번호</td><td colspan="4">042-868-9457</td></tr>
<tr><td>운영시간</td><td colspan="4">평일 09:00~17:30, 토/일 및 공휴일 휴관</td></tr>
<tr><td rowspan="7">장서</td><td>구분</td><td colspan="2">장서 수</td><td>계</td></tr>
<tr><td>도서</td><td colspan="2">23,876건</td><td rowspan="6">52,454건</td></tr>
<tr><td>비도서</td><td colspan="2">217건</td></tr>
<tr><td>원문</td><td colspan="2">261건</td></tr>
<tr><td>보고서</td><td colspan="2">1,950건</td></tr>
<tr><td>논문</td><td colspan="2">152건</td></tr>
<tr><td>연속간행물</td><td colspan="2">25,998건</td></tr>
<tr><td>분류체계</td><td colspan="4">DDC</td></tr>
<tr><td>인적자원</td><td colspan="4">인력 현황 : 2명</td></tr>
<tr><td>시설</td><td colspan="4">전체면적 : 103㎡</td></tr>
</table>

도서관 소개

한국한의학연구원 자료정보실은 1994년에 한국한의학연구원의 개원과 함께 설립·운영되기 시작하였다. 한국한의학연구원 자료정보실에서는 국내외 한의학자료를 수집, 정리, 보존하여 이용자에게 다양한 정보서비스를 제공하고 있다.

출처

한국한의학연구원 자료정보실(전자도서관)
https://library.kiom.re.kr
국가도서관 통계시스템
https://www.libsta.go.kr

항공우주의료원 항공우주의학도서실

<table>
<tr><td>분류</td><td colspan="2">연구소도서관</td><td>개관년도</td><td>1962</td></tr>
<tr><td>주소</td><td colspan="4">(28187) 충청북도 청주시 상당구 남일면 단재로 635 사서함 335-20호
항공우주의료원</td></tr>
<tr><td>전화번호</td><td colspan="4">043-290-5472</td></tr>
<tr><td>운영시간</td><td colspan="4">평일 08:30~16:30, 토/일 및 공휴일 휴관</td></tr>
<tr><td rowspan="5">장서</td><td colspan="2">구분</td><td>장서 수</td><td>계</td></tr>
<tr><td rowspan="2">단행본</td><td>국내</td><td>1,600권</td><td rowspan="3">2,850권</td></tr>
<tr><td>국외</td><td>1,000권</td></tr>
<tr><td colspan="2">제본잡지</td><td>250권</td></tr>
<tr><td colspan="2">연속간행물</td><td>105종</td><td>105종</td></tr>
<tr><td>인적자원</td><td colspan="4">인력 현황 : 10명</td></tr>
<tr><td>시설</td><td colspan="4">전체면적 : 108㎡</td></tr>
<tr><td>설비</td><td colspan="4">• 업무용 PC : 2대
• 검색용 PC : 1대</td></tr>
</table>

도서관 소개

1949년 10월 공군 독립과 함께 발족한 공군 항공우주의료원은 공군의 유일한 병원기관이다. 최상의 공중근무자 전문진료 및 과학적 비행환경적응 훈련 실시, 항공우주의학연구의 활성화 등의 기능을 수행하고 있다. 항공우주의료원 내 항공우주의학도서실은 이러한 기관의 목적 달성 및 기능 수행을 위하여 정보서비스를 제공하고 있다.

출처

대한민국공군

http://rokaf.airforce.mil.kr

국가도서관 통계시스템

https://www.libsta.go.kr

Chapter 05

제약회사 내 의학도서관

JW 중외제약 도서실

분류	제약회사도서관
주소	(06725) 서울특별시 서초구 남부순환로 2477
전화번호	02-840-6654
팩스	02-847-0010
인적자원	인력 현황 : 1명(사원 1명)
설비	업무용 PC : 1대

도서관 소개

1945년에 조선중외제약소로 시작된 JW 중외제약은 '인류 건강문화 향상에 공헌'을 미션으로, '가장 신뢰받는 글로벌 헬스케어 그룹'을 비전으로 삼고 운영되고 있다. JW 중외제약 도서실은 조직의 미션과 비전 달성을 위하여 노력하고 있으며 연구 · 개발 등을 지원하고 있다.

출처

JW 중외제약
 http://www.jw-pharma.co.kr
국가도서관 통계시스템
 https://www.libsta.go.kr

SK케미칼 연구소 도서실

<table>
<tr><td>분류</td><td colspan="4">제약회사도서관</td></tr>
<tr><td>주소</td><td colspan="4">(13494) 경기도 성남시 분당구 판교로 310</td></tr>
<tr><td>전화번호</td><td colspan="4">02-2008-3942</td></tr>
<tr><td>팩스</td><td colspan="4">02-2008-7895</td></tr>
<tr><td rowspan="5">장서</td><td colspan="2">구분</td><td>장서 수</td><td>계</td></tr>
<tr><td rowspan="2">단행본</td><td>국내</td><td>7,000권</td><td rowspan="3">16,600권</td></tr>
<tr><td>국외</td><td>8,500권</td></tr>
<tr><td colspan="2">제본잡지</td><td>1,100권</td></tr>
<tr><td colspan="2">연속간행물</td><td>75종</td><td>75종</td></tr>
<tr><td>인적자원</td><td colspan="4">인력 현황 : 3명(대리 1명, 준사서 2명)</td></tr>
<tr><td>시설</td><td colspan="4">전체면적 : 40㎡</td></tr>
<tr><td>설비</td><td colspan="4">업무용 PC : 1대
검색용 PC : 1대</td></tr>
</table>

도서관 소개

1969년 선경합섬으로 출범한 SK케미칼은 “인류의 건강을 증진시키고 지구의 환경을 보호한다”를 미션으로, ‘친환경 소재와 헬스케어의 토탈 솔루션을 제공하는 글로벌 리딩 컴퍼니로의 도약’을 비전으로 설정하고 운영되고 있다. 화학/생명과학 제품과 솔루션을 제공하고 있으며 연구 및 개발을 통해 기업을 발전시키고 인류에 기여하기 위해 노력하고 있다. SK케미칼 연구소 도서실은 기업의 미션과 비전의 달성에 기여하고 설립목적의 수행을 위하여 정보서비스를 제공하고 있다.

출처

SK케미칼

https://www.skchemicals.com

국가도서관 통계시스템

https://www.libsta.go.kr

| 저자소개 |

노영희(Young hee Noh)

노영희 교수는 연세대학교 문헌정보학과에서 박사학위를 받았다. 문화체육관광부의 우수도서로 선정된 3권을 포함하여 50권 이상의 도서를 출판하였으며, 2012년 우수논문상을 받은 논문을 포함해 120편 이상의 논문을 기고하였다.
세계 3대 인명사전 중의 하나인 Marquis Who's Who에 2012~2016년까지 등재되었으며, 건국대학교 최고연구자상(2009년), 건국대학교 최고교수상(2014년)을 수상하였다. 또한 2014년에 한국도서관정보학회에서 우수논문상을 수상하였다.
2004년부터 건국대학교 문헌정보학과에 재직 중이며 메타데이터, 디지털도서관, 인터넷 정보자원 처리, 디지털 콘텐츠에 대해 강의를 하고 있다.
현재는 건국대학교 LINC+ 사업단 사업단장으로 지역과 함께한 사회맞춤형 산학협력사업을 진행하고 있으며, 학제간 융합연구총괄센터 센터장으로 한국연구재단 학제단 융합연구 수행팀들을 지원하고 있다. 대표저서로는 『디지털콘텐츠의 이해』(2014), 『전문사서와 경력개발』(2015), 『차세대 디지털도서관의 이해』(2016), 『한국문헌정보학 교과과정』(2016), 『중국도서관의 이해와 사례』(2019), 『도서관과 공유경제』(2019) 등이 있다.

신영지(Young ji Shin)

건국대학교 문헌정보학과 박사과정을 수료하였으며, 현재 지식콘텐츠연구소에서 선임연구원으로 재직하고 있다. '2016 사서취업 실태조사', '2017 사서취업 실태조사', '충남대표도서관 운영 기본계획 수립 연구', '김포시 도서관 중장기 종합발전계획 수립 연구' 등의 사업에 참여하였다. 저서로는 『사회적기업 총람』, 『삶이 변화되는 공간, 공공도서관』이 있으며, 특화도서관, 의학도서관, 병원도서관 등의 주제로 15여 편의 논문을 기고하였다.

국내 의학도서관 사례집

2020년 3월 2일 1판 1쇄 인쇄
2020년 3월 5일 1판 1쇄 발행

저　자 | 노영희 · 신영지
발행인 | 이수영
발행처 | 도서출판 청람
서울시 마포구 독막로 288(대흥동, 세양상가 109호)
전　화 | 02)3272-2601~2
팩　스 | 02)3272-2603
이메일 | crbooks@daum.net
홈페이지 | http://www.crbooks.co.kr
등　록 | 2000년 8월 26일 제6-0509호

ISBN 978-89-5972-731-5 93020　　[정가 22,000원]